KB259621
9788996710349

역사로 시작하는
신분 한국사 북아트

역사로 시작하는
신분 한국사 북아트

초판 1쇄 2014년 2월 28일
초판 3쇄 2014년 11월 11일

지은이 | 김현옥
펴낸이 | 김재열
편   집 | 투디스
디자인 | 우정숙·황우정
도   면 | 황우정·오규석
사   진 | 아보세
펴낸곳 | 아는 만큼 보이는 세상
등록번호 | 제313-2011-231호

홈페이지 | www.아보세.com
전화 | 02-3273-8486
팩스 | 02-2179-8401
e-mail | abose@daum.net

사진 제공
국립중앙박물관 | 국립광주박물관 | 국립공주박물관 | 국립경주박물관 | 국립민속박물관 | 동북아역사재단 |
삼성미술관 Leeum | 김호석 | 조천준 | booknfoto | Doopedia | 공유마당 | wikipedia
(유물사진의 저작권은 제공처에 있습니다)

이 도서의 국립중앙도서관 출판시도서목록(CIP)은 서지정보유통지원시스템 홈페이지(http://seoji.nl.go.kr)와 국가자료공동
목록시스템(http://www.nl.go.kr/kolisnet)에서 이용하실 수 있습니다. (CIP제어번호 : CIP2014006110)

역사로 시작하는

신분 한국사 북아트

지은이 | 김현옥

절친 만들기

새학년이 되면 새로운 친구들, 새로운 선생님과 새로운 교실에서 새출발을 하게 되지요. 원하던 것이 기다릴 수도 있고 뜻하지 않는 것이 기다릴 수도 있어요. 그렇지만 새로움이란 언제나 설레지요.

낯선 호기심에 잘 맞는 친구가 누구일까? 기웃기웃. 먼저 말을 건네기가 살짝 멋쩍어서 망설이나요? 주뼛주뼛 어색한 말을 걸어봐야 할 텐데요. 혹시 먼저 용기내서 말을 걸어오는 친구가 있다면 어색함을 들어낼 봄빛 담은 미소를 보내주는 게 좋겠지요. '시작이 반'이라고 했으니 절친 만들기 반은 벌써 건너온 셈입니다.

이제 절친이 되기 위해서 나머지 반을 해결할 과제는 무엇이라고 생각하나요? 머리끝에서 발끝까지 속속들이 파악하는 것이 급선무일까요? 아니지요! 친구의 모든 것을 알아야 비로소 절친이 되는 것은 아니라는 것 정도는 잘 알고 있겠지요.

우선 내 마음의 빗장을 열고 친구가 들어올 공간을 내어주어야 합니다. 친구에 대한 낯선 호기심이 발동했다면 이미 그 정도 공간은 기꺼이 내어줄 자세가 된 것입니다. 그리고 이젠 거리 좁히기를 시도할 차례지요. 급하게 서두르지 말고 하나씩! 관심의 눈으로 호감의 마음으로 다가서면 분명히 어느 한 가닥 꼭 맞는 부분이 나온답니다. 그럼 그 한 가닥을 잡고 거리를 좁히다 보면 새로운 각도로 이해의 문이 열리지요. 깊이를 가늠할 수 없는 절친이 되는 것은 시간문제지요.

낯선 곳을 여행하기

여행에 따로 정해놓은 계절과 장소가 안성맞춤으로 있는 것은 아니지요. 그리고 여행지로 선택받는 곳은 대부분 낯선 곳이지요.

어느 날, 비우고 또 비워도 결코 가볍지 않은 여행 가방을 챙기고 낯설어서 잔뜩 기대가 되는 여행지를 찾아가 보세요. 두려움보다는 기대감에 마음이 먼저 들뜨게 되지요. 물론 잠시 일상을 떠났으므로 느낄 수 있는 자유가 묻어있는 설레임이기에 호기심이 더욱 발동하겠지요.

그럼 여행을 시작해 볼까요? 대로를 따라 여행지를 한 바퀴 시원하게 돌아볼 참이세요? 아니, 아니, 이번엔 다른 방법을 적극 추천해 봅니다. 골목길을 탐방해 보는 것은 어떨까요? 골목길은 대로보다 시원한 속도감이나 내노라하는 볼거리는 없을 것입니다. 때문에 다소 실망할 수도 있어요. 그렇지만 결코 대로에서 볼 수 없는 소소한 재미가 반겨 맞을 겁니다. 그 곳의 사람 사는 모습을 제대로 만나는 것은 덤이지요. 덥썩 이방인의 손을 잡고 체온을 나눌 수 있는 기회를 가질 수도 있어요. 이제

누가 시키지 않아도 홍보대사가 되겠지요.
 '역사'라는 절친을 사귀어 낯선 곳을 여행하기
 '역사'를 만나려고 하나요?
 '역사'를 만나기가 꺼려지나요?
 '역사'에 대한 선입견이 있나요?
 '역사'와 만나기를 포기하고 있지는 않나요?
 '역사'를 몇 번이나 만나 봐도 모르고 또 모르겠나요?

 지금껏 통사적 개념의 대로행 '역사'를 접했다면 '역사'를 만나는 새로운 방법을 알립니다. 물론 역사랑 처음 만나는 것이라면 더욱 좋겠지요. 그렇지만 혹시 섣부른 선입견이 있다면 잊어주세요. 두 손에 한 가닥 줄을 잡으세요. 넝쿨째 굴러들어오는 호박도 그 시작은 한 줄기에서 시작되지요. 줄을 조금씩 당겨보세요.

 멈추지 않고 흘러가는 역사의 물줄기를 만났습니까? 과거의 물줄기를 따라 내려와서 현재를 만들고 미래로 내닫는 그 모든 곳곳에 사람이 숨 쉬고 있어요. 사람이 과거를 살아왔고 현재를 살아가고 앞으로도 미래를 살아가겠지요. 사람의 삶을 들여다보면 역사의 속살을 만나겠지요. 사람이 살아온 것이 역사 그 자체니까요.

 사람의 삶을 들여다보는 한 주제로 신분의 강줄기를 선택해보세요. 원하던, 원하지 않던 각 신분의 굴레에서 살아왔던 이들의 모습을 통해 새로운 역사의식을 느끼게 됩니다. 신분의 강줄기를 따라 내려오면 오늘을 살아가는 우리에게 지혜와 교훈을 안겨주지요. 선택한 것은 '신분' 한 줄기였지만 읽게 된 것은 전체였지요

고마운 마음을 담아
 꿈과 현실의 괴리감을 실현으로 메울 수 있게 해 주신 '아는 만큼 보이는 세상'의 김재열 대표님 늘 고맙습니다. 영원한 멘토 황우정님을 비롯하여 도움주신 많은 님들께 고마운 마음을 담아 인사드립니다. 여러분들은 신나고 즐겁고 재미있는 역사 공부를 위한 노력을 계속 해 나갈 수 있는 원동력이십니다.

차 례

멋진 군장 선발 대회
가지 방울
비파형, 세형동검
팔주령
청동 거울
방패형 청동기
비파형
동검
28쪽에서
만나요~
멋진 군장
선발대회
38쪽에서
만나요~
돌려라,
철기 국가
58쪽에서
만나요~
양반
중 인
전문직 기술관, 역관, 의관, 향리 등
상 민
농업, 어업, 수공업, 상업등에 종사
천 민
노비와 천한 직업에 종사하는 사람
조선의 신분 제도
조선의
신분 제도 2
128쪽에서
만나요~

신라의
골품제
102쪽에서
만나요~

조선의
신분 제도 1
174쪽에서
만나요~

호패를
보이시오.
194쪽에서
만나요~

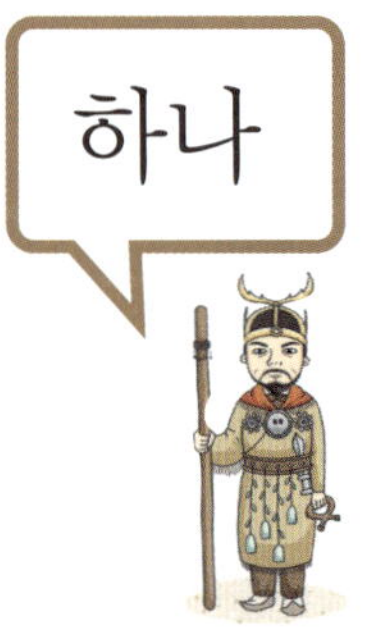

시대별 신분을 만나다

각 시대별로 사회의 축이 되었던 신분을 만나요.
역사 속을 관통하는 그들의 생활을 들여다봐요.
신분의 강위를 흐르는 역사를 읽을 수 있어요.

약방의 감초를 덤으로 즐기다

'약방의 감초' 코너의 글은 1+1, 덤이에요.
덤으로 얻게 될 즐거움을 놓칠 순 없죠.

책 만들기를 할 수 있다

할 수 있어요. 자신감을 가져요.
가위 · 칼 · 종이 · 풀 정도는 기본이지요. 준비됐나요?
입체도면에서 사진 설명까지 착한 설명서,
하나씩 차근 차근 번호순으로 따라오세요.

보물창고를 열어보다

뭔가 부족하다고요?
지도도 없고, 사진도 없고, 인물 캐릭터도 없다고요?
염려마세요.
'부록'이라는 보물창고에 꼭 꼭 넣어 뒀어요.

도면에 사용한 기호를 알아 보다
기초가 튼튼해야죠. 기호를 알면 도면을 이해할 수 있어요

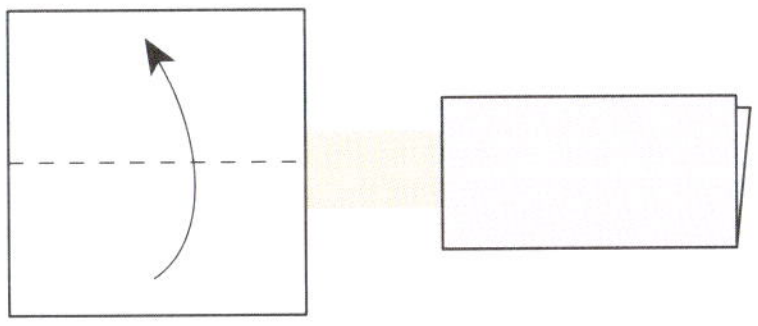

계곡접기

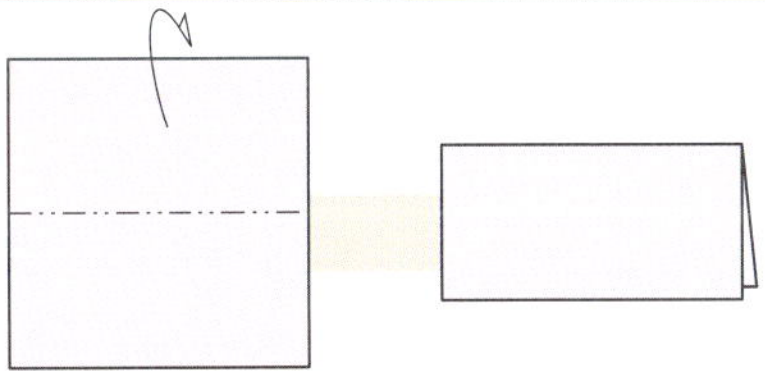

산 접기

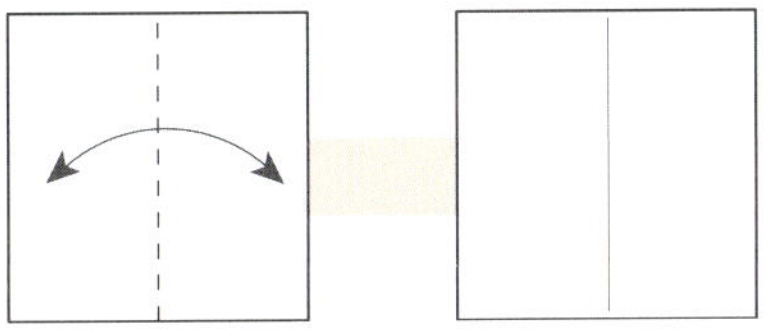

접었다 편선 만들기

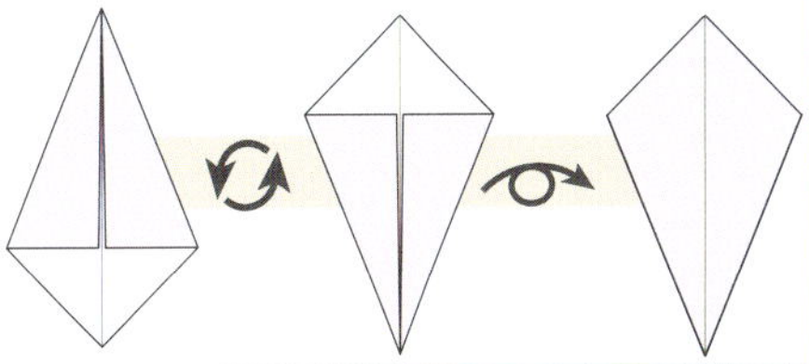

돌려놓기   뒤집기

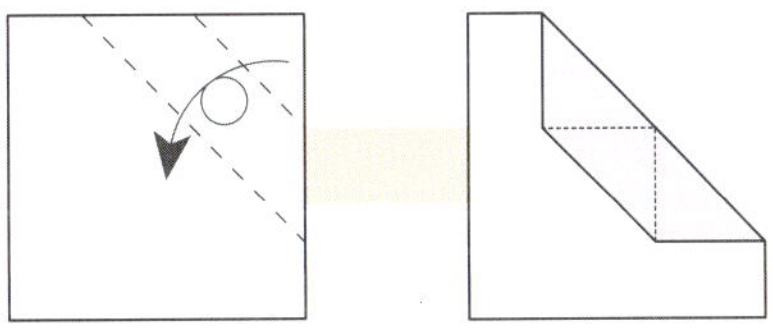

말아접기

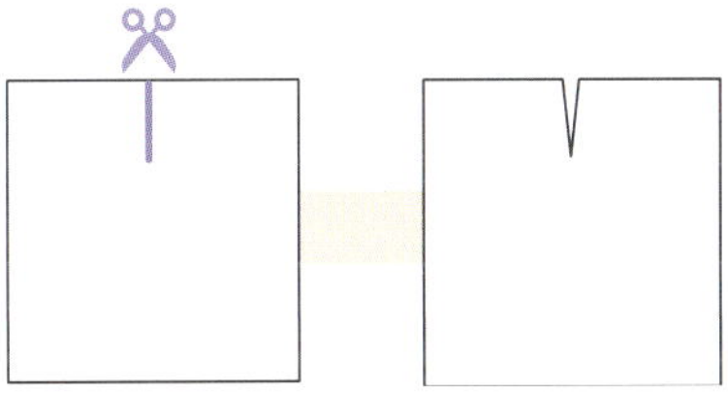

자르기

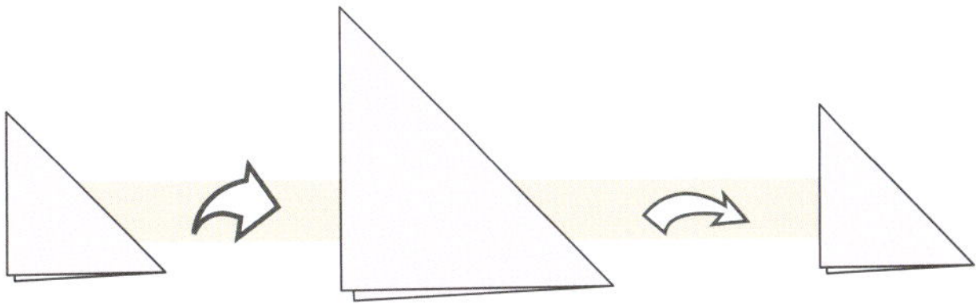

확대   축소

제 1장

평등 세상에서
신분 사회로 흐르는 계곡

'레드 썬!

자아 눈을 감으시고 서서히 잠이 듭니다~'

최면에 빠져 본 적이 있습니까? 전생이 궁금한가요?

모 TV프로그램에서 연예인들의 체면 체험을 보여준 적이 있었어요. 연예인들의 전생은 어쩜 다들 공주 신분이거나 귀족 신분인지요? 전생이 공주나 귀족 정도의 신분은 되어야 다음 생에 스타 반열에 오르는 연예인으로 태어날 수 있는 것인지 궁금해졌어요. 과연 여러분은 전생에 어떤 신분의 사람으로 살았을까요? 아니면 혹시 개인적인 희망사항이라도 있나요?

'레드 썬!

자아 눈을 감으시고~ 서서히 잠이 듭니다.'

01
콩 한 쪽도 똑같이

평등한 세상

애초에 인류는 평등을 몸소 실천하며 살았어요. 식물의 열매나 뿌리를 **채취**하거나 사냥으로 먹고 살던 구석기와 농사를 짓기 시작하던 신석기시대에는 평등 사회를 형성했어요. 그야말로 콩 한 쪽도 똑같이 나누어 먹었지요. 생존을 위한 최소한의 먹거리를 구하는 정도였어요. 나무 열매를 따 먹거나 물고기를 잡고 간혹 어렵게 사냥을 하던 석기시대에는 굶주린 배를 잡고서도 공평하게 나누어 먹었어요. 가진 것이 없을수록 나눔의 정신은 투철했어요.

네 것과 내 것

인류 역사상 대혁명*의 시작인 농사를 짓기 시작하면서 굶주림으로부터 조금씩 벗어날 수 있다는 희망의 씨앗을 뿌리게 되었어요. 자연이 주는 대로 먹던 인류는 먹거리를 스스로 길러서 수확하게 되었어요.

농경의 기쁨을 누리게 되었어요. 그러나 기쁨과 슬픔은 양면을 가진 동전처럼 함께 찾아오는 것일까요? 잉여 농산물! 즉, 먹고 남는다는 것! 늘 부족할 때는 생각지도 못했던 일이 기다리고 있었어요. 충족의 꿈만

꾸다가 오히려 남는 것이 생기자 욕심이 앞장서는 걸까요? 문제의 씨앗이 되었어요. 농사라는 것은 모든 이에게 또는 항상 고르진 않더란 말이지요. 뜻하지 않은 구분의 기준이 생겼어요. 그 해 농사가 잘 되어 좀 더 남게 된 이들과 남는 것이 없는 이들이 생겨났어요. 똑같이 나누어 먹던 이들에게도 조금씩 다른 미음들이 움트게 되었어요. 네 것과 내 것이라는 구분이 생겨났던 것이지요. 바로 **사유재산**[*]의 개념이지요. 더불어 좀 더 가진 자와 못 가진 자의 구분이 생겨났어요!

내 것을 더 많이 가지려는 싸움이 발생했어요. 이 작은 발단은 전쟁을 불러왔지요. 석기시대는 먹고살기 위한 싸움이었지만 청동기시대는 달랐어요. 가진 자들이 더 많이 가지고자 하는 욕구의 분출이 전쟁의 도화선이 되었어요.

지배하는 자와 지배받는 자

기원전 3000년경을 전후하여 큰 강 유역을 따라 세계는 **4대 문명**[*]의 대변혁을 통하여 도시 국가를 형성하기 시작했어요. 청동기를 바탕으로 부족 국가 간의 정복 전쟁이 자주 발생했어요. 막강한 권력으로 부족민을 대표할 카리스마와 경제력까지 겸비한 **군장**[*]이 등장했어요. 정복한 부족과 정복당한 부족이 생겼어요. 더불어 전쟁의 승패는 지배하는 자와 지배받는 자의 구분으로 이어졌어요. 이렇게 계급이 분화되어 신분 사회가 형성되기 시작했어요.

계급과 신분이라는 역사의 물줄기는 세계를 휩쓸며 거침없이 내달렸어요. 역사 속을 흐르는 도도한 물줄기를 거스를 수 없었어요. 신분 사회의 특징은 단연코 소수의 지배층이 다수의 피지배층을 지배하는 것이지요.

02 고조선의 8조법

멋진 청동 장신구를 두른 군장! 단군왕검

하늘빛을 받아 번쩍이는 청동거울을 목에 걸고 허리 엔 청동검을 찼어요. 가슴엔 팔주령을 매달았어요. 손에 든 가지방울과 몸을 장식한 각종 청동방울들에서 천상의 소리인 양 신비스런 방울 소리가 났어요. 멋진 청동 장신구를 두른 군장! **단군왕검***은 제사장으로서 하늘에 대한 제사를 주관했어요. 하늘의 자손이라는 천손사상을 내세워 주변 부족들을 정복하거나 연맹을 맺어 우리 역사상 최초의 국가를 출현시켰어요.

단군왕검이 세운 처음 나라 고조선은 여러 부족이 모여 만든 국가였어요. 강한 통치력을 가진 부족은 정복 전쟁을 벌였어요. 주변 부족을 물리치고 재산을

화순, 대곡리 유물·유적(국립광주박물관)

*단군왕검

기원전 2333년 만주 요령 지방과 한반도 서북부 지방의 부족들을 모아 고 조선을 건국했다. 단군은 '무당 또는 하늘'을 뜻하는 종교적 지도자, 왕검은 정치적 지배자를 말한다. 지배자가 제사와 정치를 함께 주관하는 제정일치 사회였음을 알 수 있다.

많이 늘려 더욱 강한 국가의 모습을 갖추어 나갔답니다. 재산 가운데에
는 노비도 포함되었어요. 전쟁에 이긴 부족이 정복당한 부족 사람들을
노비로 삼았어요. 힘의 지배를 받던 시기였기에 상대적으로 힘이 약한
부족 사람들은 노비 신분으로 전락했어요.

8개 조항 속에 들어간 신분

고조선에는 사회 질서 유지를 위한 8개 조항의 법률이 있었어요. 어떤
행동을 금지하는 내용의 법률이지요. 그 중 오늘날에는 3개 조항이 전
해지고 있어요.

첫째 : 사람을 죽인 자는 즉시 사형에 처한다.

둘째 : 남에게 상해를 입힌 자는 곡식으로 보상해야 한다.

셋째 : 남의 물건을 도둑질 한 자는 노비로 삼는다.

사회 질서는 매우 엄겼했어요. 곡식으로 갚는 조항으로 보아 농업 사
회를 바탕으로 사유재산의 개념이 무엇보다도 확실했다는 것을 알 수
있지요. 그리고 사유재산은 법으로 보호되고 있었어요. 내 것이 아닌 것
을 욕심내어 도둑질한 사람은 노비로 삼았던 것이지요. 이를 통해 노비
를 재산으로 여겼다는 것을 알 수 있어요.

고조선은 계급 사회로 귀족과 노비가 엄연히 존재했어요. 귀족은 부자
들과 권력을 가진 사람, 전쟁에서 큰 활약을 한 장군으로 이루어졌어요.
그들은 많은 노비를 거느리고 높은 지위와 권력을 누렸어요. 전쟁에서
패한 나라의 사람들을 노비로 삼았어요.

도둑질한 자가 죄를 벗으려면 많은
돈을 내야 한다. 돈을 내고 용서를
받았다고 하더라도 사람들이 이를
부끄럽게 여겨 결혼하기를 꺼려하였
다. 그러므로 도둑질이 없어지니 대
문을 닫고 사는 이가 없었다.

한서지리지

반고가 편찬한 중국 전한의 역사를
서술한 역사서이다. 「전한서」라고도
한다. 한 고조 유방이 전한을 창건한
기원전 206년부터 24년까지이다. 총
100편 120권으로 구성되어 있으며
사마천의 「사기」와 더불어 정사의 모
범으로 평가받고 있다. 지리지는 그
중의 일부로 고조선의 8조법 가운데
3개 조항이 수록되어 있다.

함께 묻히는 순장

함께 묻히는 순장

농사와 수공업을 담당한 일반 백성들은 평민으로 나라의 여러 일들을 해야만 했지요. 노비는 귀족들의 집안일을 돕거나 나라 일에 동원되었어요. 권력자나 귀족이 죽었을 때 함께 무덤에 묻히는 **순장***의 대상의 되기도 하였어요. 참으로 안타까운 일이지요.

고조선의 영역인 요동반도에서 발견된 무덤들 수십 명에서 100여 명을 함께 순장한 **강상 무덤***과 누상 무덤을 통해 알 수 있어요.

*순장

사후의 세계를 믿어 지배 계급의 인물이 죽었을 때 첩, 신하, 노비 등을 함께 묻는 장례법이다.

노비 대신 흙 인형을 넣어라

죽고 난 다음에도 현실에서의 삶이 이어진다고 믿어서 생긴 장례 풍습인 순장제이다. 신라 지증왕(502년) 때 비로소 순장 금지령이 내려졌다. 삼국간의 치열한 전쟁으로 군대에서 싸워 줄 사람이 절실할 때 귀족 한 사람의 죽음에 많게는 100여 명의 산 사람을 순장시키는 것은 국가적인 손해임을 깨달았다. 이후 무덤엔 산 사람 대신 흙 인형을 넣거나 벽화를 그려 넣었다. 지증왕의 순장 금지령은 덕분에 목숨을 건진 피지배층으로부터 큰 환영을 받았다.

강상무덤

고조선이 있던 지금의 중국 요동 반도에서 발견된 무덤으로, 강상무덤에서 발굴된 인골은 약 140인 분. 고조선 시대에 순장 풍습이 유행하였음을 짐작하게 한다. 가족 공동 묘로 보는 견해도 있다. 껴묻거리로 비파형 동검, 창 끝, 화살촉, 비녀, 청동기를 만드는 거푸집과 장식품 등이 함께 출토되었다. 청동기 문화와 강력한 귀족 문화를 누렸으며 노비가 존재했다는 것을 알 수 있다.

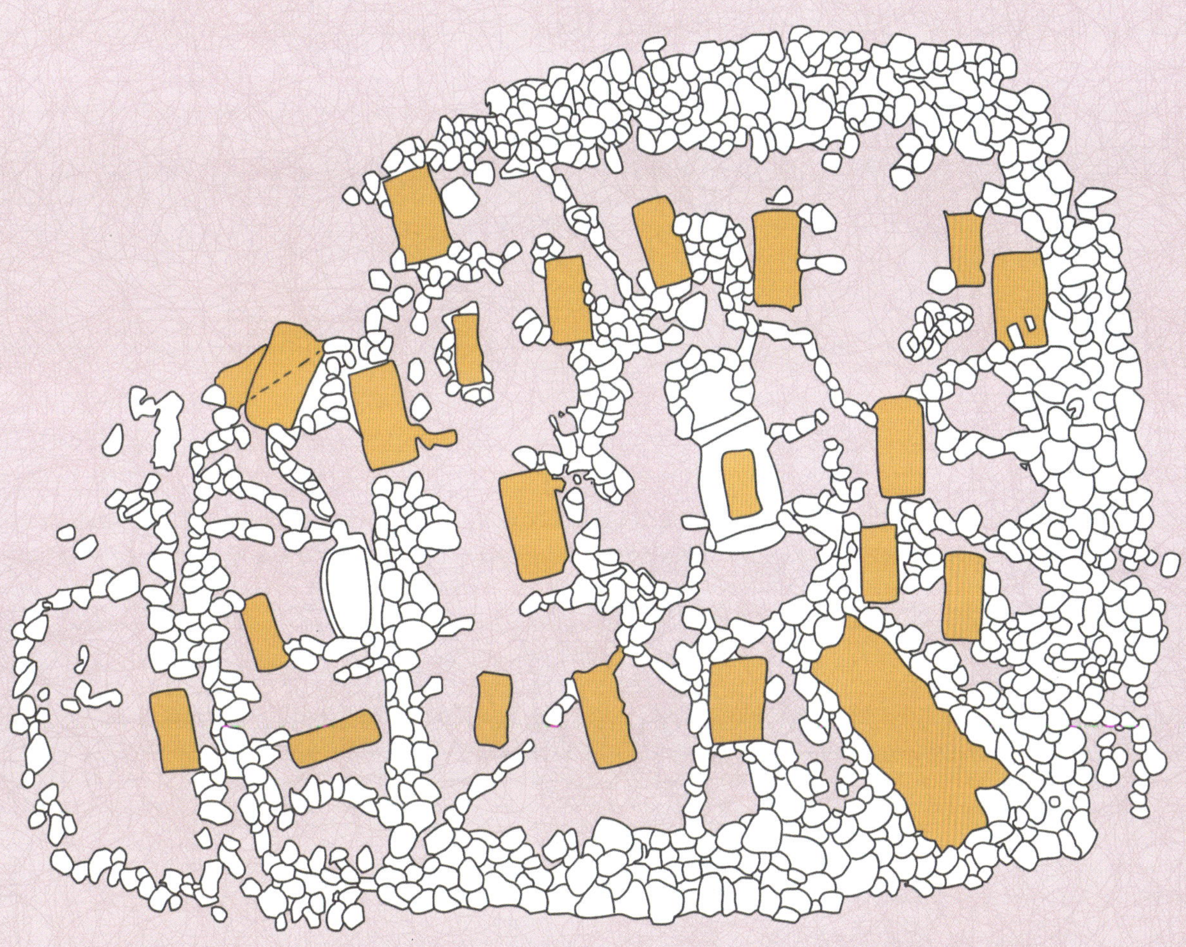

고인돌 왕국

고인돌 왕국의 위용

고인돌은 '커다란 덮개돌을 받침돌로 고이고 있다'하여 붙여진 이름이랍니다. 고인돌은 세계 전역에 분포하는데 그 분포지역은 주로 해변에 밀집해 있어요. 아시아에는 일본 600여기, 중국에 300여기, 우리나라에 3만 5천여 기가 분포하지요. 아주 작은 돌에서부터 300톤 규모의 어마어마하게 큰 바위까지 그 크기와 종류가 다양해요. 우리나라는 세계에서 가장 많은 고인돌을 가지고 있는 '고인돌 왕국'이라 해도 손색이 없어요.

2000년 12월 인천광역시 강화도, 전라남도 화순, 전라북도 고창의 고인돌 무더기가 유네스코 세계문화유산으로 등록되었어요.

고인돌을 만드는 무리

강화도 부근 고인돌은 120여기가 흩어져 있어요. 우리나라에서 제일 큰 탁자식 고인돌도 이곳에 있어요. 무게가 80톤에다가 덮개돌의 길이는 무려 7m, 받침돌의 높이가 2.6m에 이르지요.

주위에 널린 돌을 이용했을 것이라는 생각은 버려요! 아득히 멀리 보이는 산에서 돌을 캐왔어요. 이렇게 크고 무거운 돌을 옮기려면 적어도 500여 명의 힘센 장정이 필요하답니다. 이를 단순히 계산해볼까요? 한 가구당 한 명이 고인돌 만드는 일에 동원되었다고 생각해 봐요. 한 집에 사는 가족을 대략 5명으로 계산한다면 그 무리는 약 2,500여 명 정도의 큰 규모여야 한다는 결론을 얻을 수 있어요. 당시 사회 규모로 봐서는 아주 큰 무리였어요.

돌이니까! 석기 시대에 민들이겠을 것이라는 생각도 버려요! 우리니리 고인돌은 기원전 1000년 무렵, 청동기 시대에 만들어졌어요. 고인돌은 대체로 청동기 시대의 족장의 무덤으로 알려져 있어요. 아주 특별한 사람만이 이처럼 수많은 사람들이 만들어 준 고인돌에 묻힐 수 있겠지요. 그 큰 돌을 수많은 사람들이 끙끙대며 옮긴 이유는 무덤에 묻히게 될 주인을 추모하기 위함이겠지요.

고인돌의 무덤방엔 돌검, 돌화살촉, 민무늬 토기, 비파형 동검, 굽은 옥 같은 여러 가지 **껴묻거리**[*]가 함께 발견되기도 해요. 고인돌의 주인은 청동기를 사용했으며 수백 명의 사람들을 모을 수 있는 힘을 가진 지배자였음을 다시 곱씹어 생각할 수 있어요.

고인돌과 계급 사회

청동기 시대에는 농사가 발달하면서 남는 곡식이 생겼어요. 무리 사이에 다툼도 잦았어요. 차츰 모두가 농사에 매달릴 필요가 없을 뿐만 아니라, 마을을 지킬 힘이 필요하게 되었어요. 수요는 공급을 낳는 법이지요. 필요에 따라 앞장서서 마을을 이끄는 힘 있는 사람을 족장으로 떠받들기 시작했어요. 자연스럽게 우리 역사상 최초의 지배자가 등장하게 되었어요. 정복 전쟁이 거듭되면서 족장의 지위는 더욱 높아졌어요. 무리 속에서도 저마다의 역할이 다양해졌어요. 무기를 도맡아서 만드는 사람, 힘센 싸움꾼도 농사일에서 벗어나서 같은 무리 사람들에게 일을 시키는 구실을 했어요. 또한 전쟁에서 진 부족의 사람을 끌고 와 노예로 부렸어요. 이러한 과정을 통해 다스리는 자와 다스림을 받는 자, 즉 계급의 발생이 시작된 것이지요.

고인돌은 존재만으로도 청동기 사회가 계급 사회였음을 증명하는 대표적인 유물이랍니다.

왜 돌을 덮었을까?

자연환경이 생활에 큰 영향을 미쳤던 선사시대 사람들은 영원불멸의 자연물, 즉 돌에 대한 숭배나 신앙심이 컸을 거예요. 그들은 시체에 대한 두려움 때문에 죽은 사람이 다시 활동할 수 없게끔 시체를 매장한 뒤 큰 돌로 덮었을 가능성도 있지요.

죽은 사람의 재등장은 예나 지금이나 오싹!

족장의 무덤이 아닐 수도 있다?

고인돌이 족장의 무덤이라고 하기엔 3만 5천여 기나 되는 고인돌 숫자에 다소 의아할 수 있어요. 전북 고창군 매산 마을의 경우, 동서로 이어진 1.5㎞사이에 무려 442기의 고인돌이 몰려 있어요. 오랜 세월을 두고 만들어졌다고는 하지만 한 마을에 이렇게 많은 고인돌이 있다는 사실을 어떻게 해석해야 할까요? 설마 전 지역의 족장들이 모두 이곳에서 묻히는 것이 소원일 정도의 족장 전용 공동묘지는 아니었겠지요.

이러한 점 때문에 고인돌이 족장의 무덤만은 아니라 족장 가족의 무덤, 전사자의 무덤 등 다양한 사람의 주검이 묻혔다는 설명이 가능하게 되지요.

또, 다른 한 가지 생각을 더 해보기로 해요. 고인돌의 역할 중 주된 부분을 무덤이라고 봤어요. 그런데 무덤방에 뼈는 물론 유물이 없는 고인돌도 상당히 많고, 무덤방이 아예 없는 경우도 있답니다. 그렇다면 이건 무엇을 말하는 것일까요? 이를 근거로 고인돌이 제사를 지내는 제단의 구실을 하였다고 추측하는 사람도 있어요.

고인돌의 역할이 경우에 따라 다양했을 것이라는 생각을 해 봐요.

다양한 고인돌

우리가 사진으로라도 자주 접해볼 수 있어서 흔히 고인돌을 생각하면 바로 떠올리는 것은 북방식 고인돌이랍니다. 공식 대표 고인돌이 되어버렸어요. 꽤 규모가 큰 고인돌로 구릉이나 산에 딱 하나씩만 세우는 것이 특징이랍니다. 땅위에 넓적한 돌을 세워 직육면체의 무덤방을 만들고 거대한 덮개돌을 그 위로 얹었어요. 책상과 닮았다고 하여 탁자식 고인돌이라고도 하지요. 주로 요동반도와 대동강 유역에서 보이며 강화도에도 대표적 자태를 뽐내며 주요 모델이 되는 고인돌이 있어요.

땅을 파서 무덤방을 지하에 만들고 그 안에 시신을 넣어요, 주위에 3~4개 또는 그 이상의 받침돌을 놓은 뒤 커다란 덮개돌을 얹는 형태를 남방식 고인돌이라고 해요. 다리가 짧은 모양을 하고 있어 바둑판식 고인돌이라고도 하지요. 한반도 중부 이남 지역인 호남과 영남지방에서 주로 볼 수 있으며, 한 지역에 집중적으로 분포하고 있어 '떼무덤'이라고도 한답니다.

북방식(탁자식) 고인돌

4장의 받침돌로 직사각형 무덤방을 만들고 덮개돌을 얹어놓는 형식이다. 시신을 매장하는 무덤방은 지상 노출하였다. 주로 한강 이북에 분포하며 받침돌인 다리가 긴 것이 특징이다.

남방식(바둑판식)고인돌

판석, 깬돌, 냇돌 등으로 무덤방을 지하에 만들고 주위에 여러 개의 받침돌을 놓고 덮개돌 얹는 형식이다. 주로 한강 이남에 분포한다. 받침돌 다리가 짧은 것이 특징이다.

개석식(구덩이식)고인돌

뚜껑돌과 지하 무덤방 사이에 받침돌 없이 덮개돌 덮는 형식이다. 요동반도, 한반도, 일본 등 분포 숫자상으로도 가장 많다. 아예 받침돌이 없는 것이 특징이다.

　지하에 무덤방을 만드는 등 남방식 고인돌과 비슷하지만 위에 받침돌 없이 바로 덮개돌을 덮는 형태는 개석식 고인돌이라고 해요. 구덩이식 고인돌이라고도 불리지요. 받침돌이 필요하지 않아서인지 가장 인기가 있었나 봐요. 고인돌계에서 가장 숫자가 많기로 유명하지요.

고인돌을 만드는 과정

1. 여러 사람이 힘을 모아 돌을 옮겨요.

2. 받침돌을 세워요.

3. 받침돌을 세워 땅에 묻고 흙을 쌓아 비스듬한 운반로를 만들어요.

4. 받침돌 위에 덮개돌을 올려요.

5. 흙을 파내면 고인돌 완성!

세계의 고인돌

러시아 카프카즈

스페인 발렌시아

세계의 거석문화

커다란 돌을 세워서 무엇인가 만드는 것을 '거석문화'라고 해요. 우리나라 고인돌 뿐만 아니라 다양한 모양의 거석문화를 세계 곳곳에서 만나볼 수 있어요.

10톤에서 300톤 이상 가는 커다란 돌을 운반하여 무엇인가 조형물을 설치한다는 것은 시대적 상황으로 볼 때 굉장히 힘든 일이었을 텐데 그들은 이렇게 힘든 돌을 왜 운반했을까요? 참으로 불가사의한 경우도 있어요.

이집트 피라미드와 스핑크스

칠레 이스터 섬의 모아이석상

영국의 스톤헨지

비파형 동검과 세형 동검

인류가 사용한 최초의 금속

인류가 최초로 사용한 금속인 청동은 구리 성분에 주석과 아연을 섞어 만들었어요. 눈금 메스실린더나 전자저울, 온도계 등이 갖춰진 것도 아니었지요. 일단 정확한 비율로 이들을 섞는 것부터 어려움이 있었겠지요. 또한 뜨거운 불에 녹여야 했어요. 알맞은 불의 온도까지 올리는 것도 상당한 기술이 필요했어요. 원하는 액체 상태가 될 때까지.

그럼 청동기 제작 과정을 붕어빵 만드는 과정으로 생각해봐요. 원하는 모양의 **거푸집***이 필요해요. 즉, 붕어빵 틀이 되겠지요. 붕어빵 틀에 액체 상태의 반죽을 붓고 맛있는 속 재료를 넣지요. 다시 액체 상태의 반죽을 부어 속 재료를 덮은 뒤 뚜껑을 닫아요. 다음은 뜨거운 열로 노릇노릇 바삭하게 구워지도록 뒤집어가며 익혀요. 드디어 마지막 단계. 붕어빵 틀을 열어주면 앗! 뜨겁고 맛있는 붕어빵 완성!

붕어빵 먹을 생각은 잠깐 접어두고 다시 청동기를 생각하기로 해요. 거푸집의 비어있는 속을 마주보게 한 뒤 끈으로 꽁꽁 묶어요. 작은 구멍으로 액체 상태의 청동을 부어요. 이제부터 기다림의 미학이 필요한 순간이랍니다. 거푸집 속에서 뜨거웠던 청동이 서서히 굳어 딱딱해질 때까지 참아야 해요. 완전히 식으면 거푸집을 열어 완성된 청동기를 꺼내면 끝! 붕어빵은 뜨겁고 청동기는 차갑고. 다소 차이는 있지만 제작과정을 이해하는 데는 도움이 되었나요?

***거푸집**
만들려는 물건의 형태대로 속이 비게 제작한다. 비어있는 속에 쇳물을 붓도록 만들어진 틀

돌을 깨뜨리거나 갈고 다듬어 사용하는 일에 익숙한 사람들에게 청동으로 무엇인가를 만든다는 것은 많은 시간과 노력이 필요했어요. 주조기술이 복잡하기에 누구나 만들 수가 없었으니 당연히 귀한 대접이겠지요. 청동 방울, 청동 거울, 청동검 등 청동으로 만든 것들을 가졌다는 것이 곧 신분을 증명해주었어요. 신분이 높은 사람들, 힘을 인정받은 우두머리 권력자의 몫으로 돌아갔어요. 자신의 지위나 힘을 드러내기 위해 장식용으로 쓰거나 제사 등 의례용 장신구로 사용했어요.

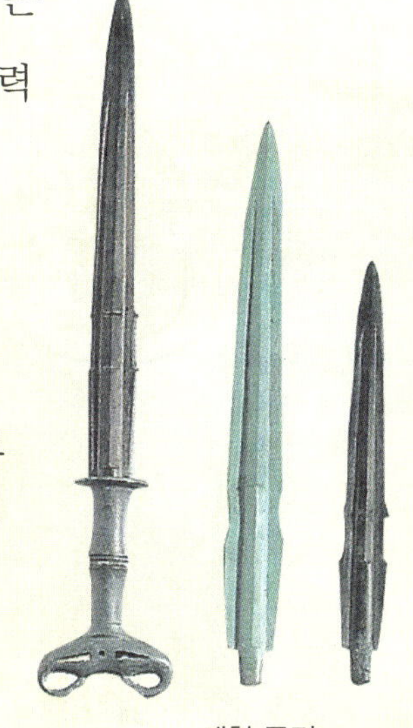

비파형 동검

비파를 닮아 '비파형 동검'

비파형 동검은 고조선의 초기 중심 지역이었던 랴오허강을 중심으로 하는 요서, 요동 지방과 한반도에서 출토된 유물 중 대표적인 것이지요. 칼의 몸체가 옛 악기인 비파를 닮은 데서 붙여진 이름이랍니다. 칼의 몸체와 손잡이 부분을 따로 제작하여 조립해요. 사용하기 편리하고 허리가 잘록한 것이 특징이며 부드러운 곡선미를 뽐내지요. 무기로서의 역할보다는 주로 의식용 장신구로 사용되었어요. 비파형 동검의 또 다른 이름은 '요령식 동검'이랍니다. 요령지역에 주로 분포해서 붙여진 이름이지요.

시베리아 초원의 북방식 동검, 중국 내륙의 중원식 동검과는 그 모양부터 큰 차이를 보이지요. 또한 발굴 범위가 청동기 시대의 중심 국가였던 고조선의 세력 범위와 일치하는 중요한 유물이랍니다.

가늘어진 '세형 동검'

이후 더욱 세련되게 개량되어 가느다란 칼로 변했는데 이를 세형 동검이라고 해요. 비파형 동검과는 달리 무기로 사용되었으며 이를 이용한 정복전쟁이 활발하게 일어났어요. 특별한 점은 청천강 이남과 평안도 지방을 중심으로 한반도 지역에서만 발견된다는 것이지요. 덕분에 '한국식 동검'이라고도 불려요.

세형 동검

비파형 동검

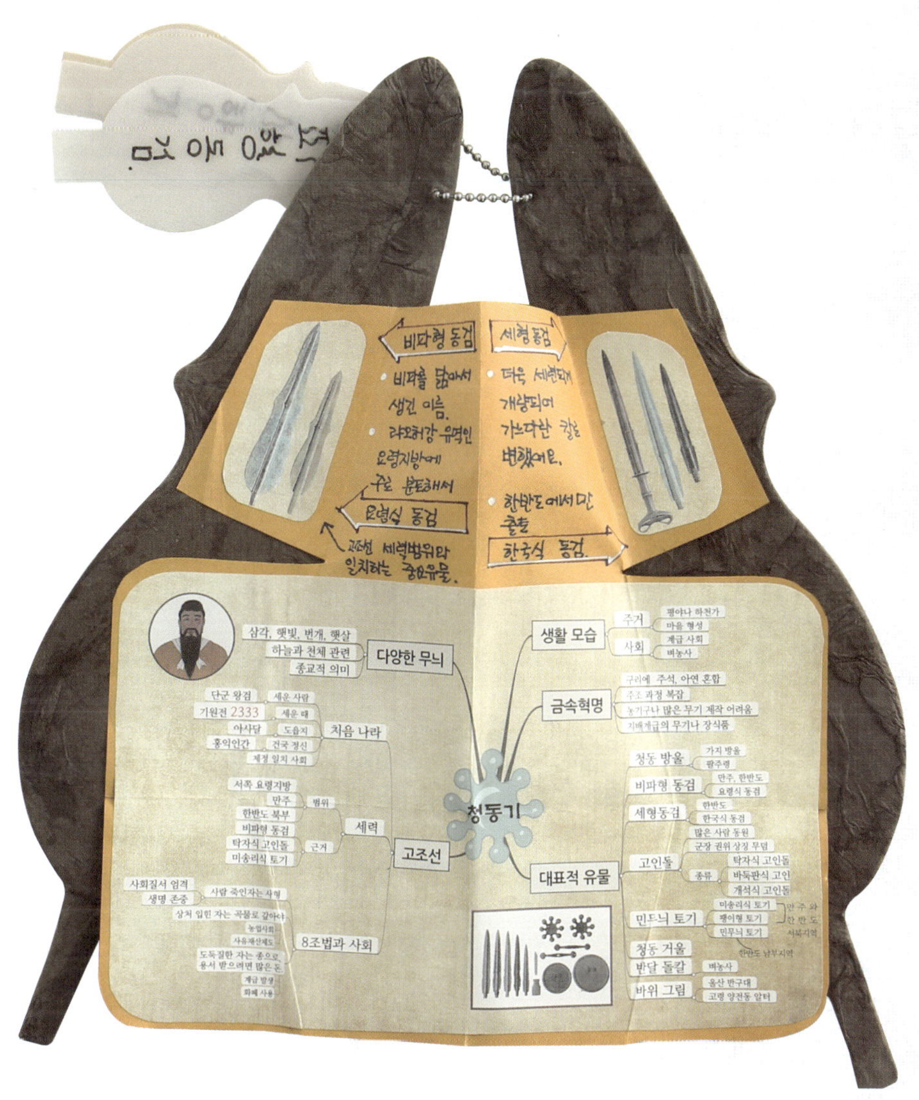

만들기 전 준비물이 필요해요.

표지 한지 : 32.5cm×16cm = 2장
속지 : 20.5cm×20cm = 1장
두꺼운 종이 : 10cm×30cm = 2장
장식 : 5cm×11.5cm = 3장
수수깡 : 1개
군번줄 : 1개

※설명속의 단위는 cm를 생략했습니다.

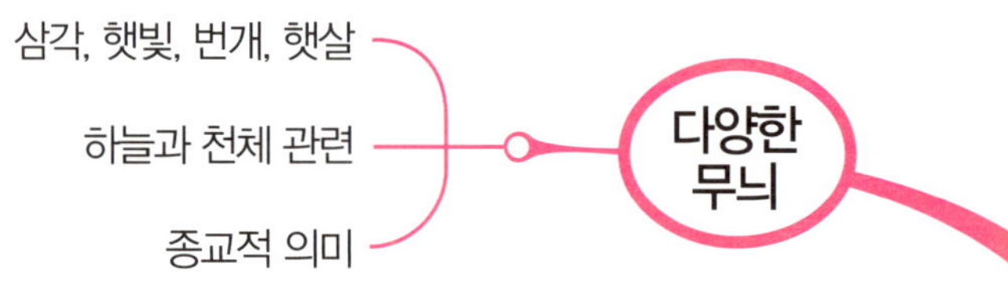
삼각, 햇빛, 번개, 햇살
하늘과 천체 관련
종교적 의미
다양한 무늬

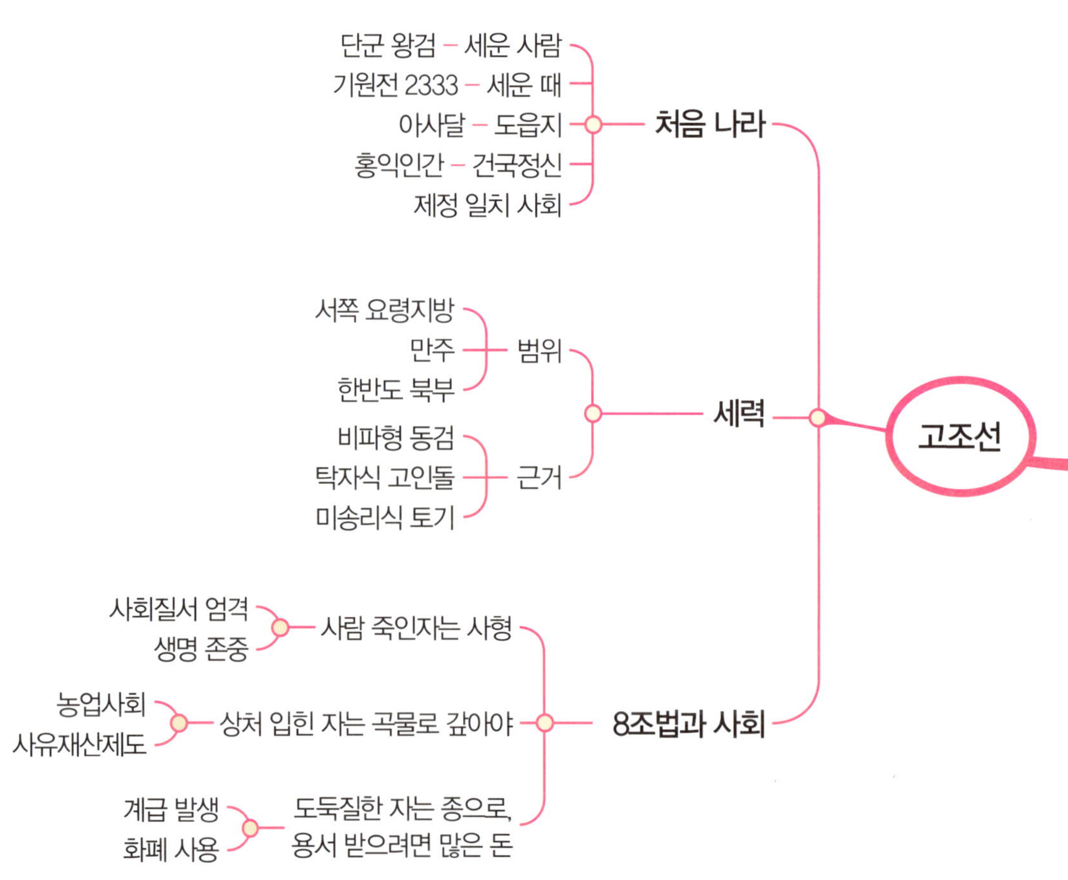
단군 왕검 - 세운 사람
기원전 2333 - 세운 때
아사달 - 도읍지
홍익인간 - 건국정신
제정 일치 사회
처음 나라
서쪽 요령지방
만주
한반도 북부
범위
비파형 동검
탁자식 고인돌
미송리식 토기
근거
세력
고조선
사회질서 엄격
생명 존중
사람 죽인자는 사형
농업사회
사유재산제도
상처 입힌 자는 곡물로 갚아야
계급 발생
화폐 사용
도둑질한 자는 종으로,
용서 받으려면 많은 돈
8조법과 사회

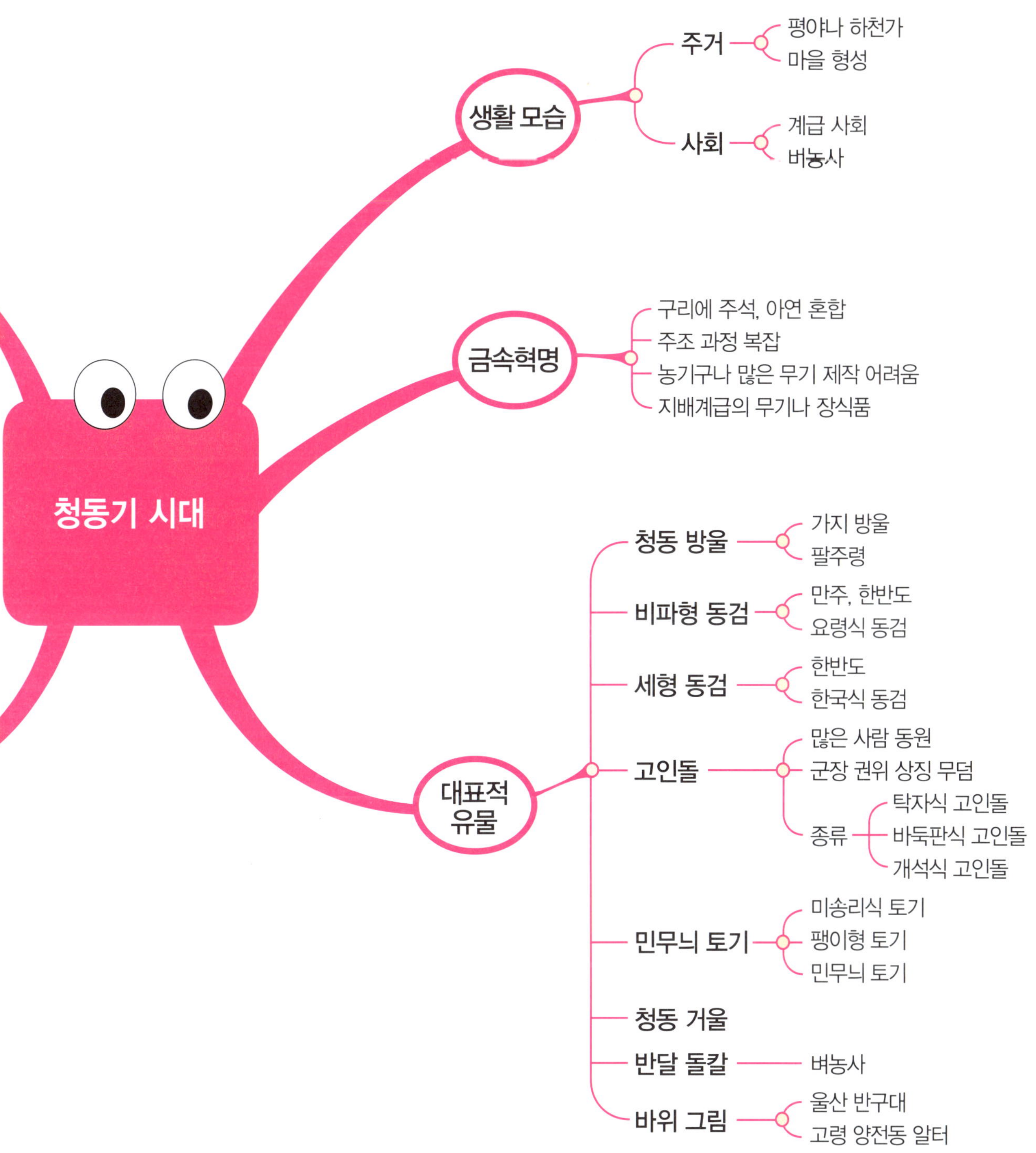
청동기 시대
생활 모습
주거
평야나 하천가
마을 형성
사회
계급 사회
벼농사
금속혁명
구리에 주석, 아연 혼합
주조 과정 복잡
농기구나 많은 무기 제작 어려움
지배계급의 무기나 장식품
대표적 유물
청동 방울
가지 방울
팔주령
비파형 동검
만주, 한반도
요령식 동검
세형 동검
한반도
한국식 동검
고인돌
많은 사람 동원
군장 권위 상징 무덤
종류
탁자식 고인돌
바둑판식 고인돌
개석식 고인돌
민무늬 토기
미송리식 토기
팽이형 토기
민무늬 토기
청동 거울
반달 돌칼
벼농사
바위 그림
울산 반구대
고령 양전동 알터

동이족의 분포 지역
고조선의 세력 범위
고인돌(북방식) 분포 지역
비파형 동검 분포 지역

쑹화 강
라오허 강
눙안
창춘
옌지
백두산
묘향산
평양
구월산
마니산
동 해
보하이 만
황 해
화이허 강
양쯔 강

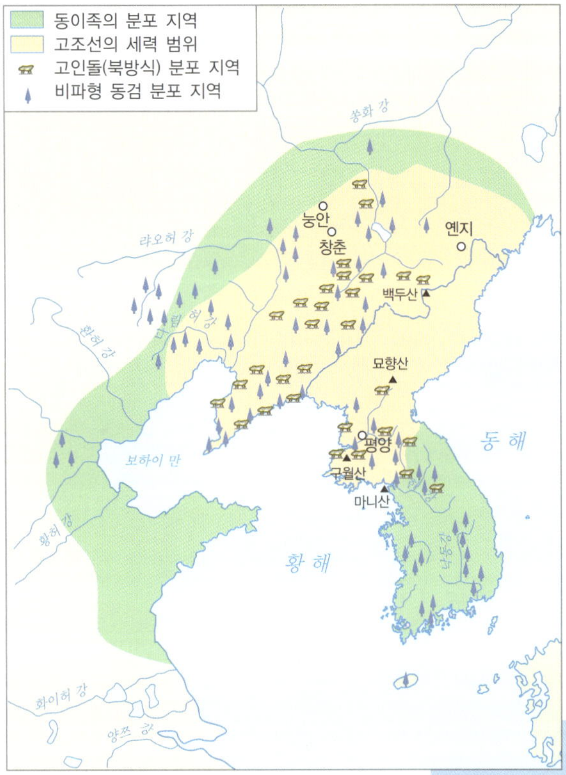

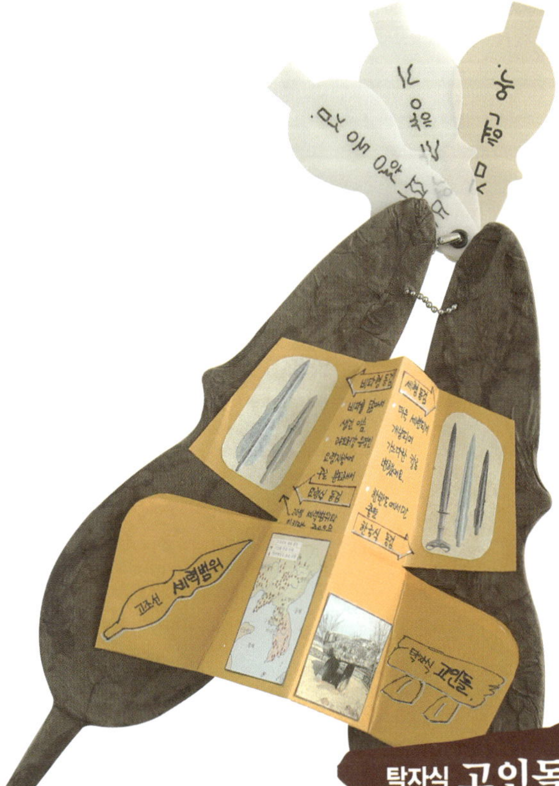

탁자식 고인돌

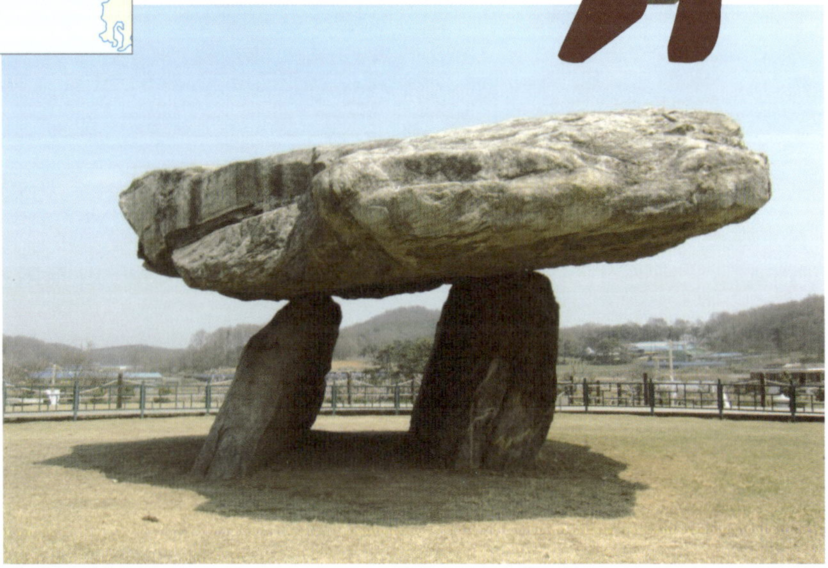

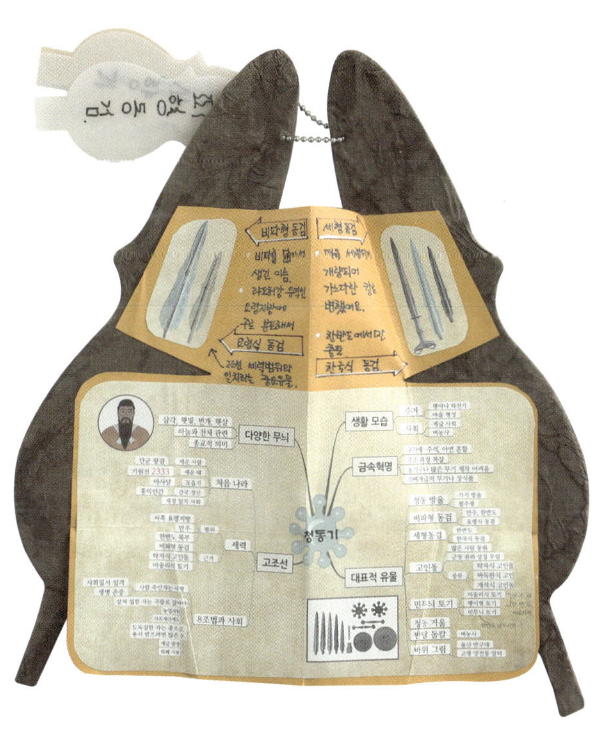

비파형 동검

- 비파를 닮아서 생긴 이름
- 랴오허강 유역인 요령지방에 주로 분포

세형 동검

- 더욱 세련되게 개량되어 가느다란 칼로 변했어요.
- 한반도에서만 출토

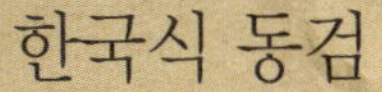

요령식 동검

고조선 세력 범위와 일치하는 중요 유물

한국식 동검

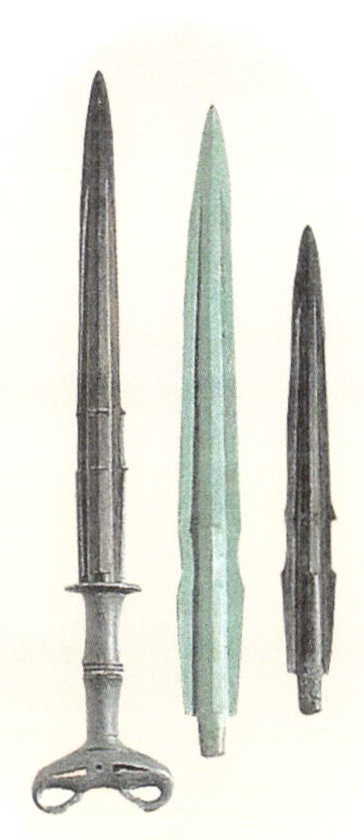

① 

수수깡 끝을 연필 깎듯이 뾰족
하게 깎아요.

② 

수수깡을 길게
반으로 가르세요.

③ 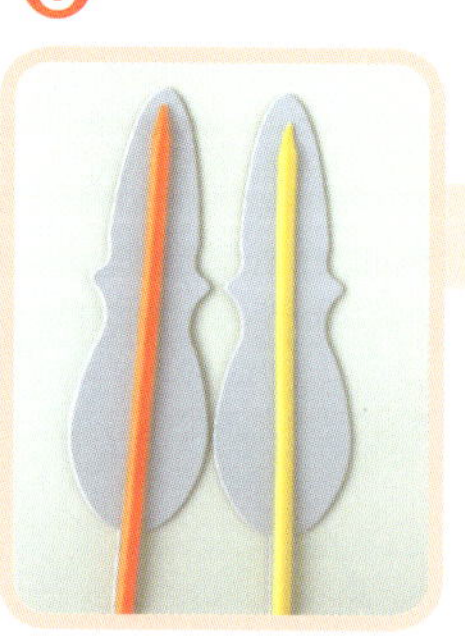

부록 [3]의 비파형 본따라
자른 두꺼운 종이 위에
수수깡을 붙이세요.

④ 

한지를 구겼다가 펼치
면 분위기가 있어요.

⑦ 

뒤집은 후, 수수깡 모양
을 잘 살려 주세요.

⑥ 

물풀 바른 한지 위에 풀칠
한 종이 본을 올리세요.

⑤ 

수수깡과 종이 본에
골고루 물풀을 바르세요.

> 풀칠은요!!
> 붙이는 면과 붙일
> 종이 모두 골고루
> 잘 발라야 예쁘게
> 잘 붙어요

⑧ 

한지 테두리를 살살
뜯는 재미!!

> 군데 군데
> 뜯으면서 붙이면
> 곡선을 살려 붙이기
> 쉬워요

⑨ 

비닐을 깔고 종이 본과
한지 모두 골고루 풀을
잘 바르세요.

⑩ 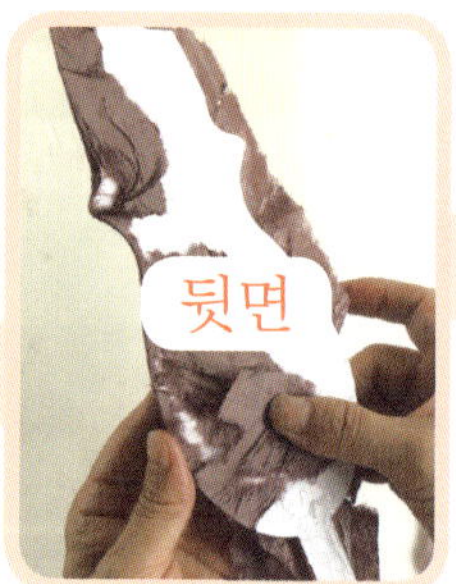

한지를 잡아 당기면서
붙이면 곡선 부분도 문
제 없어요.

❶

속지를 붙이세요.

❷

펼쳤을 때 안쪽으로 구멍을
뚫으세요. 반대 위치에 뚫으
면 책을 펼칠 수 없어요.

❸

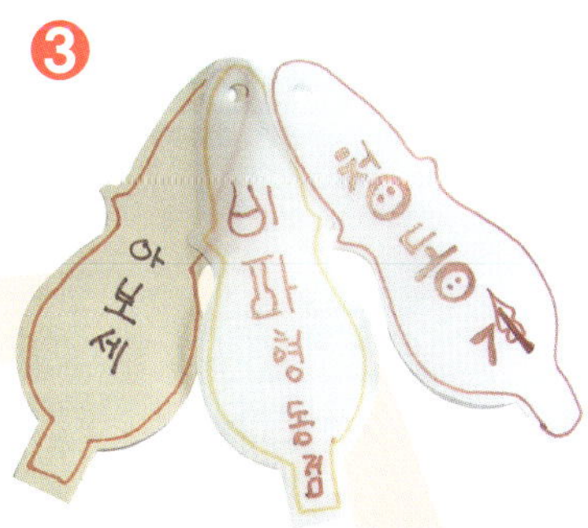

부록 [3]의 귀여운 비파형 본따라 자
른 종이에 제목을 써주세요.

❹

⓫

❽ 번에서 찢어 낸 한지를
흰 면이 보이지 않게 붙이
세요.

⓬

⓭

앞, 뒷면 모두 풀을 발라
마무리 해 주세요.

35

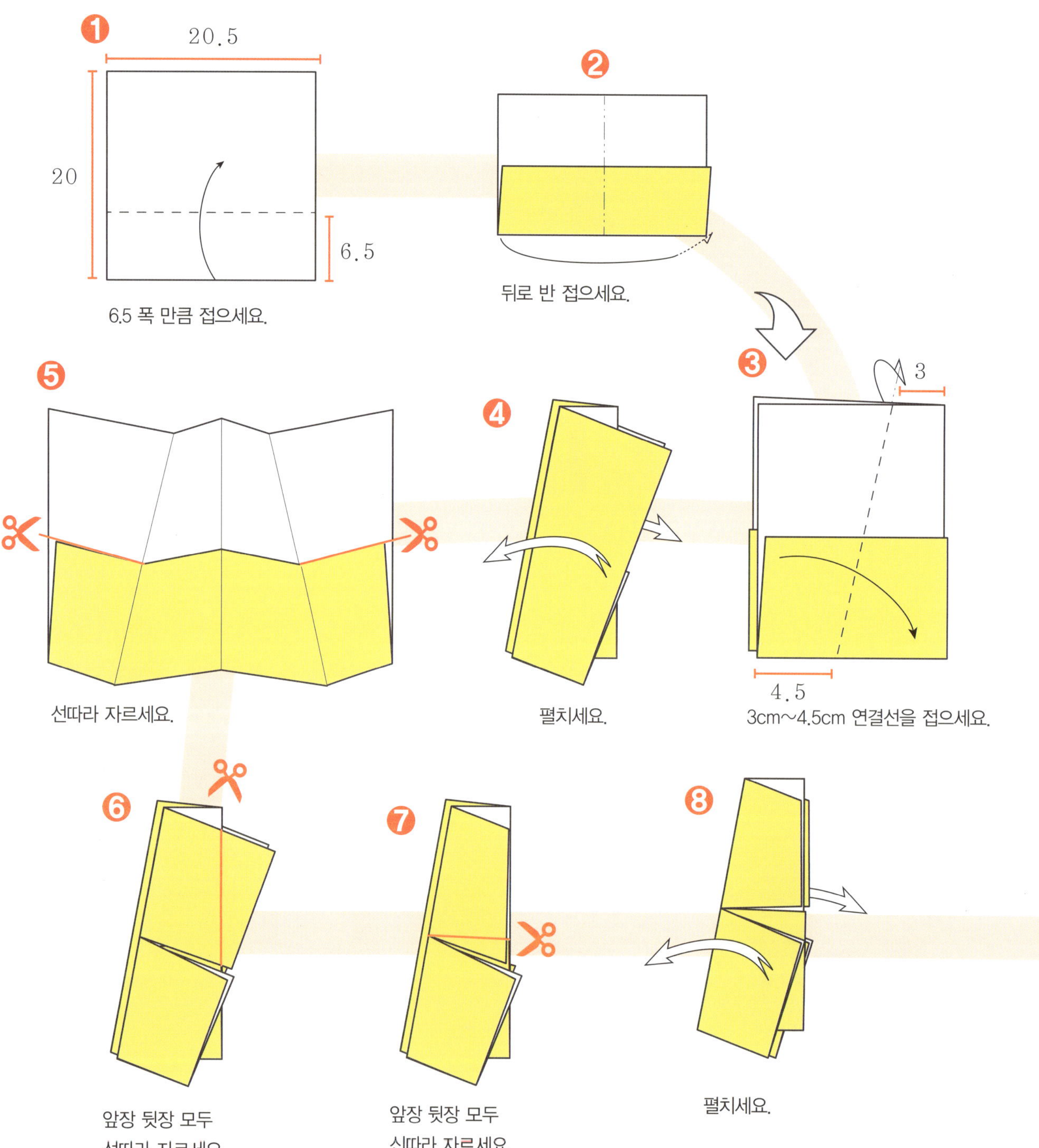
20.5
20
6.5
6.5 폭 만큼 접으세요.
뒤로 반 접으세요.
3
4.5
3cm~4.5cm 연결선을 접으세요.
펼치세요.
선따라 자르세요.
앞장 뒷장 모두
선따라 자르세요.
앞장 뒷장 모두
신따라 자르세요.
펼치세요.

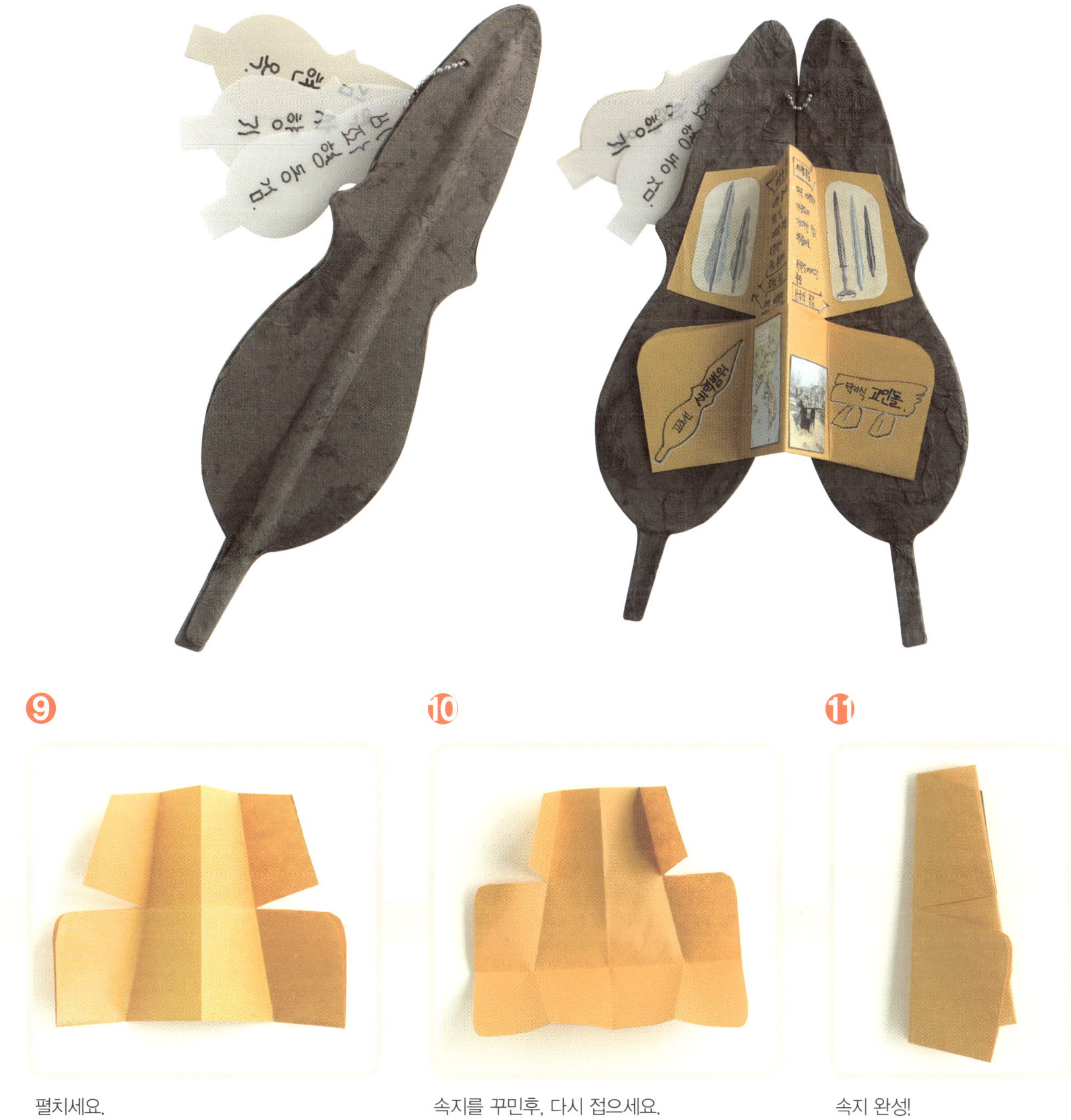

❾ 펼치세요.

❿ 속지를 꾸민후, 다시 접으세요.

⓫ 속지 완성!

책만들기, 둘!

멋진 군장 선발 대회

멋진 군장 선발대회

양끝에 방울이 있어
제사장이 제사를 지낼때
흔들면 소리가 난다.
가지방울

모서리가 길게 늘어난
팔각 청동대롱 끝에 각각
1개씩의 방울이 달려있다.
(햇살무늬 청동거울)
팔주령

고리에 끈을 달아
목걸이처럼 가슴에 달았다.
청동거울은 태양을 상징한다.
청동 거울

비파형 동검은 만주, 한반도 전역
세형동검은 한반도에서만 발견
독자적인 청동기문화 발전자료.
비파형, 세형동검

장대끝에 꽂았던 것으로
추정, 속이 빈 타원 모양.
방울소리 우뢰 효과를 냄.
종방울과 장대투겁방울

위에 뚫린 구멍에
물체를 매달 수
있도록 했다.
방패형 청동기

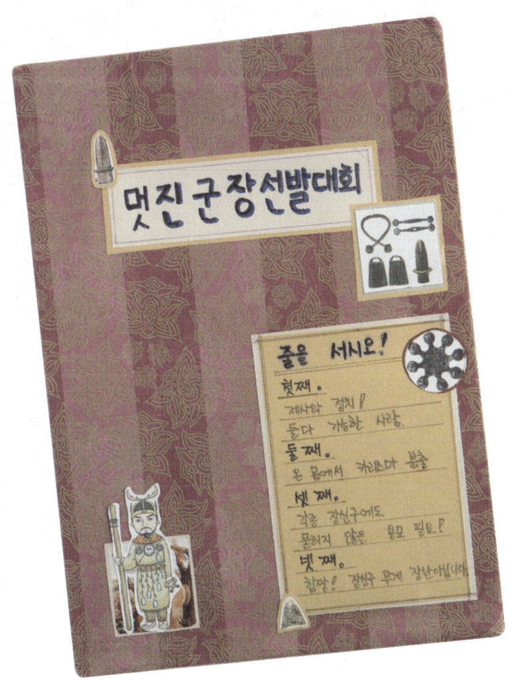

멋스런 청동기시대 군장 선발대회

줄을 서시오!

첫째!
제사와 정치!
둘 다 가능한 사람

둘째!
몸에서 카리스마 분출!

셋째!
각종 장신구에
묻히지 않을 용모 필요!

넷째!
힘 짱! 필요
장신구 무게 장난이 아닙니다!

표지 A(포장지) : 43cm×31cm = 1장
표지 B(마닐라지) : 41cm×28cm = 1장
속지 : 39cm×54cm = 1장
내용지 : 6cm×6cm = 12장

※ 설명속의 단위는 cm를 생략했습니다.

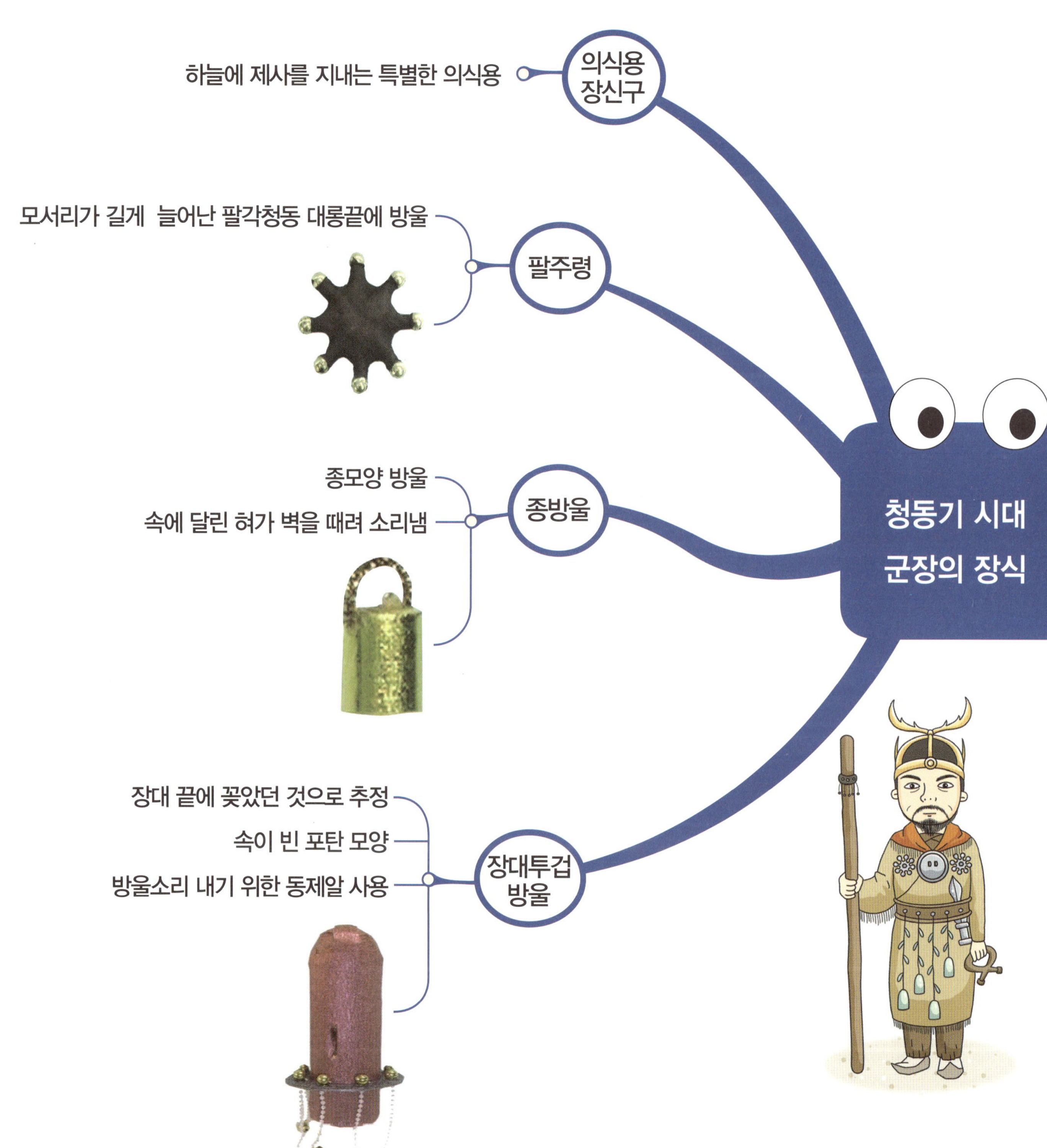
하늘에 제사를 지내는 특별한 의식용

의식용 장신구

모서리가 길게 늘어난 팔각청동 대롱끝에 방울

팔주령

종모양 방울
속에 달린 혀가 벽을 때려 소리냄

종방울

청동기 시대
군장의 장식

장대 끝에 꽂았던 것으로 추정
속이 빈 포탄 모양
방울소리 내기 위한 동제알 사용

장대투겁
방울

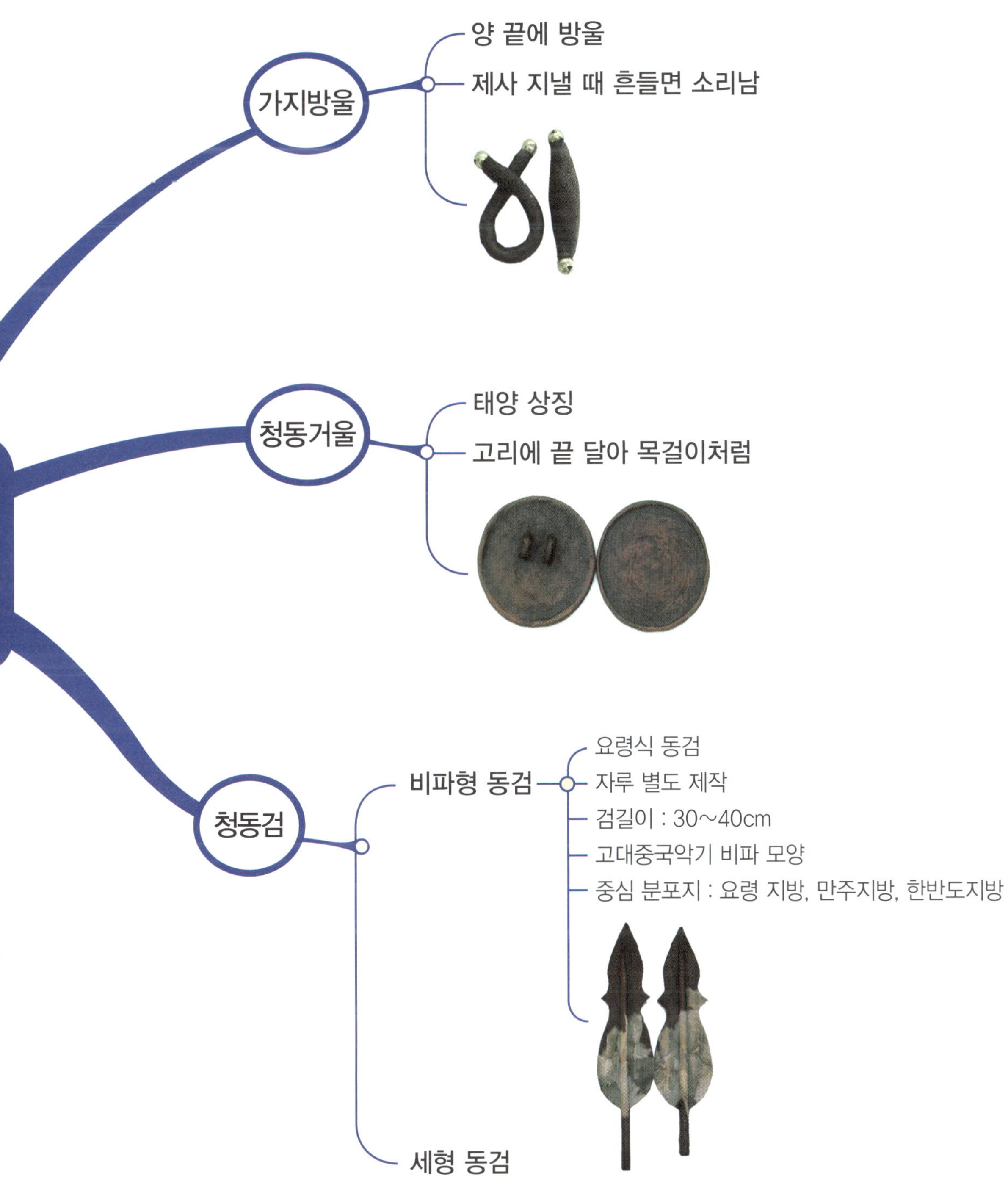

가지방울
양 끝에 방울
제사 지낼 때 흔들면 소리남
청동거울
태양 상징
고리에 끝 달아 목걸이처럼
청동검
비파형 동검
요령식 동검
자루 별도 제작
검길이 : 30~40cm
고대중국악기 비파 모양
중심 분포지 : 요령 지방, 만주지방, 한반도지방
세형 동검

멋진 군장 선발 대회

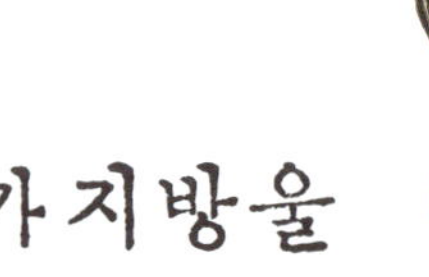

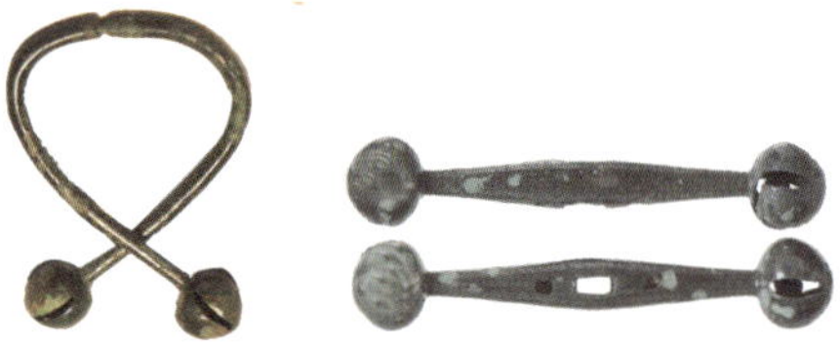

가지방울

양끝에 방울이 있어 제사장이 제사를 지낼 때 흔들면 소리가 난다

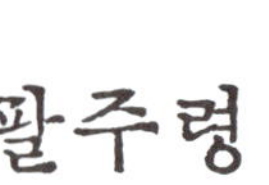

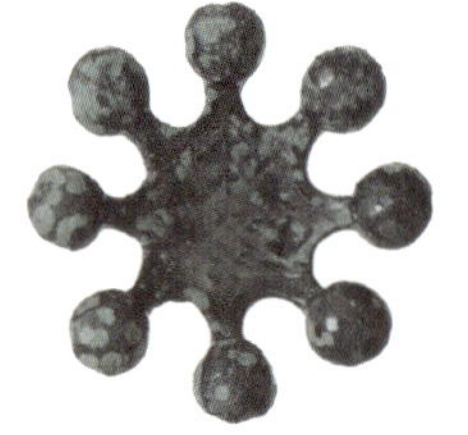

팔주령

모서리가 길게 늘어난 팔각청동대롱 끝에 각각 1개씩 방울이 달려 있다. (햇살 무늬 청동 방울)

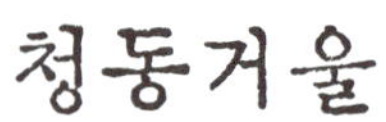

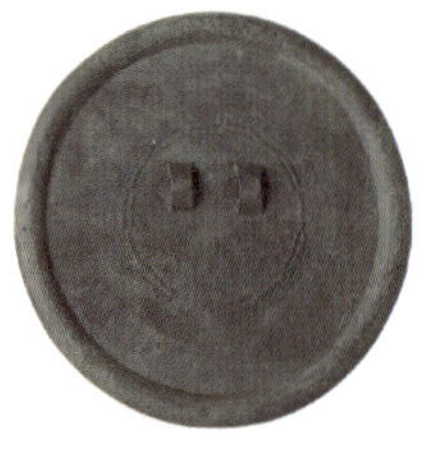

청동거울

고리에 끈을 달아 목걸이 처럼 가슴에 달았다. 청동 거울은 태양을 상징 한다.

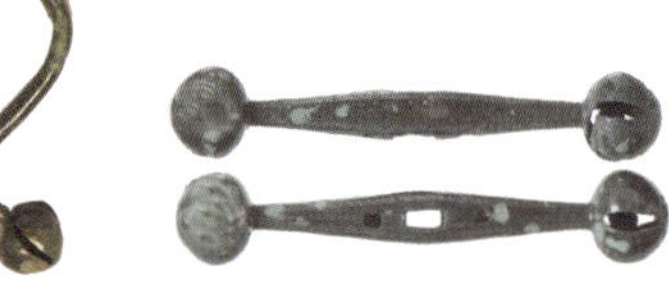

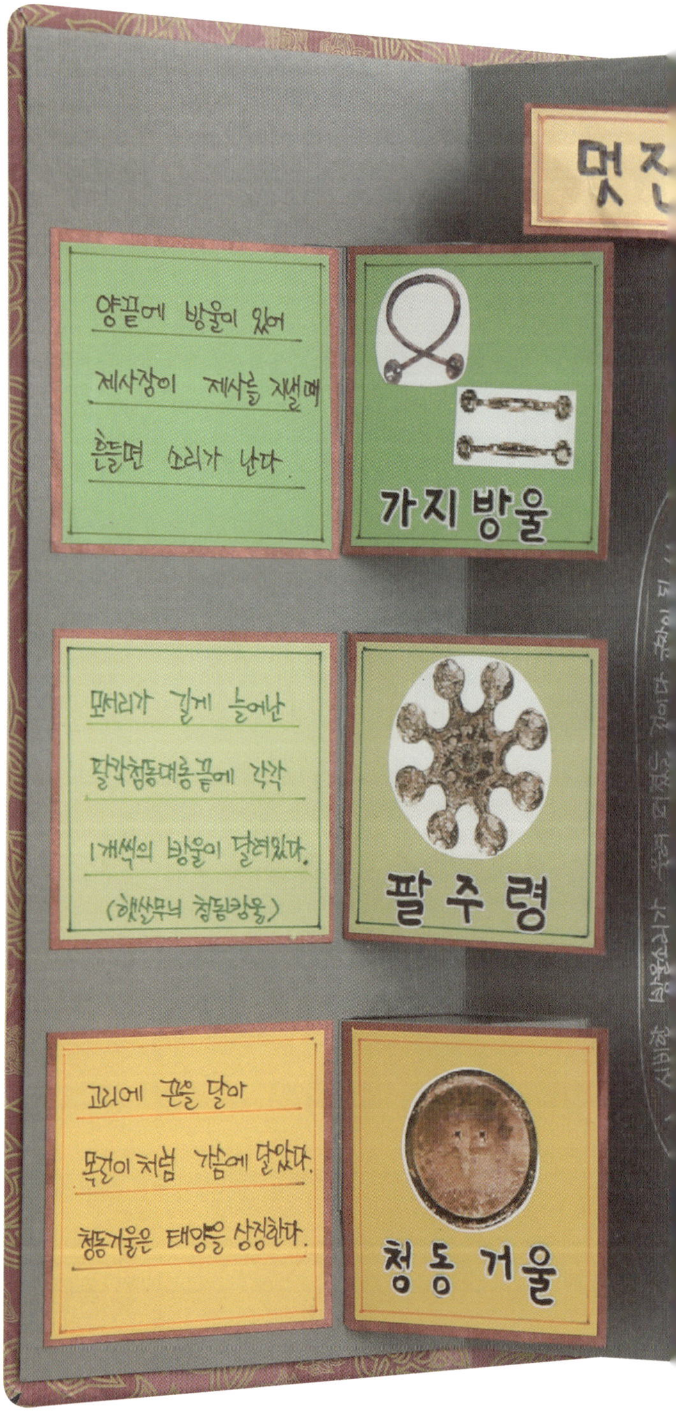

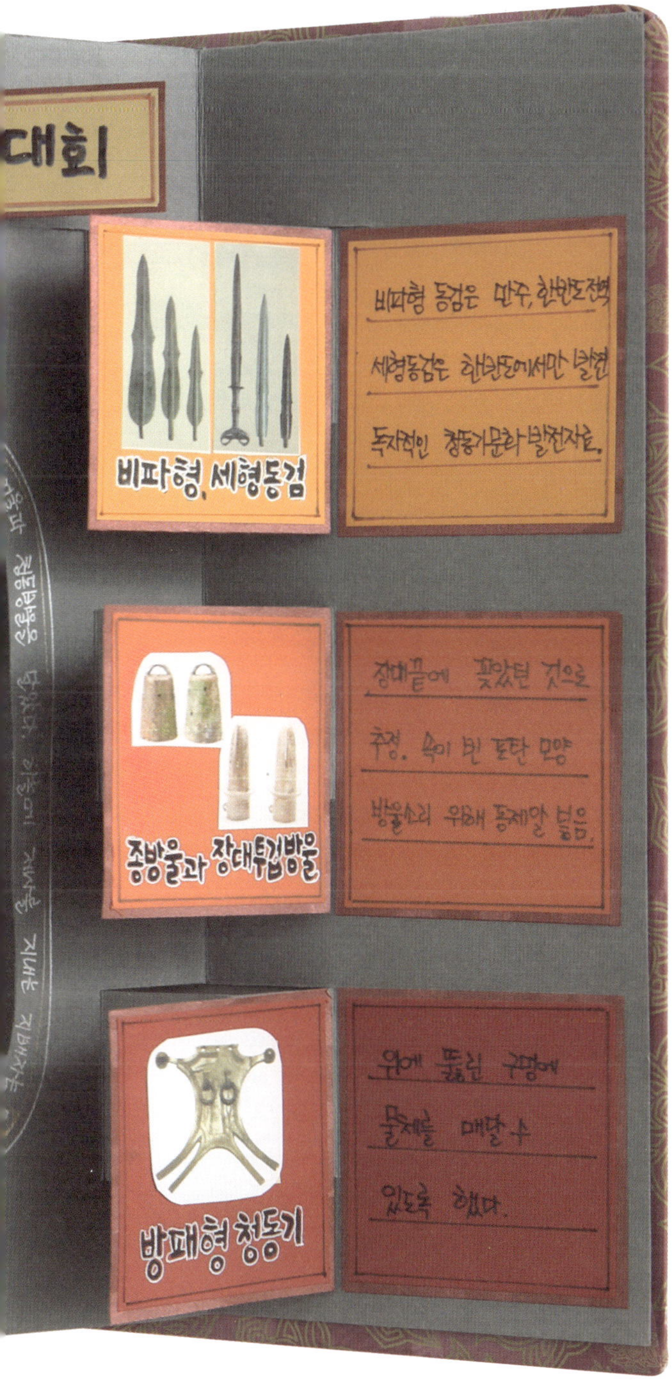

비파형·세형 동검

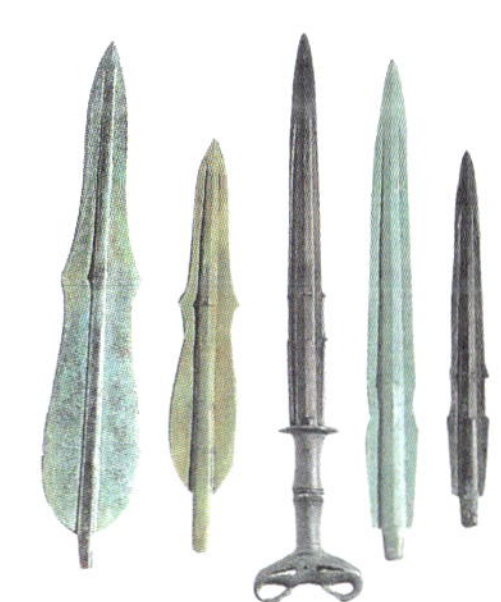

비파형 동검은 만주, 한반도 전역. 세형 동검
은 한반도에서만 발견. 독자적인 청동기 문화
발전 자료

종방울과 장대투겁방울

장대 끝에 꽂았던 것으로 추정. 속이 꽉찬 포
탄 모양. 방울 소리 위해 동제알 넣음

방패형청동기

위에 뚫린 구멍에 물체를 매달 수 있도록 했다.

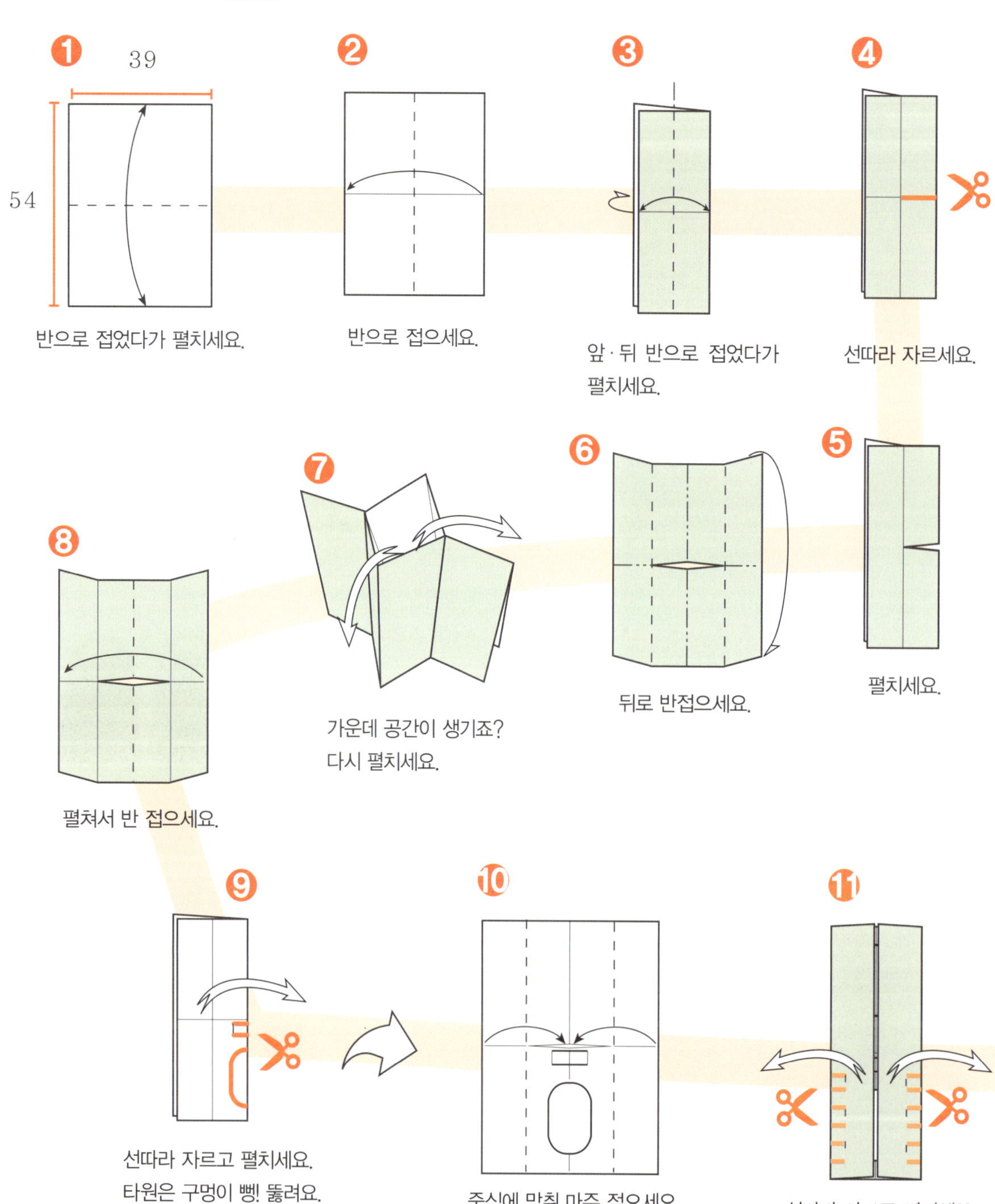

① 반으로 접었다가 펼치세요.

② 반으로 접으세요.

③ 앞·뒤 반으로 접었다가 펼치세요.

④ 선따라 자르세요.

⑤ 펼치세요.

⑥ 뒤로 반접으세요.

⑦ 가운데 공간이 생기죠? 다시 펼치세요.

⑧ 펼쳐서 반 접으세요.

⑨ 선따라 자르고 펼치세요. 타원은 구멍이 뻥! 뚫려요.

⑩ 중심에 맞춰 마주 접으세요.

⑪ 선따라 사브고 별지세요.

12

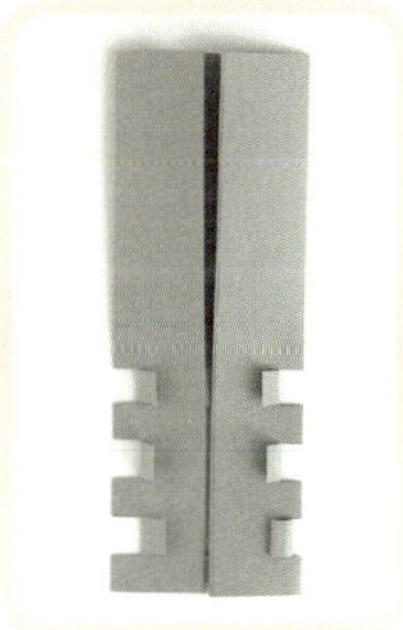

자른 면을 접었다가 펼치세요.

13

완전히 펼친 후 뒤로 반 접으세요.

14

15

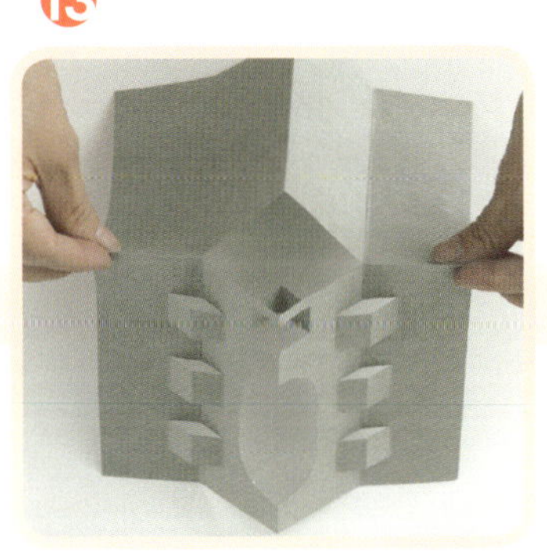

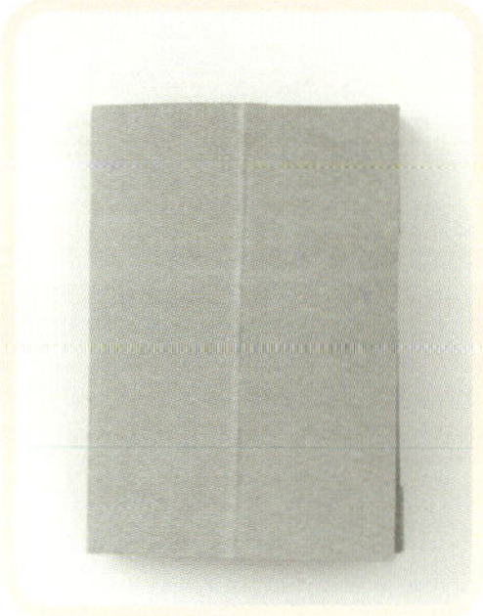

속지완성

표지 만드는 법

1

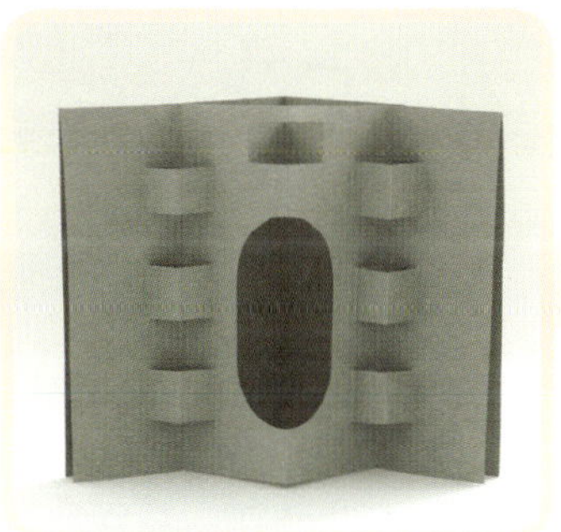

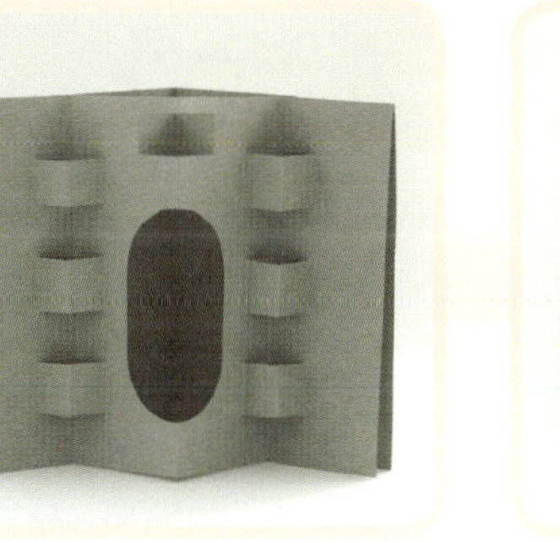

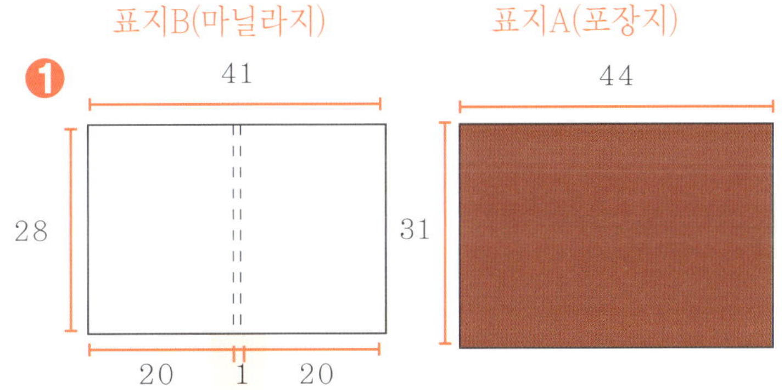
표지B(마닐라지)
41
28
20
1
20
표지A(포장지)
44
31

책등 1cm폭을 칼등으로 선을 내 주세요.

2

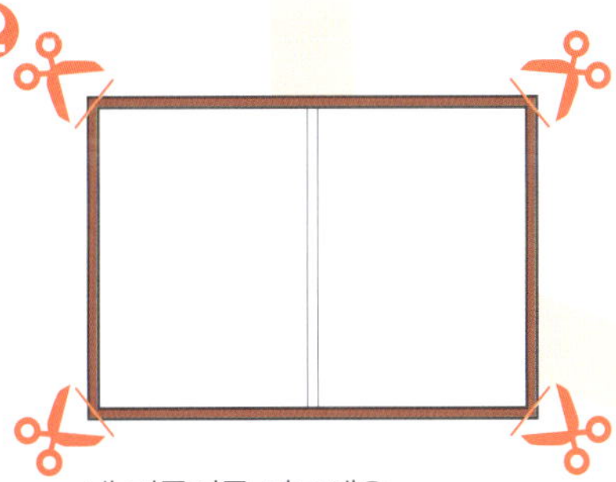

네 귀퉁이를 자르세요.

3

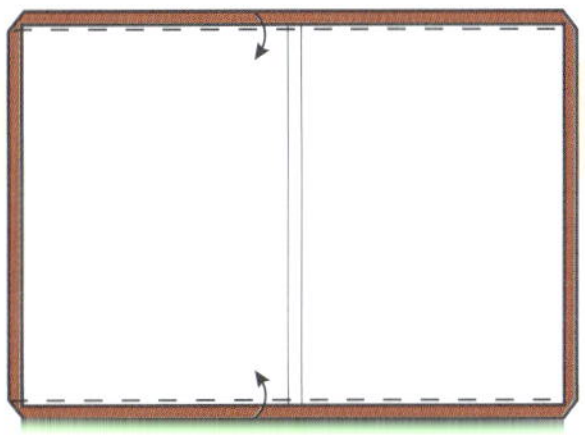

풀칠하여 붙이세요.

4

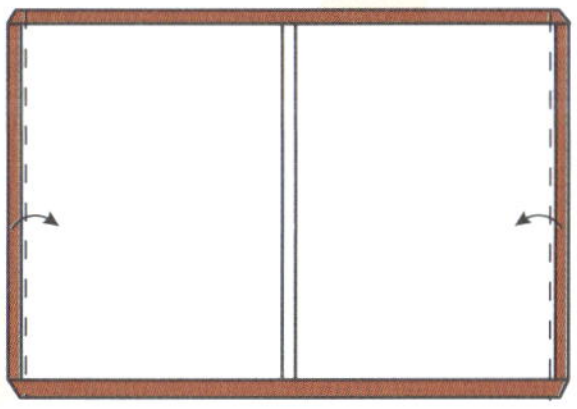

5

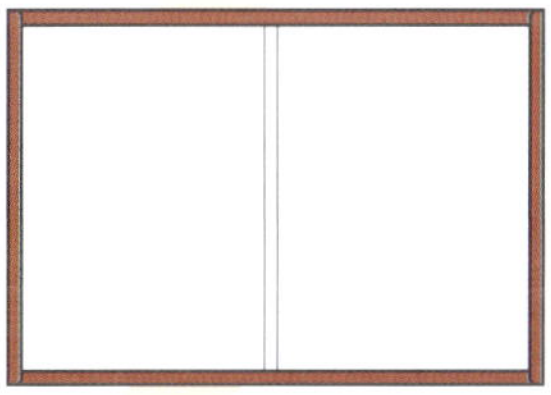

안쪽에 속지를 붙이고 반으로 접으세요.

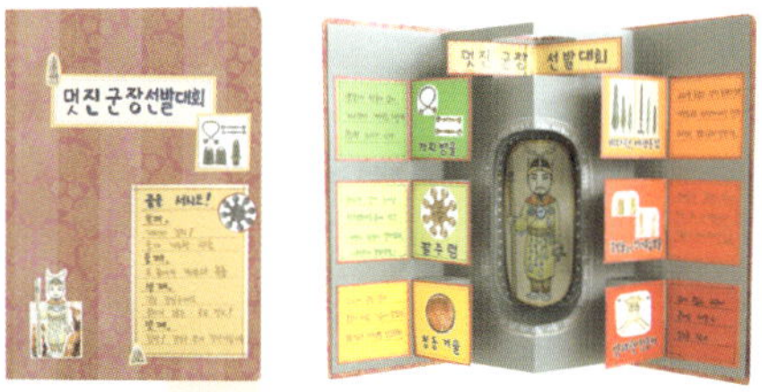
멋진군장선발대회

완성

03 다양한 문화, 다양한 철기 국가

고조선이 한나라의 침략과 내분으로 기원전 108년에 멸망했어요. 고조선의 옛 영토인 만주와 한반도 지역에는 철기 문화를 바탕으로 여러 국가가 나타났어요. 철광석은 구하기 쉽고 청동보다 훨씬 단단하고 날카로웠어요. 덕분에 주도권을 잡은 철광석으로 만든 철제 무기의 개발은 전투력을 몰라보게 증가시켰어요. 이로써 한반도 곳곳에 자리 잡고 있던 부족들이 연합하거나 빈번한 전쟁을 통해 확장했어요. 각기 **연맹 왕국*** 또는 작은 국가로 발전했어요. 만주와 한반도 북부 지방엔 부여

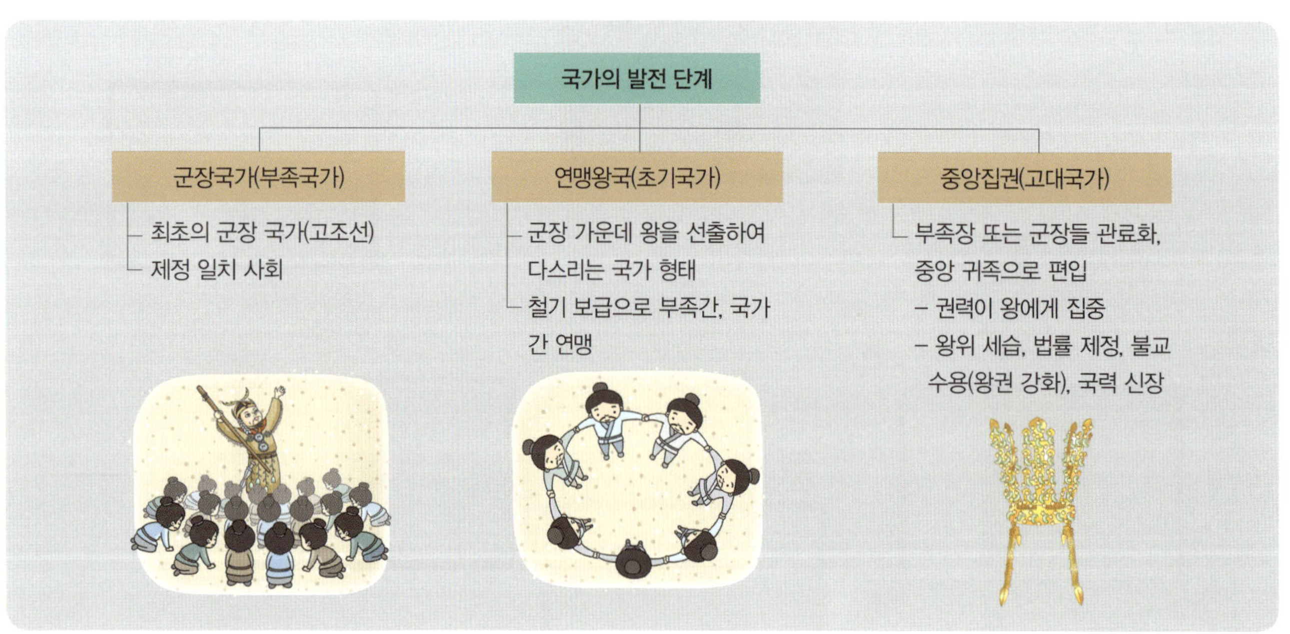

와 고구려, 한반도 북부 동해안 지역에 옥저와 동예, 한반도 남부 지방엔 마한, 진한, 변한이 자리 잡았어요. 이들 철기 국가들은 각기 다른 성장 과정을 거치면서 나름대로 독특한 법률, 사회 풍속, 종교 의식을 갖추게 되었어요.

이들 초기 국가들은 철제 농기구의 보급과 함께 농경 문화를 꽃피웠어요. 농업 생산력의 증가는 인구 증가로 이어졌어요. 농업은 공동의 노력을 필요로 하기에 이들 나라의 문화도 공동체적인 성격을 띠고 있어요. 이들은 다함께 풍년을 기원하고 추수를 감사하는 제천 행사를 치르며 즐거운 축제를 즐겼어요. 제천 행사는 나라의 통합을 강화하는 중요한 역할을 담당했어요.

다양한 철기 국가

흰 옷을 즐겨 입은 부여

가축을 잘 기르는 부여 사람들

부여는 만주 쑹화 강 유역의 넓은 평야 지대를 중심으로 성장했어요. 주로 밭농사를 지었으며 목축을 중요하게 생각했어요. 관직 이름에서도 그들이 중요하게 생각하는 것이 무엇인가를 알려줘요. 마(馬)가, 우(牛)가, 저(猪)가, 구(狗)가! 말, 소, 돼지, 개! 우스꽝스럽다구요? 나라의 중요한 일을 왕과 함께 협의하는 제가들을 뜻하는 관직 이름이랍니다.

왕이 중심을 다스리고 나머지 지역을 동, 서, 남, 북, 넷으로 나누어 제가들이 다스릴 정도로 중요하고 귀한 이들이었어요. 이러한 '사출도'는 부여가 왕권이 약했던 연맹 왕국 형태의 국가였음을 알 수 있어요. 제가들은 왕을 선출하기도 하고 가뭄이나 홍수 등의 자연재해나 흉년에도 왕에게 그 책임을 물어 쫓아내기도 할 뿐만 아니라, 죽이기까지 했어요. 강한 왕권을 지니지 못한 경우엔 왕 노릇 하기가 결코 쉽지 않겠지요.

죽음을 동행하는 순장

왕과 귀족이 죽으면 부인, 신하, 노비 등을 함께 묻었어요. 순장이라는 장례 풍습이랍니다. 사후의 세계를 믿었기에 죽어서도 왕과 귀족의 죽음을 동행하게 했어요. 자신이 모시는 왕이나 귀족이 죽지 않기만을 진심으로 간절히 바랬겠지요. 주인의 죽음은 곧 자신의 죽음이 되는 것이니까요! 죽어서 가게 되는 다음 세상에서도 신분은 변하지 않는다는 생각이 전제된 것이라 참으로 안타까워요.

즐거운 축제 '영고'

농사가 잘 되는 것이 가장 큰 소망일 때였어요. '둥둥둥 북을 울리면서 신을 맞이한다.'는 뜻의 영고! 해마다 소망을 담아 하늘에 제사를 지내는 의식을 행했어요. 추수가 모두 끝난 12월에 온 나라 백성들이 모여 하늘을 숭배했어요. 추수를 감사드리고 다음 해 풍년을 기원했어요. 며칠 동안 춤추고 노래 부르며 술을 나눠 마시며 축제를 즐겼어요. 죄가 가벼운 죄수도 풀어주어 모두가 축제를 넉넉히 즐길 수 있도록 했어요.

추수 감사제 성격을 띠었으나, 제천 행사 시기가 12월인 것으로 봐서 수렵 사회의 전통을 이어 받은 것으로도 볼 수 있어요. 전쟁이 났을 때 제천 행사를 치르기도 했으며, 소를 죽여 그 굽으로 길흉을 점치기도 했어요.

부여의 법

고조선의 8조법과 비슷한 종류의 4개 조항의 법이 전해지고 있어요. 매우 엄격한 법률이 적용되는 사회였어요. 도둑질을 한 사람에게 물건 값의 12배를 갚게 하는 '1책 12법'이 적용되었어요. 살인자의 가족은 노비로 삼았어요. 신분 제도가 있으며 범죄의 책임을 가족이 공동으로 지는 것을 알 수 있어요.

부여는 남성 중심의 사회였어요. 투기가 심한 부인을 사형에 처했어요. 그야말로 목숨과 바꾼 투기가 된 셈이지요. 형이 죽으면 동생이 형수를 아내로 삼아 가족들을 돌봐주는 '형사 취수제'가 있었어요. 고구려에서도 볼 수 있는 제도랍니다.

부여는 중앙 집권 국가로 성장하지 못하고 연맹체 단계에서 멸망했어요. 그러나 부여의 역사와 전통은 부여계를 자처하며 중앙 집권 국가로 성장한 고구려와 백제에 의해 계승되었어요.

무예를 숭상하는 고구려

활쏘기와 말 타기는 최고

천제의 아들 즉, 하늘의 자손인 해모수를 아버지로, 물의 신 하백의 딸, 유화를 어머니로 태어난 주몽! 고구려 건국설화의 주인공인 주몽은

수렵도

'활 잘 쏘는 사람'이라는 뜻의 이름을 가졌어요. 만주지역에서 부여에 이어 등장한 나라가 고구려랍니다. 부여에서 내려 온 주몽은 압록강의 지류인 동가강 유역의 졸본 지역에 자리 잡았어요. 이 지역의 토착 세력과 힘을 합쳐 고구려를 건국했어요. 넓은 들이 없는 산악 지대로 식량이 넉넉하지 않았어요. 무엇보다 절실한 식량 확보를 위해 평야 지대로 진출하고자 주변 지역을 정복해야만 했어요.

씩씩하고 패기 넘치는 문화를 자랑하는 고구려는 무예를 숭상하여 수렵대회나 씨름대회 등을 열어 신체를 단련했어요. 단연 활쏘기와 말타기는 최고였어요.

제천 행사 '동맹'

하늘의 자손임을 중요하게 생각했어요. 10월엔 추수를 감사드리고 풍년을 기원하며 '동맹'이라는 제천 행사를 치렀어요. 추수 감사제를 드리는 동안 주몽신화를 재현하는 의식을 치르며 고구려 왕의 권위를 높이고 5부족 연맹체의 통합을 강화했어요. 5부족 연맹체로 강한 부족의 군장을 왕으로 선출했으며 왕권은 미약했어요.

고구려의 법

고구려도 사회 질서가 엄격했어요. 큰 범죄를 저지르면 사형에 처했어요. 부여와 마찬가지로 형이 죽으면 동생이 형수를 아내로 삼아 형의 가족들을 돌보는 '형사 취수제'라는 가족생활 제도가 있었어요.

서옥제 - 데릴 사위제

신랑이 결혼하면 신부 집에서 함께 살았어요. 신부의 집 뒤에 지어진 조그만 집을 서옥이라고 하니 이는 사위의 집이라는 의미이지요. 아이를 낳고 그 아이가 장성하면 비로소 아이와 부인을 자기 집으로 데려가는 결혼 풍습이랍니다. 남자의 노동력이 중요했다는 것을 알 수 있어요.

군장의 나라 옥저

부족을 다스리는 부족장

국가의 터를 어느 곳에 잡느냐에 따라 이후 발전에 큰 영향을 준답니다. 옥저는 함경도 동해안의 변방 지역에 위치하여 선진 문화를 받아들이는 것이 늦었어요. 국가 발전 단계상 연맹 국가로 발전하지 못했어요. 왕처럼 나라 전체를 다스리는 강력한 지도력의 소유자는 없었어요. '읍군', '삼로'라 불리는 군장들이 다스렸어요.

성품이 강직하고 용맹스러웠으며 동해를 끼고 있어 어물과 소금, 해

산물이 풍부했어요. 땅도 기름져서 농사가 잘 되었어요. 고구려에 **복속***
되어 소금, 생선 등의 해산물과 특산물을 바쳤으며, 이후 고구려에 흡수
되었어요.

결혼 제도 – 민며느리 제도

신부가 10살이 되면 약혼을 하고 신랑의 집에서 자랐어요. 성인이 되
면 원래의 집으로 가서 혼례를 치르는 결혼 풍속이지요. '며느리를 삼으
려고 민머리인 채로 데려와 기른 계집아이'라는 뜻이 포함되어 있어요.
딸을 일찍 남자 집으로 보내 그 집의 일을 거들게 하고, 시집갈 때 그동
안의 대가를 남자 집에서 받는 제도였어요. 주로 가난한 사람들 사이에
서 행해졌어요.

고구려의 서옥제와 옥저의 민며느리제는 우선 보기에는 정반대의 결
혼 풍습으로 보이지요. 그러나 한편으로는 공통의 목적을 수행하는 각
기 다른 방법이라고 볼 수 있어요. 당시는 한 사람의 노동력도 중요하던
시기였어요. 혼인을 통하여 어느 한 집이 일방적으로 노동력의 손해를
보는 일이 없도록 하려는 의도가 깔려 있어요.

한번 가족은 영원한 가족 '가족 공동묘'

사람이 죽으면 바로 장사를 지낸 것이 아니라 시체를 임시로 묻어두
었어요. 시간이 지나 뼈만 남으면 가족 공동 무덤인 목곽 안에 넣어두지
요. 또 다른 가족이 죽으면 같은 방식으로 목곽 안에 넣어요. 한번 가족
은 죽어서도 영원한 한 가족! 가족은 죽어서도 같은 목곽 안에 모이게
되는 '골장제'라는 독특한 장례 풍습이 있었어요. 죽은 사람의 양식으로

목곽 앞에 쌀 항아리를 매달아 두었대요. 사후의 세계에서도 그들의 주식은 쌀이었나 봐요.

하늘을 향해 춤추는 동예

부족장 삼로

대관령을 넘어 강원도 북부 지방인 강릉 일대를 주요 무대로 자리 잡았어요. 동예는 옥저와 마찬가지로 전체를 다스리는 통치자는 없었어요. 군장 국가에서 연맹 왕국으로 발전하지 못했던 것이지요. 삼로, 또는 읍군이라 불리는 군장이 다스렸지요. 이로써 강력하게 성장한 고구려에 흡수되는 빌미가 되었어요.

특산물은 활과 말

특산물로는 '단궁'이라는 박달나무로 만든 활과 '과하마'가 유명했어요. 과하마는 과일나무 밑을 말을 타고 지나갈 정도로 체구가 작은 말이랍니다. 덕분에 기동력과 지구력이 우수한 말이었어요. 산악지형에서 원활한 움직임을 보였다고 해요. 또 '반어피'라고 불리는 바다표범 가죽도 유명했어요. 특히 손재주가 뛰어나 명주와 삼베를 짜는 방직 기술이 매우 발달했어요.옥저와 함께 고구려에 특산물을 바쳐야했어요.

제천행사 무천

매년 10월에 하늘에 제사를 지냈어요. 마을 사람들이 모두 모여 둥글게 원을 그리며 서지요. 두 팔을 하늘 높이 올렸다가 몸을 숙이며 아래로 내려요. 발로 땅을 박차기도 하고 들기도 하며 북소리에 맞춰 노래 부르고 춤을 춰요. 요즘 넓은 광장에서 많은 이들이 모여 소위 '떼춤'을 추는 것과 흡사하지요. 축제 기간 동안 밤낮으로 음식과 술을 나눠 마시며 노래를 부르고 춤을 추는 제천행사 '무천'을 행했어요. 즐거움을 나누면 배가 되는 법이잖아요.

같은 부족 끼리 결혼은 안돼요!

같은 부족 사람끼리는 결혼하지 않는 풍습이 있었어요. 자연스럽게 다른 부족과 교류를 하게 되겠지요. '족외혼'을 실시한 주요 목적이었어요.

다른 부족의 영역을 함부로 침범하면 벌로 소나 말을 대신 물어주는 것을 '책화'라고 하고, 물어 줄 재산이 없으면 노비가 되는 것을 '생구'라고 불렀어요. 아주 엄격했어요. 산천을 중요하게 생각하여 구분을 하고 함부로 들어가지 않았어요.

곡창지대를 깔고 앉은 삼한

마한, 진한, 변한

고조선이 멸망한 뒤 철기 문화를 소유한 이들이 남쪽으로 이주하여 한반도 중.남부 지역에서 **삼한***으로 자리 잡았어요. 마한은 충청도와 전라도, 경기도 일부 지역을 차지하고 있었으며 54개의 소국으로 이루어졌어요. 진한은 지금의 대구, 경주 등 경상북도 지역을 중심으로 하고, 변한은 김해와 마산 등 주로 경상남도 일대를 중심으로 연맹을 이루고 있었어요. 진한과 변한은 각기 12개의 소국으로 구성되었어요. 소

***삼한**
마한, 진한, 변한

국들 가운데 충남 지역에 위치한 목지국이 세력이 가장 컸어요. 목지국의 왕을 진왕으로 불렀으며 삼한 전체를 대표했어요.

기름진 곡창지대

삼한의 땅은 기름지고 넓은 평야 지대였어요. 여러 곡식늘과 벼가 잘 자라 벼농사가 특히 발달했어요. 벼농사는 많은 물이 필요하답니다. 벼농사를 위해 **저수지**[*]를 만들었어요. 봄에 씨를 뿌리고 난 뒤 5월 수릿날과 가을에 추수를 마치고 10월엔 계절제로 제천 행사를 두 번에 걸쳐 행했어요. 농사가 잘 되니 감사도 두 배로 드렸을까요? 오늘날 5월 단오제는 삼한의 풍속이 이어졌다고 볼 수 있어요.

변한은 철이 풍부하여 화폐처럼 사용하기도 하고, 낙랑이나 **왜**[*]등 주변국가에 수출했어요. 이후 마한은 백제, 진한은 신라, 변한은 가야로 발전했어요.

[*]**저수지**
벽골제, 의림지

[*]**왜**
일본

제정 분리 사회 – 천군과 소도

삼한에는 정치적 지도자와 제사장이 따로 있는 제정 분리 사회였어요. 삼한의 여러 소국 정치적 지도자는 '신지', '읍차'라고 불리는 군장들이었어요. 제사장인 천군은 **소도**[*]라는 신성한 장소에서 5월과 10월에 농경과 종교에 대한 의례를 주관하여 하늘에 제사를 지냈어요. '천군'은 일반

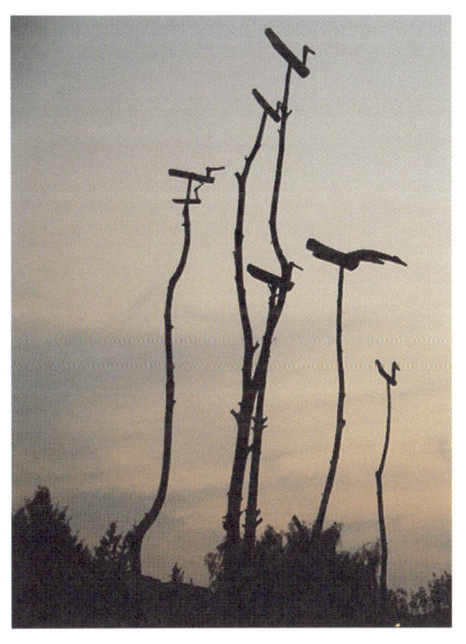

[*]**소도**
높은 곳을 뜻하는 솟터를 말한다. 솟대로서 표식을 해 두었다.

사람과 귀신을 이어 주는 역할을 담당했으며 상당한 지위를 누렸어요. '천군'이 있는 소도를 특별한 지역으로 정해 놓았어요. 정치적 통치자인 군장도 세력을 행사할 수 없으며, 행여나 죄인이 도망쳐 숨어들더라도 잡아갈 수 없었어요. 그만큼 소도를 신성한 장소로 여겼어요. 소도를 나타내는 **솟대**[*]를 세우고 북과 방울을 달아두었어요.

귀틀집에서 살며 두레로 공동작업

굵은 통나무로 만들어 흙으로 메운 **귀틀집**[*]에 살았어요. 농경생활의 특성상 두레라는 조직으로 여러 사람이 힘을 모아 공동 작업을 했어요.

귀틀집

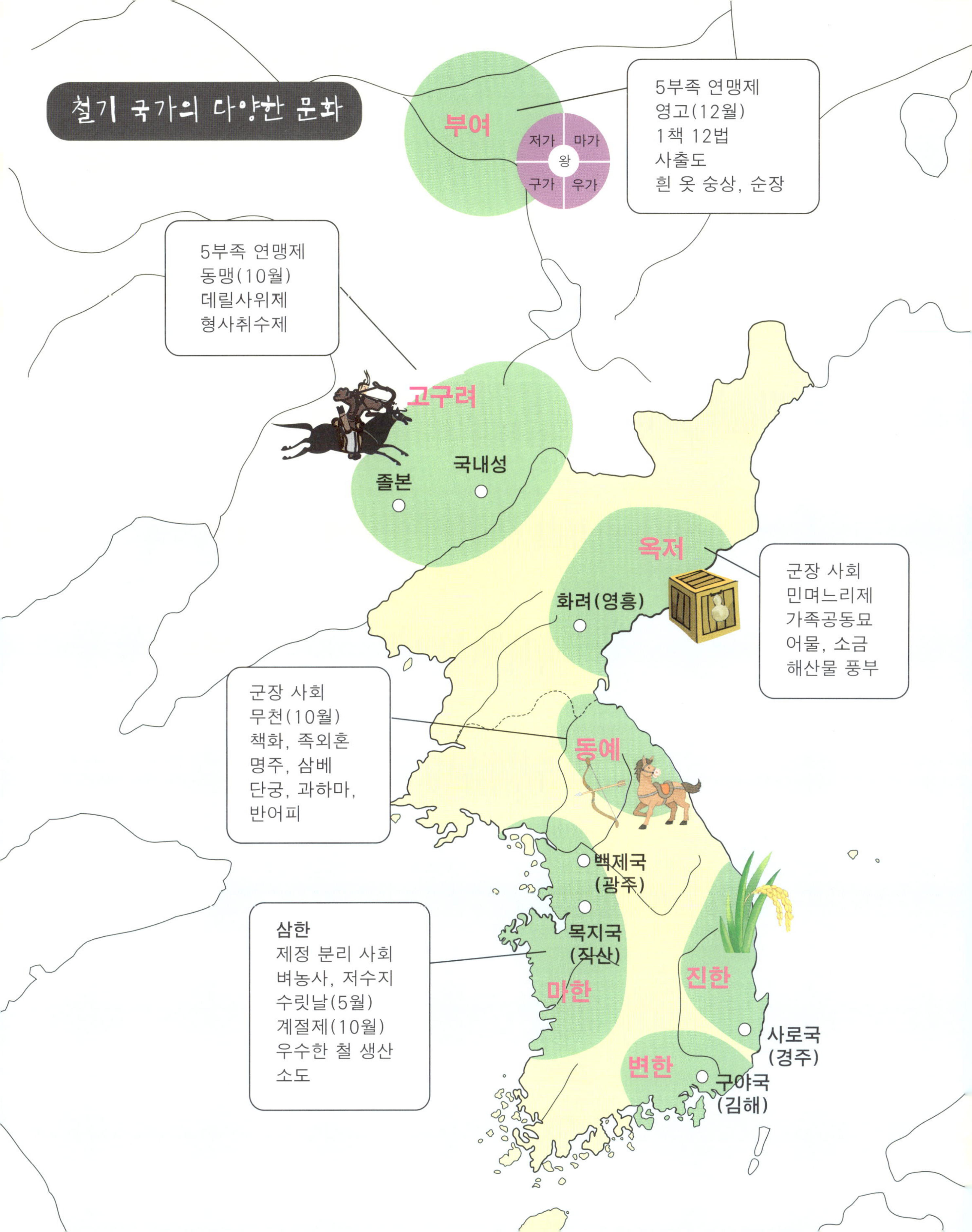
철기 국가의 다양한 문화
부여
저가 마가
왕
구가 우가
5부족 연맹제
영고(12월)
1책 12법
사출도
흰 옷 숭상, 순장
5부족 연맹제
동맹(10월)
데릴사위제
형사취수제
고구려
졸본
국내성
옥저
화려(영흥)
군장 사회
민며느리제
가족공동묘
어물, 소금
해산물 풍부
군장 사회
무천(10월)
책화, 족외혼
명주, 삼베
단궁, 과하마,
반어피
동예
백제국
(광주)
삼한
제정 분리 사회
벼농사, 저수지
수릿날(5월)
계절제(10월)
우수한 철 생산
소도
목지국
(직산)
마한
진한
변한
사로국
(경주)
구야국
(김해)

돌려라, 철기 국가

표지 하이 보드지 : 32cm×32cm = 2장
장식 하이 보드지 : 11cm×11cm = 1장
장식 : 2개
속지 : 13.5cm×13.5cm = 8장

※설명 속의 단위는 cm를 생략했습니다.

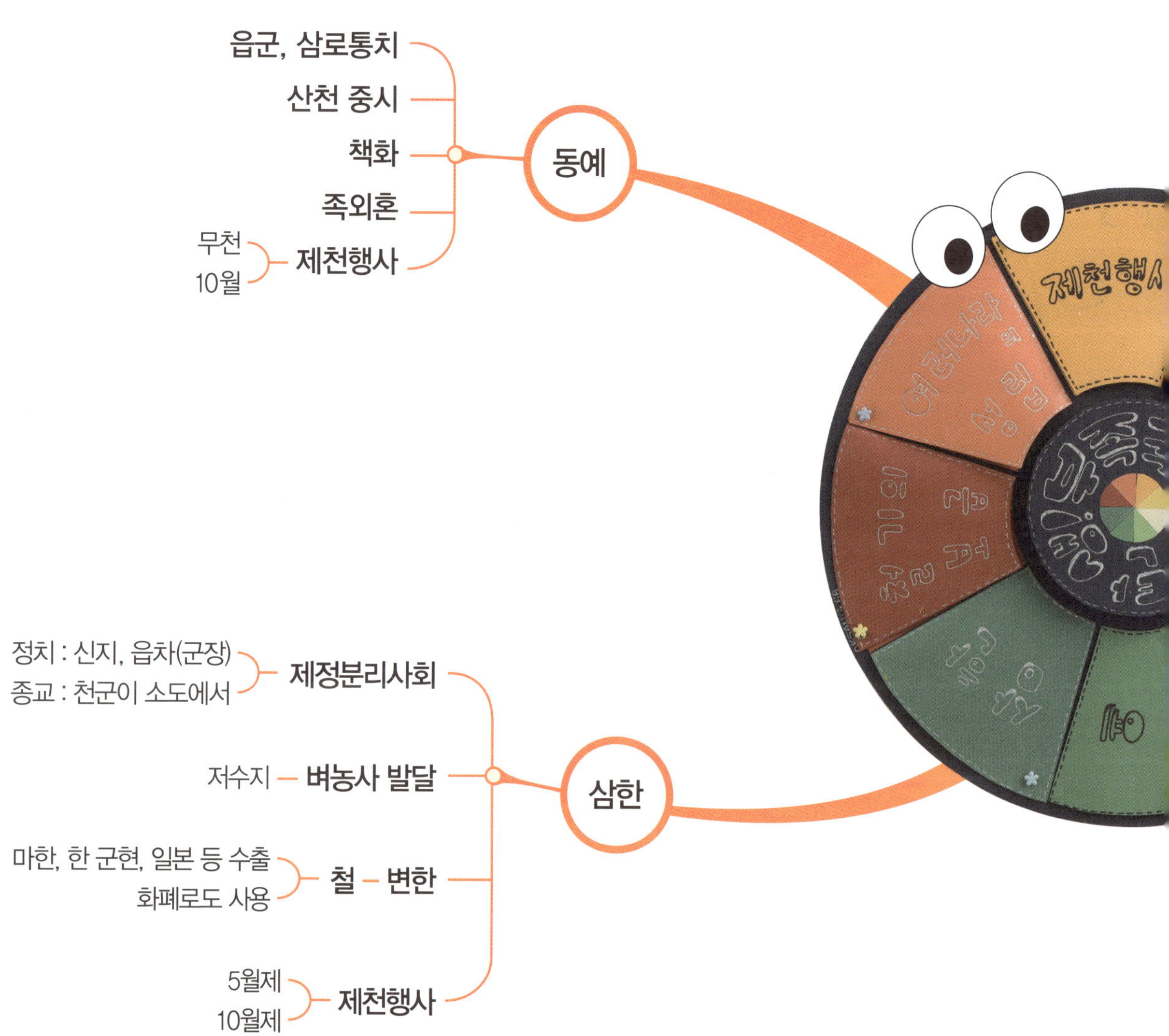
읍군, 삼로통치
산천 중시
책화
족외혼
무천
10월
제천행사
동예
정치 : 신지, 읍차(군장)
종교 : 천군이 소도에서
제정분리사회
저수지
벼농사 발달
마한, 한 군현, 일본 등 수출
화폐로도 사용
철 － 변한
5월제
10월제
제천행사
삼한
제천행사

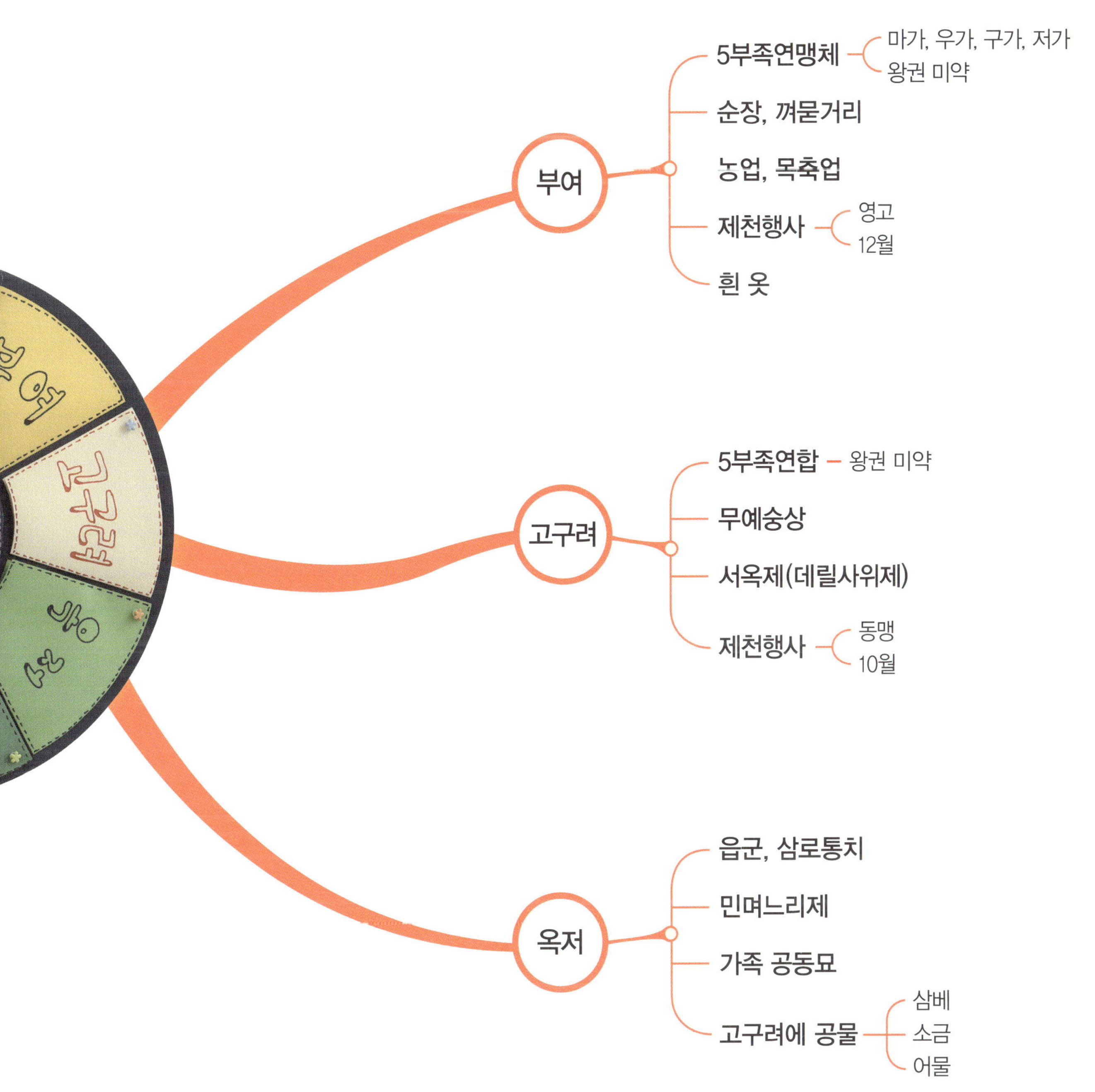
부여
5부족연맹체
마가, 우가, 구가, 저가
왕권 미약
순장, 껴묻거리
농업, 목축업
제천행사
영고
12월
흰 옷
고구려
5부족연합
왕권 미약
무예숭상
서옥제(데릴사위제)
제천행사
동맹
10월
옥저
읍군, 삼로통치
민며느리제
가족 공동묘
고구려에 공물
삼베
소금
어물

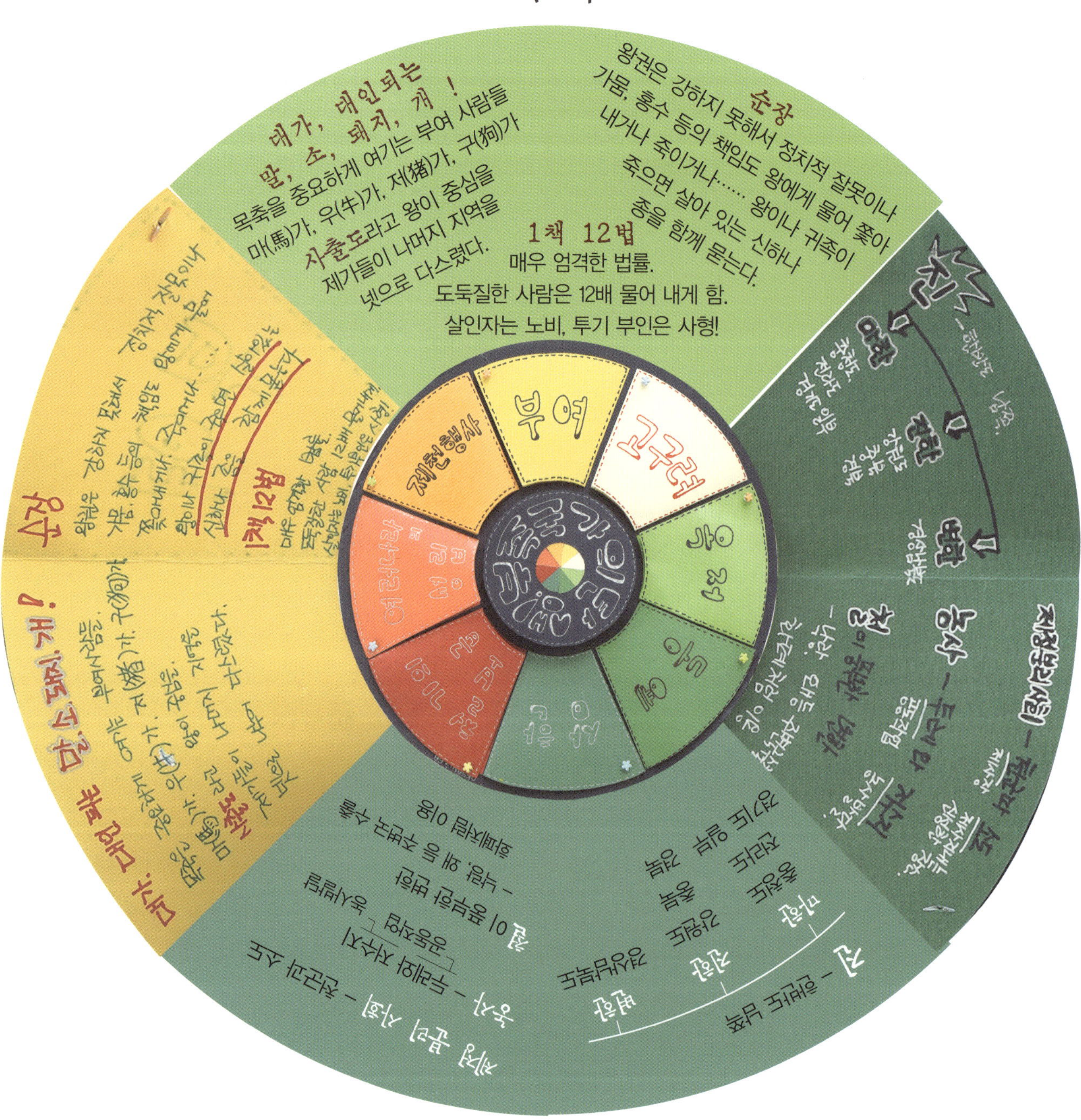

삼한

철기의 보급

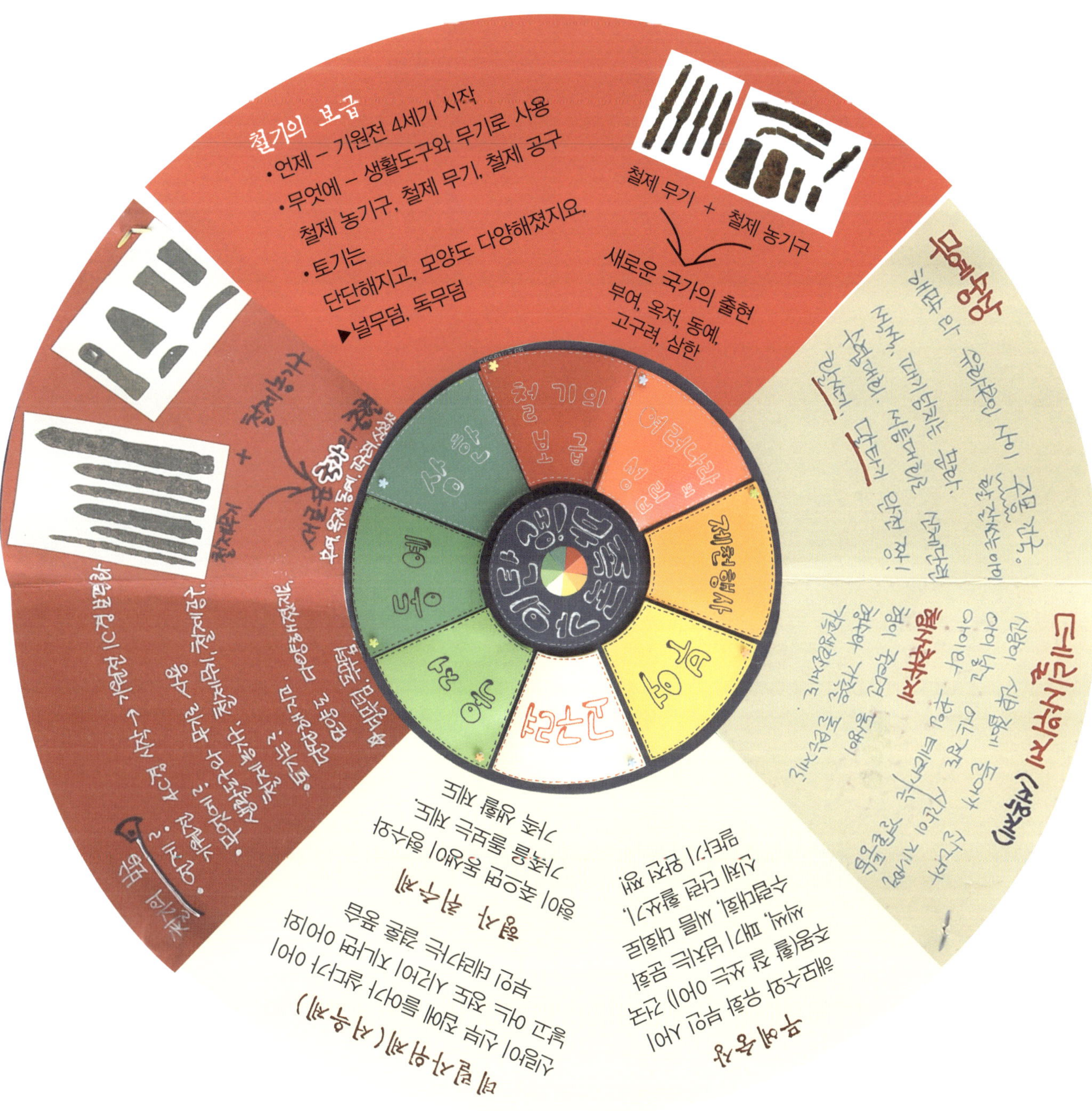

철기의 보급
· 언제 - 기원전 4세기 시작
· 무엇에 - 생활도구와 무기로 사용
  철제 농기구, 철제 무기, 철제 공구
· 토기는
  단단해지고, 모양도 다양해졌지요.
▶ 널무덤, 독무덤
철제 무기 + 철제 농기구
새로운 국가의 출현
부여, 옥저, 동예,
고구려, 삼한

고구려

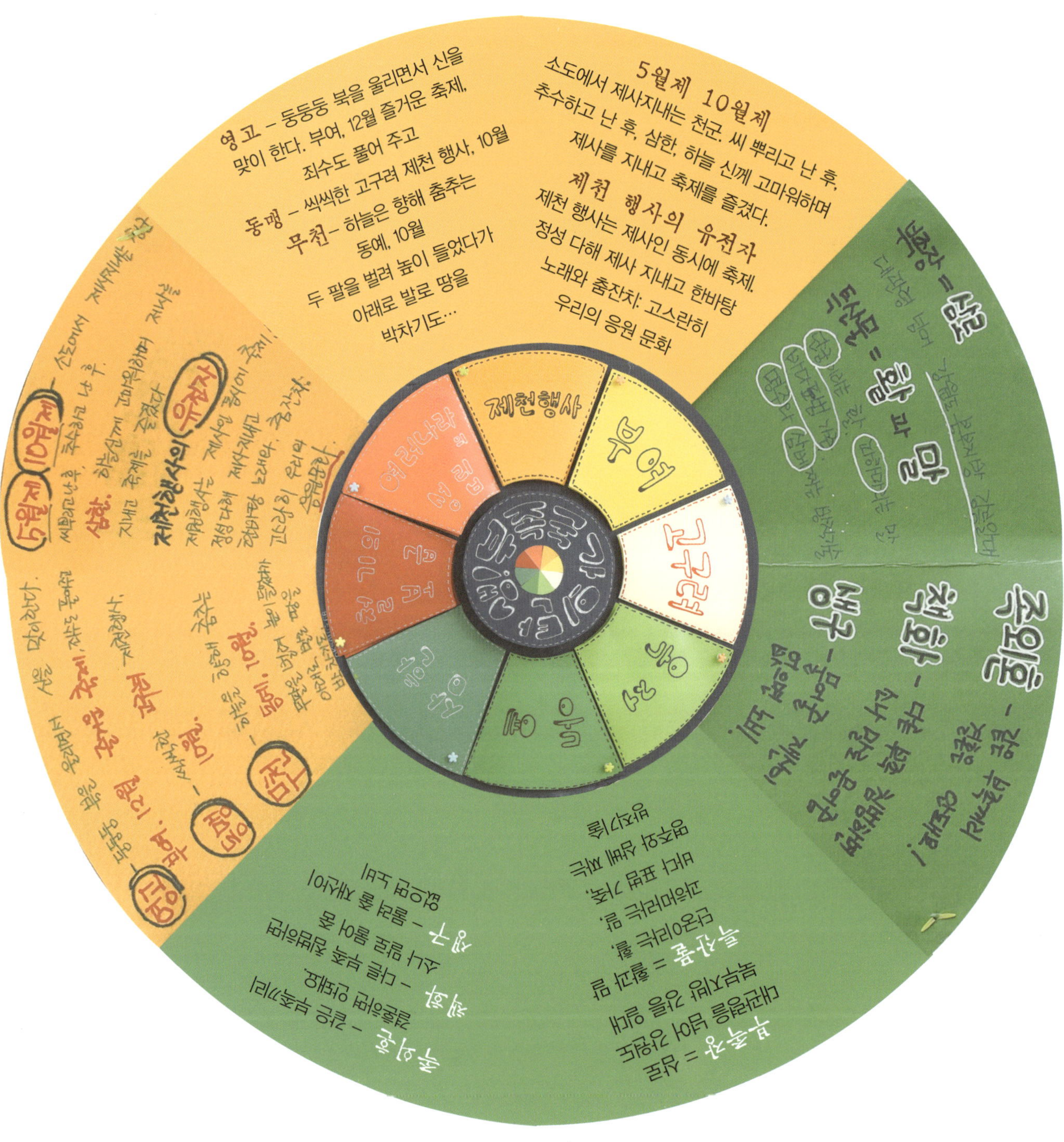
영고 - 둥둥둥 북을 울리면서 신을 맞이 한다. 부여, 12월 즐거운 축제,
죄수도 풀어 주고
동맹 - 씩씩한 고구려 제천 행사, 10월
무천 - 하늘은 향해 춤추는 동예, 10월
두 팔을 벌려 높이 들었다가
아래로 발로 땅을
박차기도…
5월제 10월제
소도에서 제사지내는 천군. 씨 뿌리고 난 후,
추수하고 난 후, 삼한, 하늘 신께 고마워하며
제사를 지내고 축제를 즐겼다.
제천 행사의 유전자
제천 행사는 제사인 동시에 축제.
정성 다해 제사 지내고 한바탕
노래와 춤잔치: 고스란히
우리의 응원 문화
제천행사
부여
고구려
삼한
옥저
동예

동예

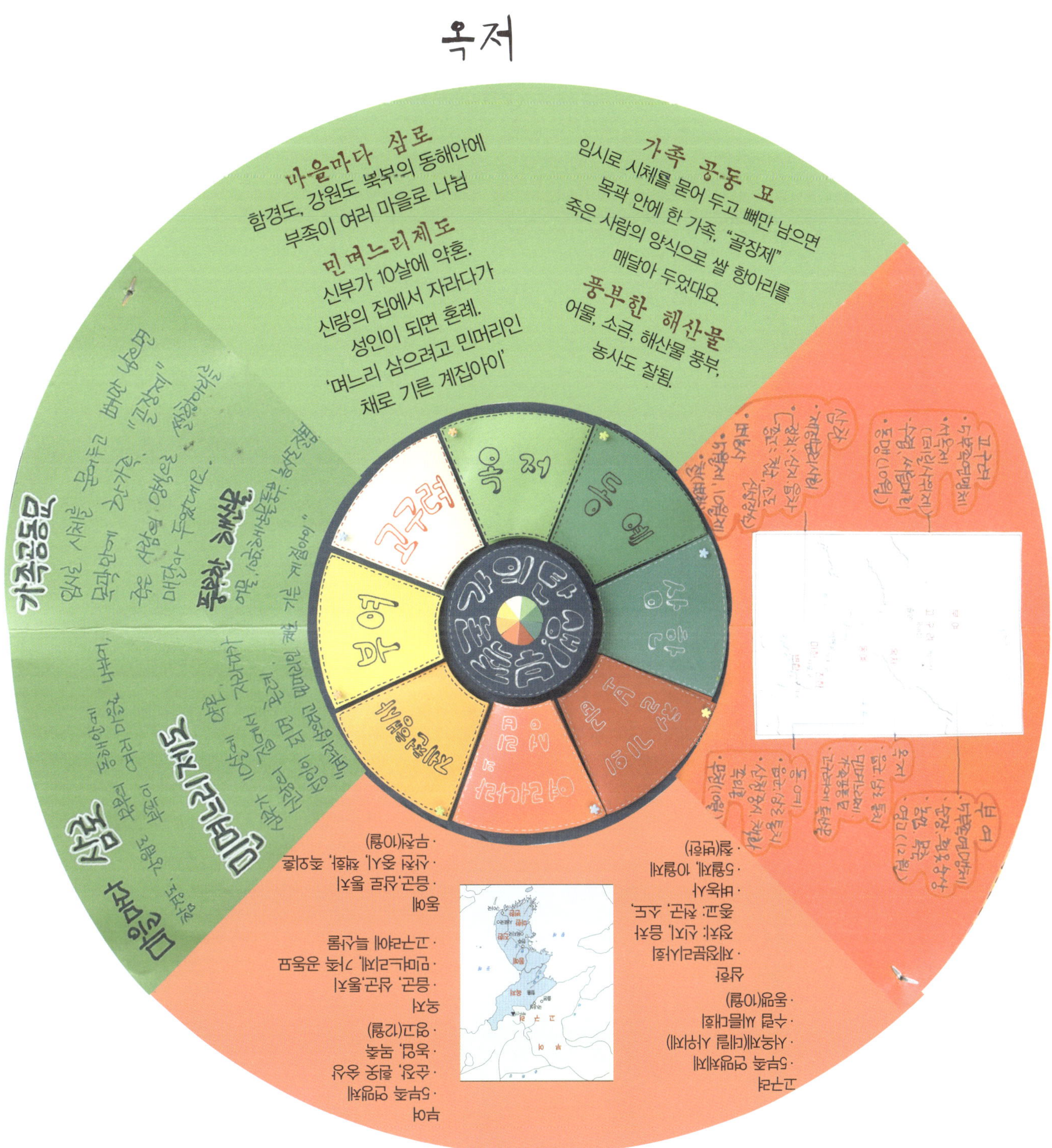
마을마다 삼로
함경도, 강원도 북부의 동해안에
부족이 여러 마을로 나뉨
민며느리제도
신부가 10살에 약혼.
신랑의 집에서 자라다가
성인이 되면 혼례.
'며느리 삼으려고 민머리인
채로 기른 계집아이'
가족 공동 묘
임시로 시체를 묻어 두고 뼈만 남으면
목곽 안에 한 가족, "골장제"
죽은 사람의 양식으로 쌀 항아리를
매달아 두었대요.
풍부한 해산물
어물, 소금, 해산물 풍부,
농사도 잘됨.
고구려
옥저
동예
부여
삼한

여러나라의 성립

속지 본 만들기

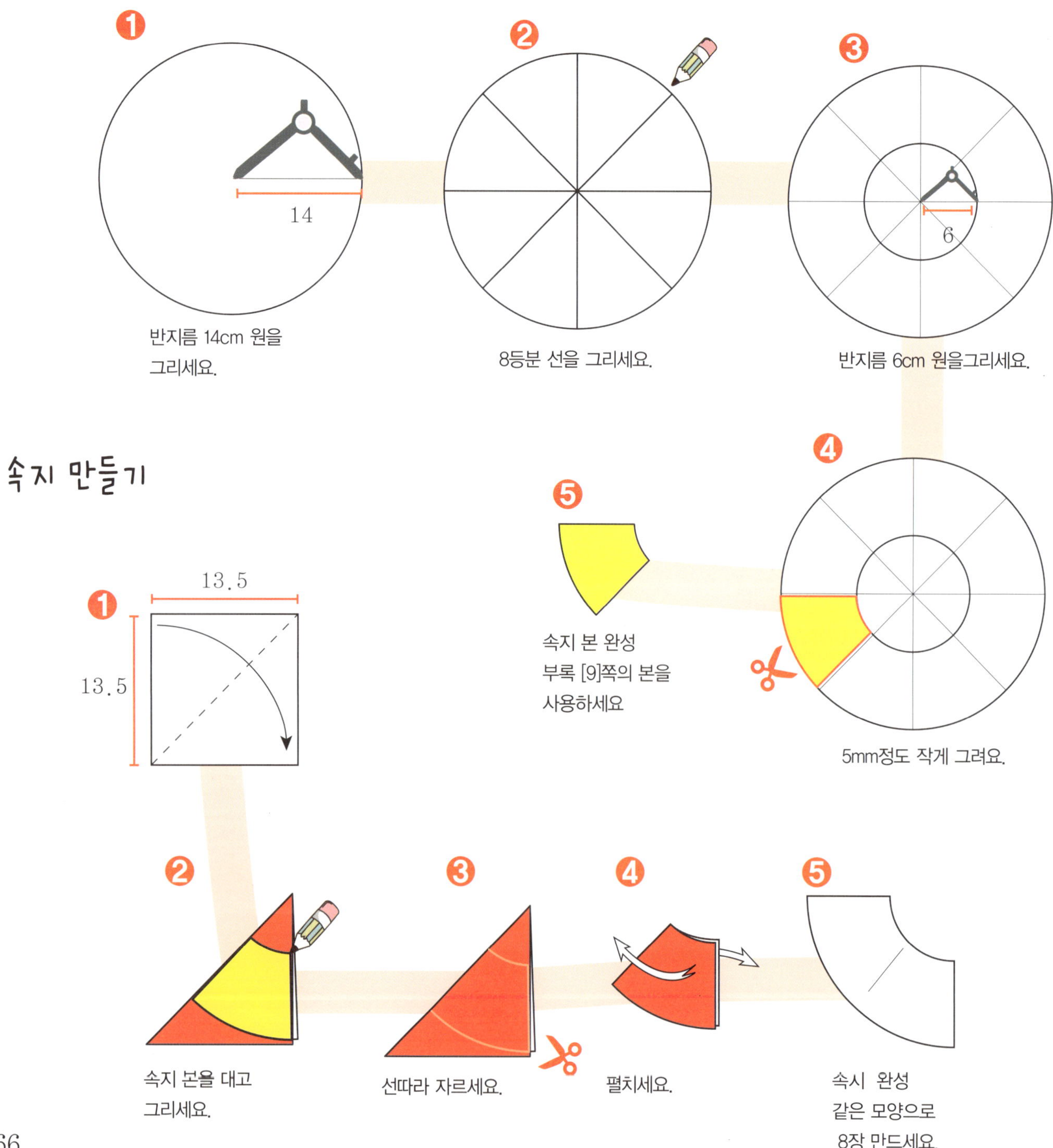

속지 만들기

❶

하이보드지 2장을 반지름 15cm
원을 그린후 선따라 자르세요.

❷

반지름 14cm 원을 그리세요.

❸

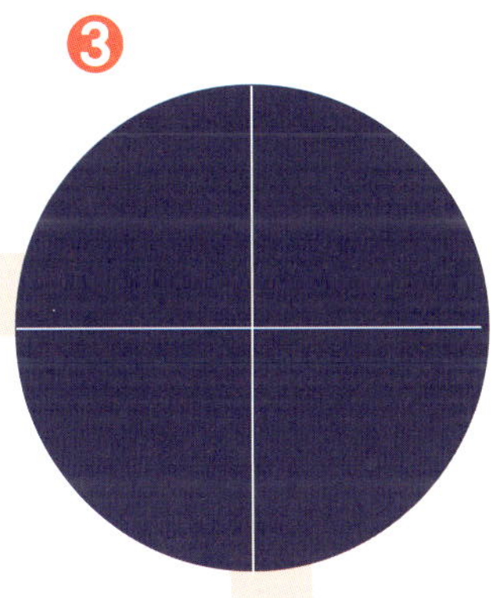

1장은 4등분선을 그리세요.

❺

선에 맞춰 속지 8장을 붙이세요.

❹

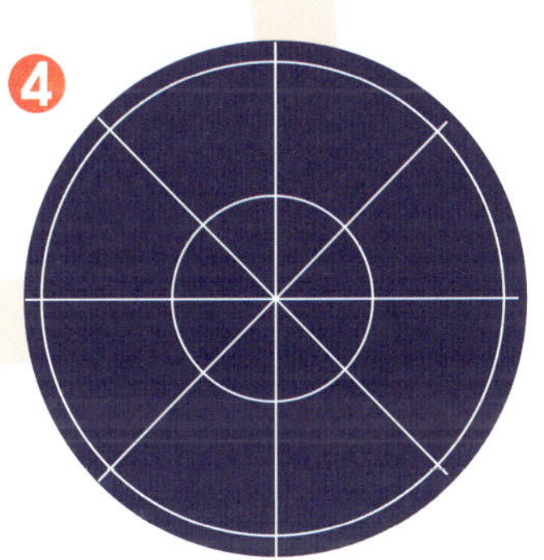

1장은 8등분선을 그리세요.

돌리는 장식 달기

❶

똑딱이 리벳으로 돌려봐요!!!

❷

❸

지름 4cm원으로 자른
하이보드 위에 똑딱이 리벳을
붙여요

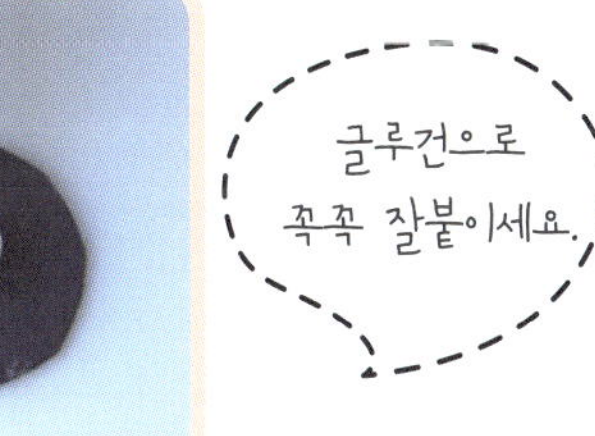

④

지름 10cm 원으로
하이보드를 자르세요.

⑤

중앙에 똑딱이 리벳을 붙이
세요.

⑥

중앙에 붙이세요.

⑦

원판 과 원 판 사이에 ❸을
붙이세요.

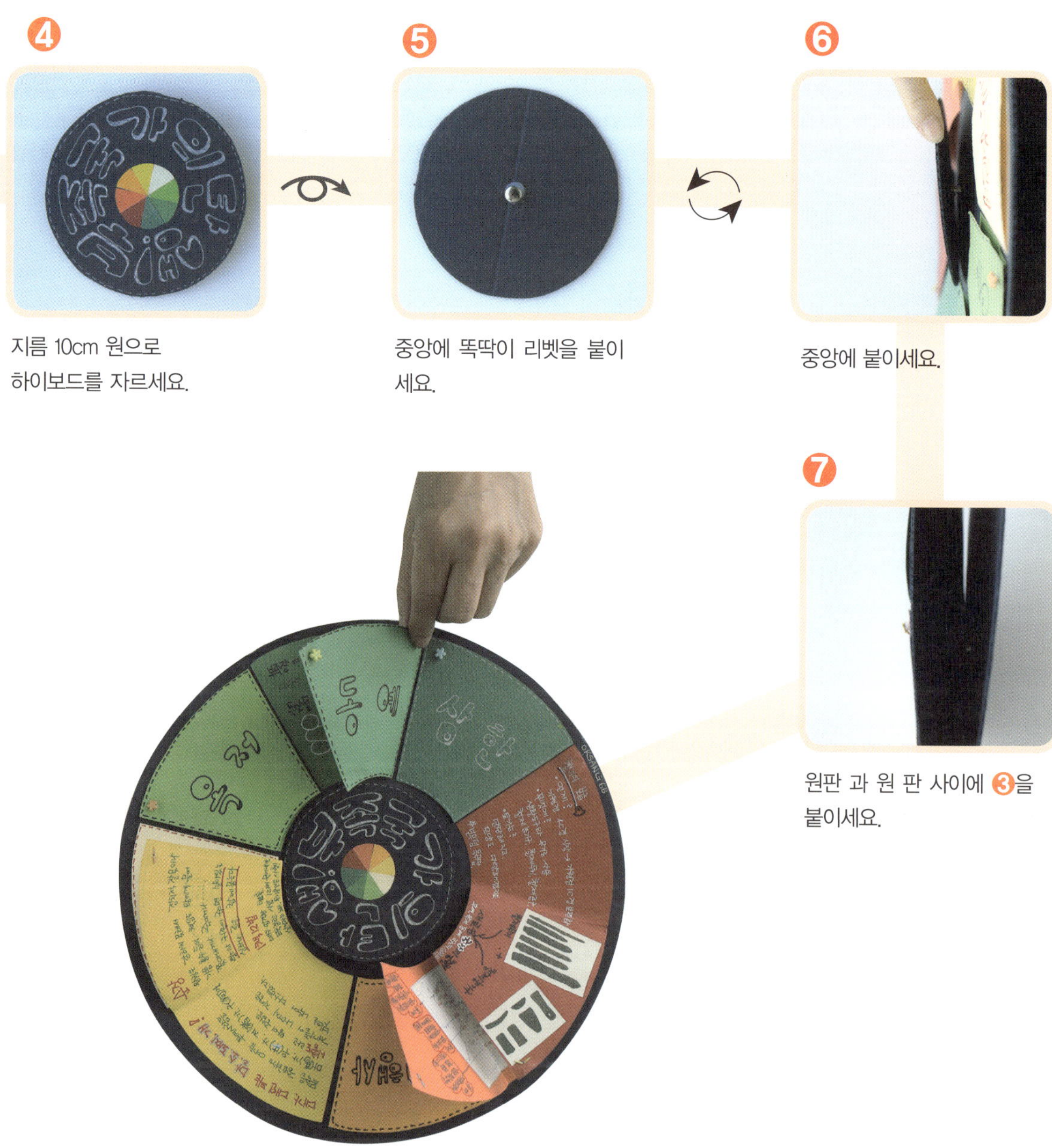

완성!

제천행사
역
안
녹
음
연
희
빙빙 돌려보세요!!!
바깥원, 안쪽원
빙글 빙글!!

제 2장

삼국에서 남북국으로 굽이치는 개울

　삼국 시대를 관통하는 기본 사상은 왕토 왕신 사상이었어요. 이는 〈서경〉에 나오는 사상으로서, 전국의 토지와 인민을 왕이 지배하므로 신하들은 토지와 인민을 함부로 사유할 수 없다는 뜻이지요. 그러나 삼국시대는 기본적으로 귀족 신분제 사회였어요. 실제로 귀족들이 부족 국가 때부터 소유하고 있던 토지와 인민을 여전히 소유했으며, 여기에 전쟁에서 잡은 수천 혹은 수백 명의 포로들을 노비로 거느렸어요. 또한 국가로부터 종종 식읍이라는 이름으로 군, 현 전체를 하사받기도 했어요. 귀족들은 이러한 부를 바탕으로 여러 가지 정치적 특권을 누리고 이를 자손에게까지 세습했어요.

　귀족이라고 모두 같은 것은 아니었어요. 귀족들도 세력의 크기에 따라 차등을 두었어요. 특권도 제한되었어요. 우선 큰 귀족들은 대부분 수도인 도읍지 왕경에 모여 살았어요. 왕경에 산다는 것은 지배 계급을 대변하는 것이 되었어요. 중앙 집권 국가로 발전하면서 귀족들은 차츰 국왕의 통제를 받는 관료가 되었어요. 그렇다고 그들이 손에 쥐었던 특권을 쉽사리 포기하지는 않았어요.

　농민들은 일반 평민의 대부분을 이루며 작은 규모의 토지를 소유하고 농사를 지었어요. 그들은 언제나 국가에 세금을 내는 주역이었어요.

　삼국 초기에는 전쟁 포로나 법률을 어긴 사람으로 가장 천한 신분인 노비가 구성되었어요. 이후 사회가 발달하면서 경제적인 어려움으로 인해 노비가 되는 사례가 증가하였어요. 이들 노비는 개인이나 국가에 예속되어 고되고 힘든 일을 도맡았어요.

04 고구려의 신분은 귀족, 평민, 노비

5부족 연맹체 고구려

고구려는 5부족 연맹체로 출발했어요. 고구려는 최고 귀족인 왕족 고씨는 계루부 출신으로서 왕위를 이었으며, 왕비족은 절노부에서 배출했어요. 왕족을 포함한 5부족의 귀족들이 최고의 지배층을 이루었으며 왕족과 왕비족은 최고 관등인 대대로까지 올라갈 수 있었어요. 중앙 집권화가 진행되면서 원래 5부의 부족장 계층은 중앙 귀족이 되었지요. 이들 귀족들은 대가, 혹은 소가라 불렸는데, 이들은 최고 관등까지 올라갈 수는 없었어요.

수상의 위치에 있는 대대로는 선출직으로 귀족들에 의해 선출되었고, 귀족 대표자 회의인 **제가 회의***에서 나라의 중요한 일을 의논했어요. 귀족은 많은 땅과 재산을 갖고 노비를 부리며 그들로 하여금 농사를 짓게 했어요.

벽화로 그려진 신분

고구려가 신분 사회였음을 단적으로 알 수 있는 고분 벽화가 있어요. 수산리 고분의 귀부인도에서는 사람들의 크기를 다르게 그리는 것으로

*제가 회의
귀족에 해당하는 모든 '가'들이 참가하는 회의라는 뜻. 부여와 고구려에서는 부족장이나 높은 벼슬을 '가'라고 불렀다. 제가회의란 부족장, 즉 높은 벼슬을 맡은 사람들이 모여서 회의하는 부족장 회의의 하나였음을 알 수 있다. 이 회의가 중앙 집권적 고대 국가로 발전하면서 귀족 회의로 변화한 것이다. 부족장들은 그 세력의 크기에 따라 중앙 귀족으로 편입되었다.

고구려 수산리 고분 벽화(동북아역사재단)

5세기 후반에 고구려 무덤에 그린 벽화. 수산리 고분은 평안남도 남포직할시 강서지역 수산리에서 발견된 무덤이다. 무덤 안에 있는 벽화의 가치를 인정받아 유네스코가 지정하는 세계 문화유산으로 등록되었다. 고구려 귀족의 생활 모습을 잘 보여주고 있다. 여주인과 양산을 들고 있는 시녀를 섬세하고 사실감 있게 묘사해 그 시절 고구려 그림이 높은 경지에 이르렀음을 보여주고 있다.

일본 다카마쓰 고분 벽화

7세기 말 ~ 8세기 초에는 수산리 고분의 벽화 속 여성과 비슷한 옷차림을 한 여성이 그려져 있고 인물 풍속도의 구도와 회화기법 등에서 일본이 고구려의 영향을 받았음을 알 수 있다.

신분을 표현했어요. 앞선 주인은 크게 그리고, 그 뒤에 양산을 받쳐주는 사람은 상대적으로 아주 작게 그렸어요. 누가 봐도 그림 속 인물들의 신분을 예상할 수 있지요. 신분의 차이를 인물의 크기 차이로 나타낸 재미있는 그림이지요. 그림으로 그려서 보여주는 신분 사회의 모습이지요.

의식주생활을 간단히 살펴볼까요?

고구려인의 옷차림은 귀족과 서민 모두 바지와 저고리를 즐겨 입었어요. 신분이 높을수록 여유 있게 저고리의 소매통이나 바지통이 넓어졌지요. 고구려인들의 의생활을 알아보기 위해서는 고구려 벽화를 살펴볼 필요가 있어요. 귀족은 화려한 색깔과 무늬의 비단옷을 입었고, 짐작컨대 평민들은 단순한 무명과 삼베옷을 입은 것으로 보이지요. 고구려를 비롯한 삼국 시대에는 모자도 신분에 따라 차이가 있었어요. 왕족들만 금관을 썼고, 귀족들은 등급에 따른 푸른 비단, 붉은 비단으로 만든 모자를, 관리들은 뿔이 난 듯한 모자 등을 썼으며 평민들은 검은 머릿수건을 했답니다.

고구려는 한반도 북쪽의 비교적 산지가 많은 땅에 자리 잡았어요. 이러한 지리적인 특성상 농사를 지을만한 땅이 많지 않았지요. 그렇기 때문에 귀한 쌀은 주로 귀족들이 먹었어요. 일반 백성들은 콩, 조, 보리, 밀 등이 주요한 곡식이었어요. 백성들 대부분은 잡곡밥과 간단한 반찬 정도를 먹었지요. 고구려인의 식생활에 대한 소개가 나와 있는 중국의 〈수신기〉라는 책에는 맥반이라는 식탁과 오늘날의 불고기를 연상시키는 고구려의 대표적인 고기 음식으로 맥적이라는 음식이 귀족 집안과 부잣

집 잔치에 즐겨 나왔다는 기록이 있어요.

　고구려의 귀족들은 화려한 기와집에서 살았어요. 집의 구조를 들여다보면 우선, 연못과 활쏘기를 연습할 수 있을 정도의 마당이 보이지요. 남녀가 사는 건물이 구분되어 있었고, 노비들이 잠자는 장소도 따로 있었답니다. 집안에 부경이라는 창고가 있어요. 이곳에는 곡식과 식생활에 필요한 물품을 가득 보관했으며, 부엌, 우물, 수레 창고, 방앗간 등 용도에 따른 공간들도 배치되어 있어요. 아주 쓸모 있고 알차게 구성되어 있는 집이지요.

　평민의 가옥을 찾아가 볼까요? 가난한 사람들은 초가집을 짓고 살았어요. 거센 겨울철 북풍을 이겨내는 한 방편으로 북쪽 사람들은 무덤처럼 굴을 파고 지하에 살기도 했어요. 그렇지만 고구려 서민들의 집에는 **쪽구들***이 있어서 집을 따뜻하게 했어요. 물론 집의 내부에는 귀족의 집에서 볼 수 있었던 여러 건물들은 없어요. 마구간이나 창고 정도가 따로 만들어졌을 뿐이지요.

세금은 늘 평민의 몫

　세금은 늘 평민의 몫이었어요. 평민은 원칙적으로 경제적 형편에 따라 나라에 조세, 공납, 요역 등 세금을 내야 했지요. 초기의 조세와 공납은 인정이 기준이었어요. 즉, 장정의 머릿수를 기준으로 하여 인두세를 부과했어요. 1인당 베 5필, 곡식 5석을 냈을 뿐만 아니라, 각종 부역에도 동원되었어요. 뒤에는 인정이 아니라 재산을 기준으로 조세와 공납을

***쪽구들**

방 전체에 구들장을 놓은 것이 아니라 잠을 잘 공간만 온돌로 꾸몄다. 온돌은 삼국 시대에 들어와 고구려에서 먼저 사용되었고, 점차 남쪽으로 퍼져 나갔다.

받는 것으로 바뀌었어요.

노비는 재산 취급

반역이나 반란을 일으킨 사람은 사형에 처하고 그 가족들은 노비로 삼았어요. 또한 전쟁 포로나 중죄인, 빚을 갚지 못한 사람들이 노비가 되었어요. 안타깝게도 노비는 왕실, 관청, 귀족들이 소유한 재산처럼 취급받았어요. 그렇게 때문에 매매나 상속의 대상이 되었어요. 이들은 귀족을 대신해 농사를 짓거나, 귀족의 집에서 함께 살며 그들이 시키는 각종 일을 했어요.

신분에 따른 교육기관 '태학'과 '경당'

고구려의 왕들 중에서 소수림왕*의 업적을 살펴볼까요? 불교를 도입하고 태학을 설립하였으며 **율령***을 반포하는 등 국가 체제를 정비하는 데 큰 역할을 해낸 왕이지요. 이로써 광개토 대왕*과 장수왕* 에 이르는 전성기를 맞이하는 기틀을 마련했어요.

이러한 소수림왕의 간절한 소망은 중앙 집권 체제 구축이었으니 태학 설립은 꿈의 실현을 위한 도우미 역할을 톡톡히 했어요. 왕에 대한 충성, 윗사람에 대한 예의를 중요하게 여기는 유교를 정치이념으로 삼으면 사회질서 유지와 왕권 강화를 덤으로 얻을 수 있었어요. 태학을 설립함으로써 그러한 유교 정치이념에 충실한 관리를 양성할 수 있게 되었으니 일거양득이었지요. 그 혜택은 단연 상류계급의 자제들에게 돌아갔어요. 국립대학이었으나 이른바 귀족 학교에 해당했기에 일반 평민이나 노비에겐 그림의 떡이었어요.

* **율령**
법률을 뜻한다. 형률과 법령을 함께 이르는 말이다.

    다행히 각 마을마다 경당이 있어 신분이 낮은 사람들에게도 교육의
기회가 단비처럼 주어졌어요. 경당에선 책읽기와 활쏘기 등을 익혔어
요. 지리적 특성상 산악지형인 고구려에서 활쏘기 등 무술 교육은 필수
지요.

전성기를 이끄는 고구려왕

*소수림왕

고구려 제17대왕(?~384) 고국원왕의 아들로 371년 백제의 근초고왕과의 평양 전투에서 고국원왕이 죽자 왕이 되었
다. 중국 전진의 제도와 문화를 받아들이려고 노력하였다. 고구려의 국가 기반을 다지고 377년 평양성을 공격한 백제
의 3만 대군을 물리쳤으며, 백제의 국경 지역을 공격하였다.

*광개토대왕

고구려 제19대왕(374~413) 이름은 담덕. 북으로 만주, 남으로 한강 이북까지 영토를 크게 확장하였다. 자주적 연호로
'영락'을 사용하였으며 '태왕' 또는 '성왕'이라 불렸다.

*장수왕

고구려 제20대왕(394~491) 이름은 거련 혹은 연. 광개토 대왕의 맏아들로 태어났다. 427년 도읍을 국내성에서 평양
으로 옮기고 남하정책을 실시하였다. 한강 이남까지 영토를 확장하였다. 98세까지 오래 살아서 붙여졌다고 알려진
왕의 호칭.

05 백제의 엄격한 신분 제도

귀족 회의 – 정사암 회의

백제 사회에도 엄격한 신분 제도가 있었어요. 왕과 왕족을 비롯해 나라의 영토를 넓히고 고대 국가로 성장하는 데 도움을 준 각 지방 세력을 중심으로 하는 귀족층이 있었어요. 귀족들은 정사암에 모여서 재상을 선출하는 귀족 회의를 열었어요. 일반 백성은 평민과 노예로 구분되었어요. 왕족인 부여씨와 왕비족인 진씨나 해씨가 중앙의 고위 관직과 22담로*의 지방 장관을 독점했어요.

*담로

백제가 방, 군, 성의 지방 제도를 마련하기 이전에 설치한 제도이다. 지방에 대한 통제를 강화하기 위해 왕자나 왕족을 지방의 요지에 보내 다스리게 하였다.

정사암 회의

정사암은 국가의 일을 의논했던 바위라는 뜻. 정사암은 신성한 곳으로 여겨져서 나라의 중요한 일을 의논했다. 부여의 백마강 북쪽 10리 쯤 되는 절벽 위에 있는 큰 바위이다. 나라에서 재상을 뽑을 때에 재상 후보 3~4명의 이름을 써서 상자에 넣어 봉하여 바위 위에 두었다. 얼마 뒤에 열어보고, 그 이름 위에 도장이 찍혀 있는 사람을 재상으로 삼았다는 기록이 있다. 재상을 뽑는 것은 하늘의 뜻이라 여기게 하려는 것으로 추측된다.

무령왕

백제 제25대왕(462~523) 사마 또는 융이라 불리며 동성왕의 둘째 아들로 태어났다. 왕위에 오르기 전에 일본 지역을 다스리던 사마왕으로 동성왕이 죽자 귀국하여 왕위에 올랐다. 백제 부흥을 위해 노력하였으며 중국 남조의 양나라와 교류하였다.

금제 관식 (국립공주박물관)

중앙 집권 국가의 면모를 갖추다

백제의 왕은 **무령왕릉***에서 출토된 왕과 왕비의 **금제 관식***을 보아 알 수 있듯이 머리엔 오라관을 금꽃으로 장식했어요. 소매가 특별히 큰 자주색 도포에 푸른 비단 바지를 입고, 흰 가죽 띠에 까만 가죽신을 신었어요.

3세기 중엽 백제가 중앙 집권 국가의 모습을 갖추기 시작한 것은 고이왕 때였어요. 관리들이 입던 **관복***의 색깔과 **관등제***를 보면 지배층의 자세한 구분을 알 수 있어요.

백제는 왕 밑에 **좌평***을 비롯한 16등급의 관리가 있어 나랏일을 보았어요. 그 중 최고 책임자는 상좌평이지요. 16관등제를 실시하면서 그 품계에 따라 관복의 색을 구별해서 입게 했어요. 크게 세 계통으로 나누어졌어요. 좌평에서 6품 내솔까지 솔 계통의 관료들은 자주색 옷을 입었고, 7품 장덕에서 11품 대덕까지 덕 계통의 관료들은 붉은색 옷을, 그리고 12품 문독에서 16품 극우까지 관리들은 파란색 옷을 입었지요.

또한 허리에 두르는 띠의 색으로도 관등을 구분했어요. 7품 이하에서는 장덕은 자주색, 시덕은 검은색, 고덕은 붉은색, 계덕은 푸른색 등 각기 다른 색의 띠를 둘렀어요. 머리에 쓰는 관은 은꽃으로 장식했어요. 이러한 은제관식은 충청남도 논산이나 전라북도 남원, 전라남도 나주의 백제 고분에서 출토되어 지금까지 실물이 전해지고 있답니다. 아주 세밀한 구분으로 다양한 연출을 보여 주었어요. 입고 있는 옷차림새로 단번에 관등을 알아보았겠지요.

왕과 귀족의 지배를 받는 평민

평민은 주로 자유민인 일반 농민이었어요. 작은 규모의 토지를 가지고 있으며, 농업, 공업, 상업에 종사했어요. 평민이 세금을 내는 주역인 점은 백제라고 다르지 않았어요. 이들 중 15세 이상은 성인으로 분류되어 매년 세금을 냈고, 병역과 부역의 의무도 있었어요. 일반 백성들은 의복 색상에 제한이 있어 주로 흰옷을 입었답니다. 자주색이나 붉은색 옷은 입을 수 없었어요. 앞서 살펴본 것처럼 이러한 색깔이 높은 신분을 상징했기 때문이지요. 신분이 색상을 지배했나 봅니다.

제일 아래 신분 천인과 노비

　가장 아래 신분으로는 천인과 노비가 있었어요. 여기에는 전쟁 과정에서 정복한 지역의 백성들, 포로 또는 범죄자, 간통한 여인 등이 포함되었지요. 노비를 우리말로는 종이라 불렀어요. 노비에도 구분이 있었으니, 국가 또는 관청에 속한 관노비와 귀족 등의 개인 소유인 사노비로 나뉘어졌어요.

06

신라의 신분제도, 골품제

신라만의 독특한 신분 제도

신라인으로 태어난다면? 모두가 성골이나 진골로 태어났을 거란 생각을 버려야 해요. 신라인들은 신라만의 독특한 신분 제도를 가지고 있었으니 바로 '골품제'랍니다. 출신 성분에 따라 '골'과 '품'으로 등급을 나누는 신라의 독특한 신분 제도랍니다. 당시 신라가 중앙 집권 국가로 성장하는 과정에서 만들어진 신분 제도라고 해요. 지방의 부족장들을 그 세력의 크기에 따라 등급을 두어 중앙 귀족으로 편입시킬 필요가 있었어요.

엄청난 제약이 따른다

골품이 결정되면 그 신분은 대대로 이어지며 웬만해서는 바뀌지 않았어요. 태어난 핏줄의 높고 낮음에 따라 벼슬에 오르는 것뿐만 아니라, 신라인들의 생활 구석구석까지 스며들어 영향을 미쳤어요. 원칙적으로 결혼은 같은 신분끼리만 할 수 있었으며, 사는 집의 크기, 관복의 색깔, 옷감의 종류, 머리에 쓰는 모자의 재질, 허리에 차는 요대, 신발의 재질, 사용하는 도구와 그릇, 수레에 사용하는 장식품의 종류, 말의 숫자, 지붕 장식 등 휴우 다 말하기에도 숨이 찰 정도로 생활 전반에 걸친 엄격한 제한이 따르는 제도였어요. 여자들에게도 패션의 자유를 허락하지 않는 그야말로 숨 막히는 제도이지요. 물론 높은 신분이라면 더 화려하고 질 좋은 것을 사용할 수 있었어요.

『삼국사기』에 다음과 같은 내용이 실려 있는 것으로 보아, 신라 시대에는 신분에 따라 살 수 있는 집이 달랐음을 알 수 있어요. '4두품에서 백성에 이르기까지 방의 길이와 너비가 15척을 넘지 못한다. 느릅나무를 쓰지 못하고, 우물천장을 만들지 못하며, 당기와를 덮지 못하고, 짐승 머리 모양의 지붕 장식이나 높은 처마 등을 두지 못하며, 금이나 구리 등으로 장식하지 못하고, 또 보를 가설하지 못하며. 석회를 칠하지 못한다. 대문과 사방문을 만들지 못하고, 마구간에는 말 2마리를 둘 수 있다.' 못하고, 못하고, 또 못하도록 하는 것이 어찌 이리 세밀하게도 많을까요?

귀족 회의 – 화백 회의

고구려의 제가 회의와 백제의 정사암 회의와도 비슷한 개념의 귀족 회의가 신라에서도 있었으니 바로 **화백 회의**[*]였어요. 신라 6촌장이 모여 나라의 일을 의논하던 전통이 귀족 회의로 발전한 모습이지요. 화백 회의의 가장 큰 특징은 만장일치라고 할 수 있어요. 회의할 때 단 한 사람의 반대자도 없이 모든 사람이 찬성해야 결정되었어요. 만장일치가 과연 쉬웠을까요?

※ **화백 회의**

나라의 중요한 일을 결정할 때 반드시 여러 신하와 귀족 대표들이 모여서 회의를 했다. 신라의 최고 회의 기구로 화합하여 모두 하나가 되는 회의인 화백 회의. 동쪽의 청송산, 남쪽의 우지산, 서쪽의 피전, 북쪽의 금강산에 모여 회의를 했다. 귀족 세력의 대표자로서 상대등이 수상 역할을 했다. 회의 참여 귀족들은 성골과 진골 귀족이었다. 이후 왕권이 강해지면서 국가 중대사를 결정하는 기관으로서의 기능을 잃었다.

신라에만 존재하는 여왕 3인방

골품제는 크게 왕족을 대상으로 하는 골제와 일반 사람들을 대상으로 하는 두품제로 나눠요. 다시 한 발자국 더 들여다 놓고 볼까요? 골제는 부모 양친 모두 순수한 왕족 혈통으로 이루어진 가장 높은 계급의 성골과 양친 중 한쪽이 왕족이고 한쪽은 귀족인 경우인 진골로 나눠지네요. 초기에는 으뜸 계급인 성골 중에서 왕위를 계승하였으며, 순수 혈통을 지키기 위해 성골끼리 결혼했어요. 우리 역사상 신라에만 존재하는 **여왕 3인방***은 골품제의 산물로 왕위를 이어야할 성골 중에 더 이상 남자가 없었던 덕분이지요. **태종무열왕***부터 성골이 소멸되어 진골이 왕위를 이었어요. 진골은 최고 관등까지 올라갈 수 있었고, 중요 관직을 차지했어요.

두품의 세분화

두품은 다시 세분화되어 1두품에서 6두품까지 단계가 있으며, 숫자가 클수록 높은 신분이었어요.

6두품은 올라가기 힘들다고 해서 '득난'이라고도 불리었으며 진골 다음 신분이었어요. 그들 중에는 똑똑한 이들이 많아 신분의 벽에 대한 불만이

등급	관등명	공복	진골	6두품	5두품	4두품
				골품		
1	이벌찬	자색	●			
2	이찬		●			
3	잡찬		●			
4	파진찬		●			
5	대아찬		●			
6	아찬	비색	●	●		
7	일길찬		●	●		
8	사찬		●	●		
9	급벌찬		●	●		
10	대나마	청색	●	●	●	
11	나마		●	●	●	
12	대사	황색	●	●	●	●
13	사지		●	●	●	●
14	길사		●	●	●	●
15	대오		●	●	●	●
16	소오		●	●	●	●
17	조위		●	●	●	●

골품제

많았어요. 진골 귀족이 아니면 아무리 뛰어나도 벼슬길에서 출세하는 것에 한계가 있었어요. 6두품은 중앙 귀족이면서도 관직 승진에 제한을 받았기 때문이지요. 그들 중 일부는 아예 벼슬길에 나아가는 것을 포기하고 학자나 승려가 되었으며, 일찌감치 당나라로 건너가서 숙위학생으로 **빈공과**[*]에 합격한 이들도 있었어요. **신라 3최**[*]라고 불리는 최치원, 최언위, 최승우가 빈공과에 합격한 대표적인 인물들이랍니다. 이들은 신라 말에 이르러 진골 중심 골품제의 모순을 비판하고, 실력 위주의 관리 등용을 주장하는 등 새로운 사회 건설을 촉구했어요.

　5두품은 '대나마'자리까지 오를 수 있었고, 4두품은 말단 관직에서 '대사'까지 오를 수 있었어요. 1~3두품은 경주의 하급 귀족이었으나, 이후로는 평민 혹은 백성으로 불렸으며, 이후 점차 구분이 사라졌어요.

*빈공과
'빈공진사과'를 줄인 말로 당나라에서 외국인만을 대상으로 따로 치르는 과거 시험

*신라 3최
최치원, 최언위, 최승우를 가리키며 세 사람 모두 같은 시기에 살았다. 신라가 후삼국으로 갈라졌을 때, 최승우는 후백제로 가서 견훤의 책사가 되었다. 최언위는 고려로 가서 왕건의 신하가 되었으며, 최치원은 신라를 구해보려다 실패해 속세를 떠났다. 비록 '신라 3최'의 신분은 같았지만, 서로 지향하여 가는 길은 달랐다.

귀족들이 받은 땅, 식읍과 녹읍

　신분 제도가 철저한 신라에서 정치는 물론 경제도 귀족 중심이었어요.

독서삼품과

관리의 능력에 따라 관직에 진출할 수 있는 관리 선발 제도로 원성왕 때(788년)에 설치했다. 골품제보다는 학문적 지식을 중시하려 했다는 증거이기도 하다. 요즘의 국립대학인 '국학'에서 교육을 받았다. 국학 졸업생의 유학 실력을 평가하여 효경, 논어 등과 같은 유교 경전의 독서 능력에 따라 능통한 3품으로 나누어 관리를 선발하는 제도로 골품제에 의해 오랫동안 관직 임용에 차별을 받아 온 6두품이 환영했다. 또한 진골 귀족들은 이 제도를 못마땅하게 여겼으니 실질적인 효력을 갖지는 못했다. 그러나 학문과 유학을 널리 보급하는 데에 이바지하였다

설총의 신분은?

불교의 대중화를 이룬 원효는 6두품이었다. 원효의 연구와 저술활동을 지원해준 사람은 태종무열왕의 둘째 딸 요석공주였다. 이들 두 사람 사이에서 태어난 설총은 6두품을 물려받았다. 부모 가운데 한쪽만 귀족이 아니어도 그 자식은 귀족이 되기 어렵기 때문이다. 설총은 학문이 뛰어나 많은 유교 서적을 번역하고 학교를 세웠다. 또 '이두'라는 글자를 정리하였다.

귀족 가운데에는 많은 가축과 노비뿐만 아니라 병사를 거느린 사람들도 있었어요.

나라의 일과 군사를 관리하는 귀족들은 그에 대한 공로로 나라로부터 **식읍***이라는 이름의 많은 땅을 받았고, 일반 관료들은 **녹읍***이라는 이름의 땅을 지급받았어요. 녹읍에는 그 땅에 딸린 노동력과 곡물 또는 필요에 따라 특산물의 일부를 얻을 수 있는 자격이 주어졌답니다.

귀족들의 화려한 집

통일 신라에서도 역시 골품제의 영향으로 신분에 따라 집의 규모와 크기가 달랐어요. 특히 최고의 번성기를 누렸던 때에는 도읍지 경주에 귀족들의 화려한 집들인 **금입택***이 있었어요.

귀족들이 점차 득세하면서 왕경인 경주는 사치와 향락의 도시로 변질되었어요. '하나의 초가집도 없이 지붕과 담이 이어졌으며, 노랫소리가 길에 가득하여 밤낮을 그치지 않았다.'고 한다. '재상의 집에는 녹이 끊이지 않고, 일하는 노동이 3천 명이요, 갑옷과 무기와 소, 말, 돼지의 수가 이와 비슷하였다.'는 기록들이 있어요. 또한, 귀족들이 사계절에 따라 놀던 별장인 4절유택이라는 것도 있었답니다. 이런 기록들은 경주 귀족들이 얼마나 많은 부를 가지고 호화롭고 사치한 생활을 하고 있었는가를 말해주지요.

귀족만이 아니라 왕의 생활도 통일신라 말기에 이를수록 사치스러웠어요. 지금까지 그 모습을 남기고 있는 포석정이나 안압지 등에서도 귀족층의 사치를 엿볼 수 있어요.

안압지

신라 문무왕 때 만든 커다란 연못이다. 통일 신라의 정원 문화를 잘 보여 주는 대표적인 유적이다. 후기신라를 대표하는 왕실과 귀족들의 정원으로 안압지가 있다. 왕이 잔치를 열거나 손님을 모셨던 장소이다. 자연의 지세를 그대로 이용하여 연못을 만들고, 연못 안에 섬을 조성하여 화초를 심고 귀한 새와 진귀한 짐승을 길렀다. 연못 쪽으로 정자건물을 돌출시킨 것이 안압지의 특색이다. 호수와 궁이 매우 조화롭고 아름답게 꾸며져 있어요. 이 연못에서 귀면와와 가위를 비롯한 귀중한 유물들이 발굴되었다. 이들 유물들은 귀족들이 생활상을 이해하는 데 도움을 주고 있다. 안압지의 원래 이름은 '월지'였어요. 신라가 망한 뒤 폐허로 변한 이 연못에 기러기와 오리가 날아드는 것을 보고 붙인 이름이 '안압지'라고 했다.

포석정

포석정은 전복 모양의 돌도랑이 있는 정원이다. 63개의 돌로 만든 도랑을 따라 물이 흘렀다. 이곳은 왕이 귀족들과 둘러앉아 술잔을 나누며 춤추고 즐기던 곳으로 알려져 있다. 927년 (경애왕4) 11월에 왕이 술을 마시며 즐기다가 후백제의 견훤에게 잡힌 뒤 스스로 목숨을 끊은 곳이다. 하지만 다른 시각으로 해석되기도 한다. 여흥을 즐기기엔 11월이 적합하지 않은 계절이라는 점을 들어 나라의 위기를 맞아 제사를 지내고 있었을 것이라고 추정하기도 한다. 그러므로 포석정은 놀이터가 아니라, 제사터였을 가능성에도 무게를 둔다.

세금은 백성들의 몫

왕족이나 귀족을 제외한 일반 백성들은 나라에 세금을 내야 했어요. 세금의 형태는 고구려와 백제와 마찬가지로 곡식이나 특산물을 바치고 노동력을 제공하는 것이었지요.

통일 신라 722년, 성덕왕 때 국가에서 백성들에게 정전을 지급했어요. 정전은 15세 이상의 남자에게 나누어 주어 농사를 짓게 한 토지를 말해요. 정은 15세이상의 장정, 즉 국가에 노동력을 제공한 남자를 말하는 것이지요. 국가는 정전을 지급하여 일반 농민들을 직접 통치했어요. 이로써 농민들의 생활을 나아지게 하여 더 많은 세금을 거두어들일 수 있었어요. 더불어 왕권을 더욱 강화할 수 있었어요.

천년의 고목도 쓰러진다

천년의 신라를 썩은 고목이 되어 쓰러지게 한 것도 골품제였어요. 신라 말 혜공왕이 피살당한 후 진골 귀족들의 왕위 다툼은 한 치 앞을 가늠할 수 없을 정도였어요. 155년간 20여 명의 왕이 교체될 정도였어요. 이러한 대혼란 속에서도 귀족들은 제 욕심을 채우는 일에 눈멀었어요. 중앙 정부에서는 재정 부족을 이유로 지방에 관리를 보내어 세금을 독촉했어요. 중앙 정부의 혼란을 틈탄 관리들과 귀족들의 농민 수탈도 극에 달했어요. 이중, 삼중의 수탈을 견디지 못한 농민들은 고향을 떠나 산 속으로 숨거나, 곳곳에서 무리지어 도적이 되었어요. 진성여왕 때 엎친 데 덮친 격으로 흉년에 전염병까지 돌았어요. 안 좋은 일이 도미노처럼 쓰러지며 밀려 들었어요. 견디다 못한 농민들에 의해 곳곳에서 세금 납부를 거부하는 반란이 일어났어요. 가장 근간을 이루는 농민이 생존을 위해 일으키는 반란은 곧 국가의 붕괴를 뜻하지요.

최하층 노비

신라 사회에서도 최하층에 속한 것은 노비였어요. 노비는 왕실이나 관청, 귀족 혹은 사찰에 소속하여 음식이나 옷 등을 만들거나 그 밖의 잡다한 일을 도맡았어요. 또한 주인을 위하여 농장을 관리하거나 땅을 경작하기도 했어요. 노비는 공민의 자격이 없으며 물건처럼 소유되었어요. 또한 자기 재산을 가질 수 없어 부를 축적할 수 없었어요. 할 수 없는 것이 많았던 노비가 해야 하는 일도 많았으니 참으로 이상한 일이지요.

주사위

주사위는 참나무로 만든 것으로 정사각형 모양의 면이 6개, 육각형 모양의 면이 8개로 이루어져 있다. 주사위는 안압지에서 열린 연회에서 흥을 돋우기 위하여 사용한 것으로, 이것을 굴려 위로 향하는 면에 적힌 내용에 따라 행동하는 놀이구였다. 주사위의 각 면에는 여러 가지 벌칙이 새겨져 있다. 그 내용은 '술을 다 마시고 혼자 크게 웃기','소리를 지르지 않고 춤만 추기', '여러 사람이 코를 때리기', '술 석 잔을 한꺼번에 마시기', '시 한 수 읊기' 등이다.

가위

통일 신라 시대의 금동 가위. 봉황 꼬리 모양의 손잡이에 물방울무늬와 당초무늬가 장식되어 있다. 초 심지를 자르는 가위로 사용되었다. 잘린 초 심지가 떨어지지 않도록 가윗날 바깥에 둥근 테두리가 달려 있다. 길이는 25.5cm.

발해의 신분

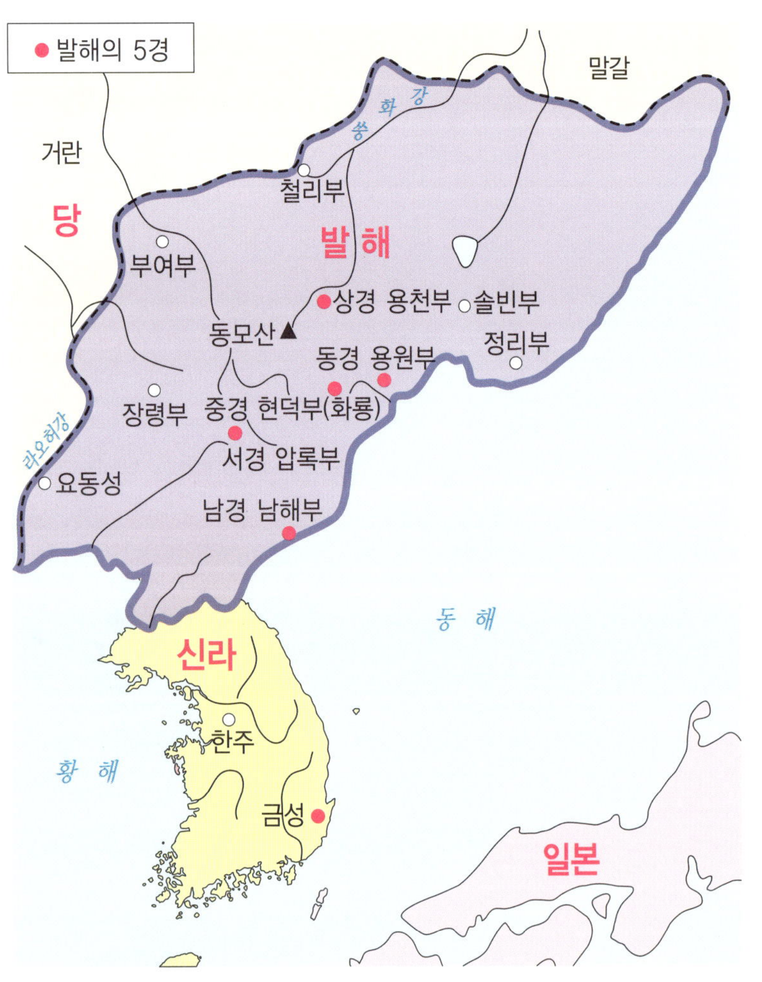

발해인의 구성

발해는 소수의 지배층인 옛 고구려인과 다수의 피지배층을 이룬 **말갈인**[*]'들로 이루어진 국가였어요.

고구려 문화를 바탕으로 국제적이고 융합적인 문화

발해의 지배층은 왕족인 대씨와 귀족인 고씨 등 고구려계 사람들이 대부분이었어요. 이들은 중앙과 지방의 촌장인 수령까지 중요한 관직을 차지했어요. 이들은 수도를 비롯한 큰 고을에

[*]**말갈인**

백두산 근처 만주 지역에 살았던 북방 민족으로, 숙신, 물길, 읍루 등으로 불렸다. 나중에는 여진족이라 불리게 되고, 지금은 한족에 포함되어 만주족으로 불린다.

살면서 대토지를 소유하고 노비와 **예속민***을 거느리고 있었지요. 발해의 귀족들은 당나라뿐만 아니라 거란, 일본과도 활발히 교류했어요. 무역을 통하여 당의 비단, 서적 등을 사들이는 등 화려한 생활을 했어요.

발해의 지식인은 당나라에 유학하여 당에서 외국인을 대상으로 실시한 과거 시험인 빈공과에 응시했는데, 때로는 신라인과 수석을 다투기도 하였어요.

발해는 고구려 문화를 바탕으로 당의 제도와 문화를 받아들여 국제적이고 융합적인 문화를 발전시켰어요. 정혜공주 묘로 대표되는 **굴식 돌방무덤***과 우리 민족 고유의 난방 장치인 온돌, 기와 문양과 석등, 불상 양식, 무덤 양식 등은 고구려 문화의 전통을 이어받았어요. 정효공주 묘의 무덤 양식은 당의 양식이며, 벽화는 고구려 양식의 영향을 받은 것이지요. 한편, 수도 상경성은 당의 장안성을 본 떠 만든 계획도시로 건설되었고, 의복과 무덤 양식에서도 당의 양식이 받아들여졌어요.

평민의 대다수를 차지한 말갈인

말갈인들 중에는 걸사비우처럼 대조영을 도와 발해 건국에 적극 참여하여 지배층으로 상승한 부류도 있었어요. 그렇지만 대다수는 부곡민이거나 평민의 지위에 있었어요. 이들은 고구려 전성기 때부터 고구려에 편입된 종족이었어요. 발해 건국 후 이들 중 일부는 귀족이 되기도 하였으며, 자신이 거주한 촌락의 우두머리가 되어 국가의 행정을 보조했어요. 대부분은 지방의 촌락에 거주하며 소나 말 등을 기르는 유목 생활을 했어요. 말은 발해의 대표적인 수출품 중의 하나였어요.

석등

고구려나 말갈 사회의 전통 생활 모습을 유지한 하류층

당나라의 문화를 누린 지배층과는 달리 하층 촌락민들은 고구려나 말갈 사회의 전통적인 생활 모습을 오랫동안 유지하고 있었어요.

고구려 문화의 전통을 이어 받은 발해

고구려 기와

발해 기와

발해가 고구려를 계승한 우리 역사의 주인공인 근거

첫째 : 옛 고구려 장수 출신 대조영이 건국했다.
둘째 : 고구려 부흥 운동의 결과로 건국했다.
셋째 : 발해의 지배층 중에 대씨와 고구려 왕족인 고씨가 많다.
넷째 : 발해의 주거지에 우리 민족 고유의 난방 장치인 온돌이 발견되고 있다.
다섯째 : 고구려 무덤 양식이 발해에서도 보인다.
여섯째 : 발해가 일본에 보낸 외교 문서에 스스로 '고구려 국왕'이라 칭했다.

발해의 시조, 고왕 대조영 (?~719년)

나 · 당 연합군에 의해 고구려가 멸망한 후, 대동강 이북의 옛 고구려 땅은 당나라의 지배 아래 들어갔다. 나라를 되찾기 위한 고구려 유민들의 고구려 부흥 운동이 끊임없이 일어났으며, 당나라는 고심 끝에 고구려 유민 분산 정책을 실시하였다. 옛 고구려의 중심 세력을 영주지방으로 옮겨 살게 했던 것이다. 발해의 역사는 이렇게 끌려 간 고구려인들에 의해 시작된다.

고구려의 장군이었던 걸걸중상이 요서의 영주에서 군사를 일으켰고, 그의 아들 대조영은 말갈족의 추장 걸사 비우와 함께 천문령에서 당나라의 대군을 무찌르고 옛 고구려 땅 동모산 근처에 나라를 세웠다(698). 대조영은 발해의 시조 고왕이 되어 나라 이름을 '진'이라 하고 연호를 '천통'으로 정했다. 이로써 남북국 시대가 열렸으니, 대동강을 경계로 천년의 나라 신라와 발해가 남과 북으로 대치하며 200여 년간 발전하게 되었다.

대조영은 건국 초기부터 진나라가 고구려를 계승한 나라임을 분명히 하였고, 고구려의 옛 땅을 거의 되찾았다. 대조영이 고구려의 유민을 이끌고 나라를 세운 한반도 북동부 지역과 만주 지역은 당시 당나라와 신라의 힘이 미치지 못하던 지역이었다. 그곳에서 대조영의 무리가 강력한 중심 세력으로 떠오르자 고구려 유민은 물론 주변의 많은 부족들이 모여들었다. 이에 크게 위협을 느낀 당나라는 705년 사신을 보내 화해를 청했다. 713년 당나라는 융성해진 진나라를 '발해'라고 부르며 대조영을 왕으로 책봉하여 나라로 인정하였다. 719년 아들 무왕에게 왕위를 물려주고 세상을 떠났다.

그 뒤 발해는 대조영의 뜻을 이어 고구려의 옛 땅을 회복하는 것에 전력을 다하였고, 9세기 선왕 때에 이르러 전성기를 이루었다. 당시 중국인들은 넓은 영토, 활발한 대외 무역을 바탕으로 동아시아의 강국으로 부상한 발해를 '바다 동쪽의 융성한 나라'라는 의미를 담은 '해동성국'이라 불렀다.

발해가 있었던 기간은 698년에서 926년까지 229년간이며, 15명의 왕이 나라를 다스렸다. 900년대 초반부터 부족들을 통일하며 세력을 키워갔던 거란이 세운 요나라에 의해 926년 멸망하였다.

발해의 정치제도

당나라의 정치 제도를 모방히여 왕 밑에 3성(정당성, 선조성, 중대성)과 6부(충, 인, 의, 지, 예, 신)을 두었다. 귀족들은 정당성에서 국가의 중요한 일에 대해 회의하고 결정했다.

지방은 5경 15부 62주로 나누었다.

군사적으로 중요한 지역에 5경을 정하였으니, 상경을 중심으로 중경, 서경, 남경, 동경이다. 5경은 발해의 정치, 경제, 문화의 중심지였다. 또한 각 지역의 중심지에는 15부를 두어 지역을 다스리도록 했으며 15부 밑의 62주에도 관리를 보내 다스렸다.

'꽃보다 화랑' 꽃처럼 아름다운 남자

돌에 새긴 다짐

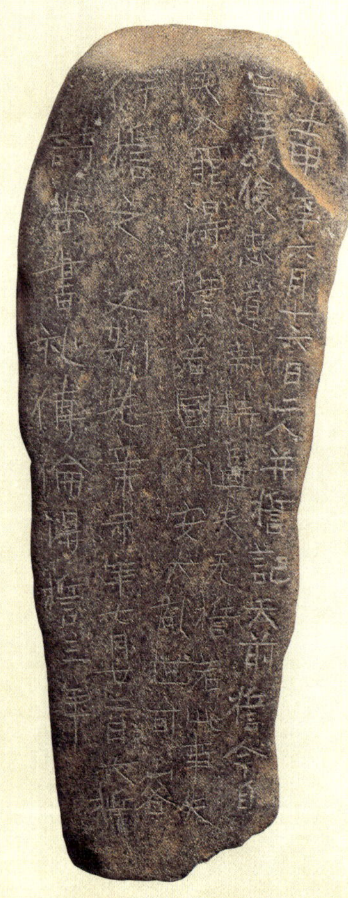
임신서기석 (국립경주박물관)

94

꽃처럼 아름다운 두 화랑이 두 손 모아 다짐하던 임신년의 맹세가 새겨진 돌! 임신서기석!

보물 제141호로 3년 동안 『시』, 『상서』, 『예기』, 『춘추좌씨전』 등의 유교 경전을 차례로 익히고 그것을 몸소 실천할 것과 이후 나라에 충성을 다하고 잘못이 없을 것을 다짐하는 내용이 새겨져 있어요. 다짐을 새겨 하늘에 맹세할 정도로 당시 신라의 젊은이들이 소중하게 생각하던 것이 무엇인지 알 수 있는 귀중한 유물이지요.

신라인의 인재 육성법

화랑도는 '국선도', '풍류도'라고 불렸어요. 대표적인 인물로는 사다함, 관창, 김유신 등을 꼽을 수 있어요. 훌륭한 장군과 용감한 병사들이 화랑들 중에서 나왔으며, 어진 재상과 충신이 화랑들 중에서 나왔어요. 당시 신라 사람들은 모두 화랑을 흠모하고 마음속 깊이 존경하며 섬겼다고 해요.

화랑 제도는 옛날 씨족 사회의 청소년 집단에서 시작되었으며, 신라 시대 15살에서 18살 사이 청소년들의 수련 단체였어요. 이후 인재 양성을 목적으로 하는 국가적인 조직으로 개편되었어요.

진흥왕 때 인재를 키우고 나라에 전쟁이 있을 때 군사로 쓰기 위해서 화랑도를 정비했어요. 교육적, 군사적, 사교적 단체정신이 매우 강한 청소년 집단으로 전쟁이

벌어지면 목숨을 바쳐 나라를 위해 싸웠어요. 이들 화랑들은 삼국통일의 기초이자 밑거름으로 통일을 이루는 데 커다란 힘을 발휘했어요. 통일 이후에는 그 쓰임에 변화가 생겨 수련보다는 놀이를 주로 하는 단체가 되었어요.

화랑 제도의 초기엔 원화라는 아름다운 여자 두 명을 단장으로 삼았어요. 이후 원화와는 다르게 남자를 우두머리로 하는 화랑으로 바꿨어요.

화랑은 아무나 될 수 있는 것은 아니었어요. 골품제라는 엄격한 신분제 사회였던 신라는 진골 신분의 귀족 자제 가운데 용모가 단정하고 품행이 곧고 인품이 뛰어난 인물을 화랑으로 삼았어요. 3~8명 정도의 화랑이 있었으며 화랑을 따르는 청소년 무리는 평민의 아들들로 이루어진 낭도들이었어요. 화랑도에서 으뜸 자리인 총 지도자로 국선을 두고 그 밑에 화랑이 있었어요. 화랑 1명에 따르는 낭도 몇 백 명과 몇 명의 승려로 구성되었어요.

신라인의 인재 육성법은 독특하여 산천을 널리 유람하면서 자유롭게 즐기면서 심신을 단련하게 했어요. 그들에게 효와 충을 가르치고, 도를 닦으며 음악을 즐기게 했지요. 이러한 인재 육성법은 삼국 간의 전쟁과 신라의 통일 과정에서 중요한 역할을 했어요.

원광법사와 세속 오계

진흥왕의 뒤를 이은 진평왕 때 화랑이 지켜야 할 도리로 세속 오계를 만들었어요. 원광법사의 세속 오계 가르침을 바탕으로 굳게 뭉쳐 3년 동안 단체 생활을 했어요. 무예를 익히고 경치 좋은 곳에서 몸과 마음을 수련했어요. 호국사상과 새로운 사회 윤리를 통해 화랑들은 더욱 강해졌어요.

임전무퇴 어긴 원술과 아버지 김유신

신라의 삼국 통일 과정 중 당나라군과 말갈군이 신라를 공격했을 때 김유신의 아들 '원술'이 많은 병사를 잃고 후퇴하여 살아 돌아왔어요. 김유신은 참수형에 처할 것을 왕에게 건의했어요. 왕은 원술을 용서해주라고 명령했지만 아버지 김유신은 용서하지 않았답니다. '임전무퇴'의 계율을 어긴 원술이 왕명을 어기고 가문을 더럽혔다는 이유였어요. 그로 인해 원술은 아버지 김유신의 마지막 임종도 지킬 수 없었어요.

이후 원술이 무명의 용사로 전쟁에 참여하여 큰 공을 세웠지만, 그 자신은 포상을 한사코 사양했어요. 계율을 어긴 죄의 준엄함을 후세에 전해달라는 말만을 남긴 체 떠났어요.

원광법사

신리의 승려. 중국에 가서 불경을 연구하여 널리 이름을 떨쳤다. 진평왕 때 신라로 돌아와 새로운 불교의 지식을 알렸으며, 화랑도의 기본 정신이 된 세속 오계를 지었다.

세속 오계(화랑도의 행동 규범)

첫째 – 사군이충(충성을 다하여 임금을 섬기라)
둘째 – 시친이효(부모님에게 효도하리)
셋째 – 교우이신(믿음을 가지고 벗을 사귀어라)
넷째 – 임전무퇴(싸움에 나아가서는 물러나지 마라)
다섯째 – 살생유택(산 것을 죽일 때는 때와 장소를 가려라)

'왕' 이라 불리기까지

왕이라 불리기까지. 신라왕의 호칭 변화

신라는 여러 차례에 걸쳐 왕의 호칭이 달라졌어요. 이는 몇 단계의 과정을 거쳐 비로소 신라가 중앙 집권 국가로 발전했음을 보여 주지요.

통치자인 군장 거서간

신라 건국시조인 박혁거세를 부르는 호칭은 '거서간'이었어요. 박혁거세는 스스로를 〈알지거서간〉이라고 했어요. '거슬한'이라고도 부르는데. 신라에서 처음 사용한 왕의 호칭으로 이는 밝은 태양 통치자인 군장을 뜻한답니다.

무당 즉, 제사장 차차웅

2대 남해왕을 차차웅이라 불렀으며, 무당 즉, 제사장을 가리키는 말이랍니다. 왕이 제사장을 겸하는 제정 일치 사회의 모습을 보여주지요. 군장의 역할 가운데 제사의 비중이 컸으며, 신과 통하는 능력을 지니고 제사를 주관하는 제사장의 역할은 아무나 할 수 없다고 여겼어요. 최고의 권력이었지요.

지혜로운 연장자 이사금

3대 유리왕. 이사금은 치아가 많은 사람을 뜻하는 말이에요.

즉, 나이 많은 사람이 치아가 많은 데서 나온 말이지요. 남해 차차웅의 아들 유리와 사위 탈해가 형님 먼저, 아우 먼저, 서로 왕위를 양보했어요. 떡을 깨물어 잇자국이 많이 난 사람을 왕으로 삼자는 다소 뜻밖의 제의가 나왔어요. 덕분에 유리가 먼저 왕이 되었어요.

왕위 결정 방법으로 이보다 더 쉬운 것이 있을까요? 주위 친구들이나 부모님과 치아 개수를 비교해 보세요. 아— 하고 입을 벌리고 헤아려 봐요. 누가 치아의 수가 더 많은가요?

당시 신라에서는 어질고 성스러운 사람이 이가 많다고 생각했어요. 결국 나이가 많은 사람의 지혜를 높이 평가한 것으로 보이며, 지배자를 선출하던 부족 사회의 전통에서 유래되었어요. 탈해는 유리왕이 죽은 뒤 4대 왕으로 즉위해서 24년 동안 신라를 다스렸어요.

천마총 출토 금관(국립 경주 박물관)

간들 중의 우두머리 마립간

17대 내물왕부터 최고의 우두머리를 뜻하는 말로 마립간을 사용했어요.

마립간은 왕과 신하가 서 있는 차례를 뜻하는 말로 높은 마루에 앉은 지배자라는 뜻이지요. '으뜸가는 지배자' 즉 신하들 위에 군림하는 나라의 최고 지배자를 의미하지요. 왕권이 강해지기 시작한 것이지요. 본격적인 신라 역사의 시작을 알리는 시기였어요. 진한의 12개 소국 중 하나인 '사로국'에서 출발하여 내물 마립간 때 진한 전체를 통합하여 한반도 동남쪽을 호령하는 국가로 성장했어요.

고구려와 우호 관계를 맺고 중국 전진과 사신 교류를 하는 등 신라의 국가 발전 단계를 중앙 집권 국가로 한 단계 올렸어요. 박, 석, 김 세 성이 번갈아가며 신라의 왕으로 정해지다가 내물 마립간 이후로 왕위를 김씨가 독점적으로 세습하게 되었어요. 이제 왕권은 단단하고 막강하여 넘볼 수 없게 되었어요.

드디어 왕

'거서간', '차차웅', '이사금', '마립간'등은 고유한 순 우리말 호칭이었어요. 왕은 중국식 호칭으로 22대 지증왕부터 사용하게 되었어요. '왕'이라는 칭호를 사용하는 것은 신라의 통치 체제가 더욱 안정되게 정비되었으며 왕권이 한층 강화되었음을 보여 주지요. 나라의 이름도 사로국에서 '신라'로 정하였으니 신라 사람들이 한자 사용에 익숙해졌음을 알 수 있어요.

지증왕은 생명을 존중하여 순장을 금지하고, 농사에 소를 사용할 것을 권장하여 농업 생산량을 증가시켰어요. 이로써 백성들의 삶은 더욱 풍요롭고 편안했어요.

신라라고 불리기까지

초기 신라는 한자로 된 국호 없이 '동방의 땅'이라는 뜻으로 서라벌,

서나벌, 서야벌, 서벌로 불렸어요. 김알지가 태어난 뒤 '계림'이라 불렀어요. 이 후 경주 지방의 옛 이름이며 나라 이름으로 쓰인 사라 혹은 사로로 불리었어요.

지증왕에 이르러서 마립간으로 불리던 호칭을 중국식 호칭인 '왕'으로 정하고 국호도 발음이 비슷한 한자를 골라 '신라'라고 정했어요.

이 글자에 '**덕업일신 망라사방**[*]'이라는 뜻을 부여하게 되었어요.

*덕업일신 망라사방
덕업이 날로 새로워지고 사방을 망라한다.

신라의 골품제

성골
진골
6두품
5두품
4두품
3~1두품
골품제
신라인의 신분제도
골품제도.
골품제도의 관등표.

신라 골품제도
대방중학교
골품제도
신라인의 신분제도
골품제도.
골품제는 신라만의 독특한
신분제도. 태어날 때부터의 높고
낮음에 따라 사회활동과
정치활동을 엄격하게 제한.
관리, 결혼, 의복과 집부터
타는 집의 모양과 크기도 결정.
골품제도의 관등표.

만들기 전 준비물이 필요해요.

표지B(포장지) : 13cm×29cm = 2장
표지A(마닐라지) : 10cm×26cm = 2장
속지 : 80cm×39cm = 1장

※설명속의 단위는 cm를 생략했습니다.

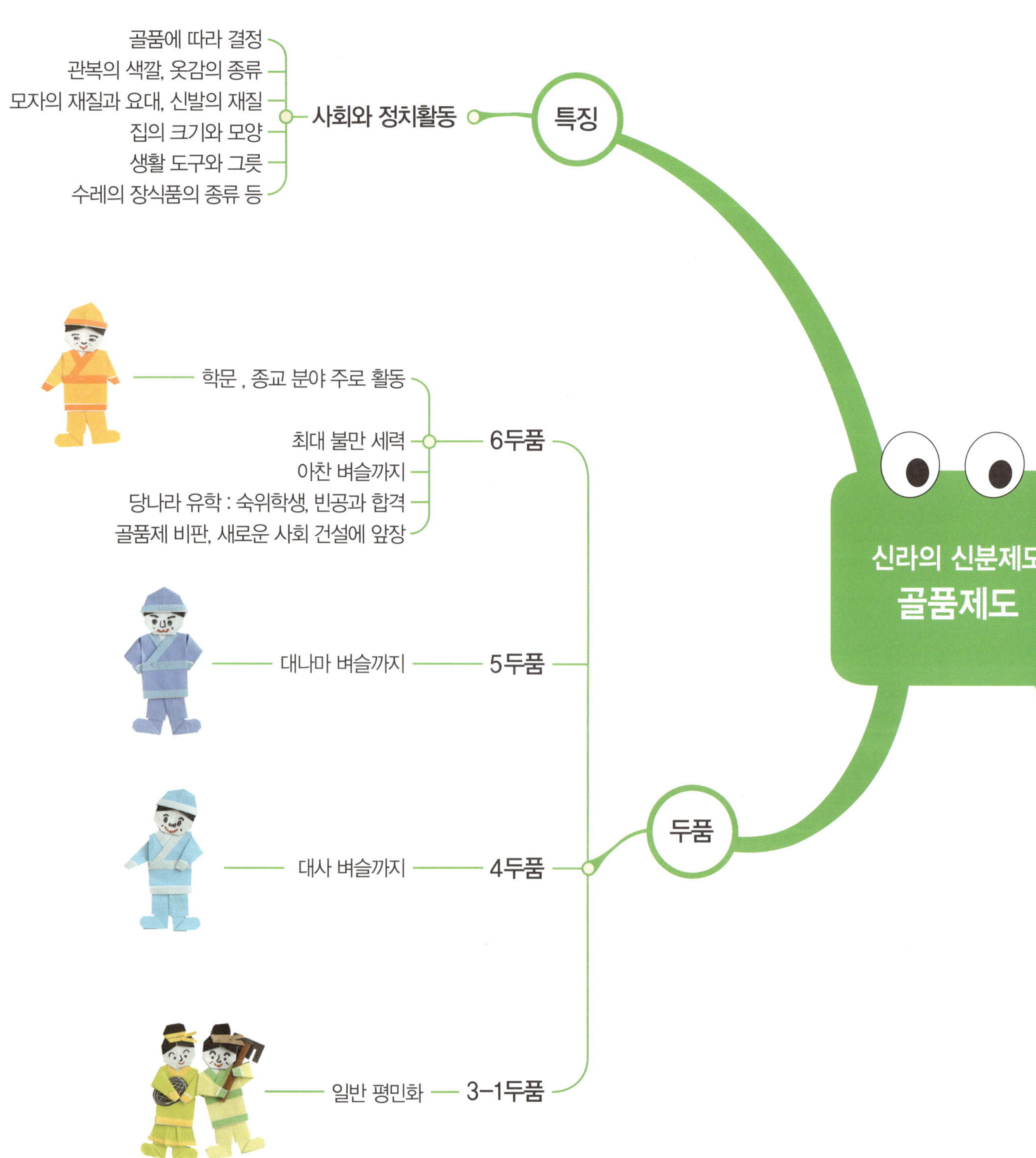
골품에 따라 결정
관복의 색깔, 옷감의 종류
모자의 재질과 요대, 신발의 재질
집의 크기와 모양
생활 도구와 그릇
수레의 장식품의 종류 등
사회와 정치활동
특징
학문 , 종교 분야 주로 활동
최대 불만 세력
아찬 벼슬까지
당나라 유학 : 숙위학생, 빈공과 합격
골품제 비판, 새로운 사회 건설에 앞장
6두품
대나마 벼슬까지
5두품
대사 벼슬까지
4두품
일반 평민화
3-1두품
두품
신라의 신분제도
골품제도

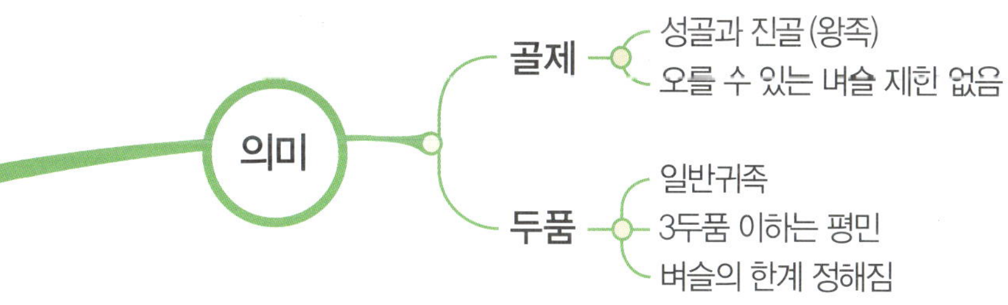
의미
골제
성골과 진골 (왕족)
오를 수 있는 벼슬 제한 없음
두품
일반귀족
3두품 이하는 평민
벼슬의 한계 정해짐

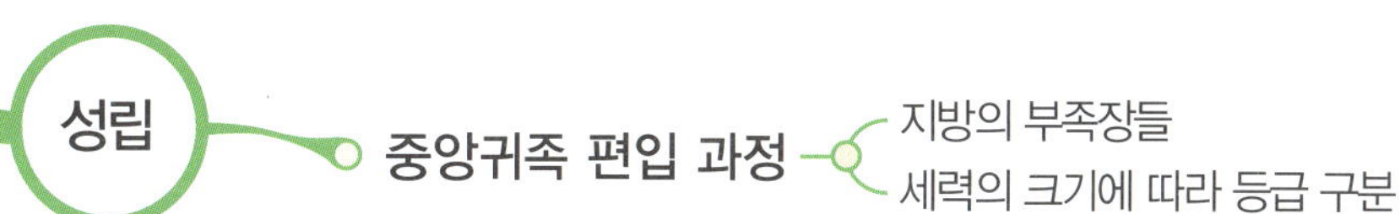
성립
중앙귀족 편입 과정
지방의 부족장들
세력의 크기에 따라 등급 구분

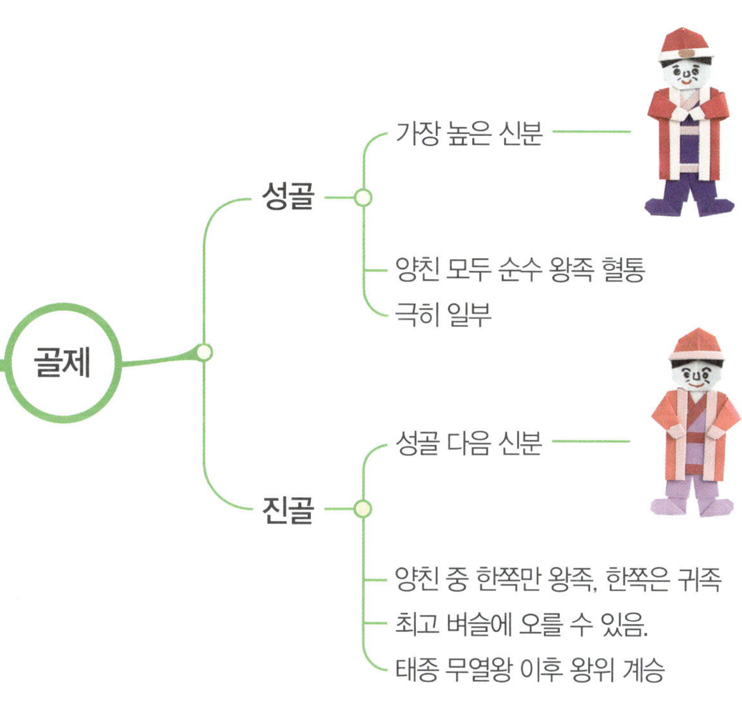
골제
성골
가장 높은 신분
양친 모두 순수 왕족 혈통
극히 일부
진골
성골 다음 신분
양친 중 한쪽만 왕족, 한쪽은 귀족
최고 벼슬에 오를 수 있음.
태종 무열왕 이후 왕위 계승

성골

가장 높은 계급 성골

아버지와 어머니가 모두 순수한 왕족 혈통.
왕족 중에서도 극히 일부만 성골!!!

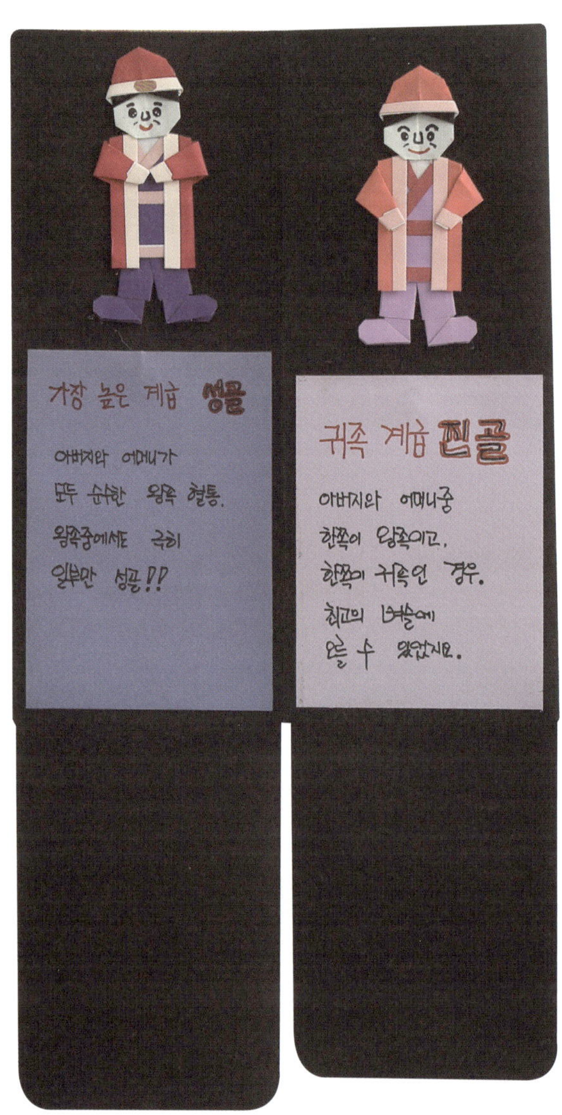

진골

귀족 계급 진골

아버지와 어머니 중 한쪽이 왕족이고, 한쪽이 귀족인 경우.
최고의 벼슬에 오를 수 있었지요.

6두품

왕족은 아니지만!!!

왕족이 아닌 사람들을 나누는 '두품제'
6두품 중 벼슬의 한계를 극복하고자 당유학생, 학자,
승려 등으로 진출한 사람들이 많았다.

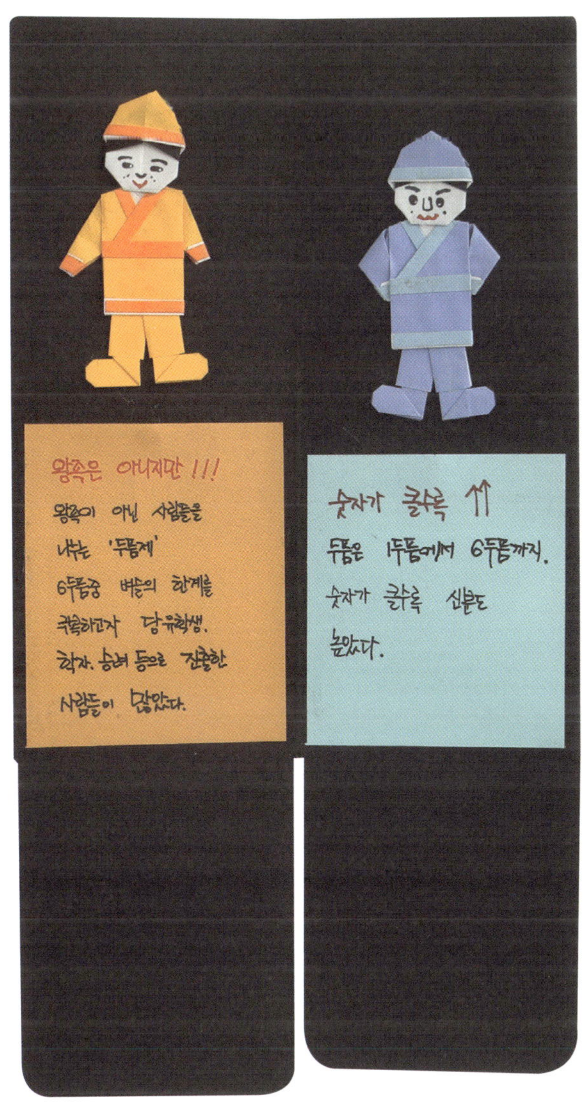

5두품

숫자가 클수록 ⇧⇧⇧

두품은 1두품에서 6두품까지.
숫자가 클수록 신분도 높았다.

4두품

골품에 따라 사는 모습 결정

골품 따져서 벼슬에 오르는 것.
사는 집의 크기, 옷의 색깔등 적용.
결혼도 같은 신분 안에서만 할 수 있었다.

3~1두품

백성 즉 평민!!

일반 평민에 해당하는 두품.

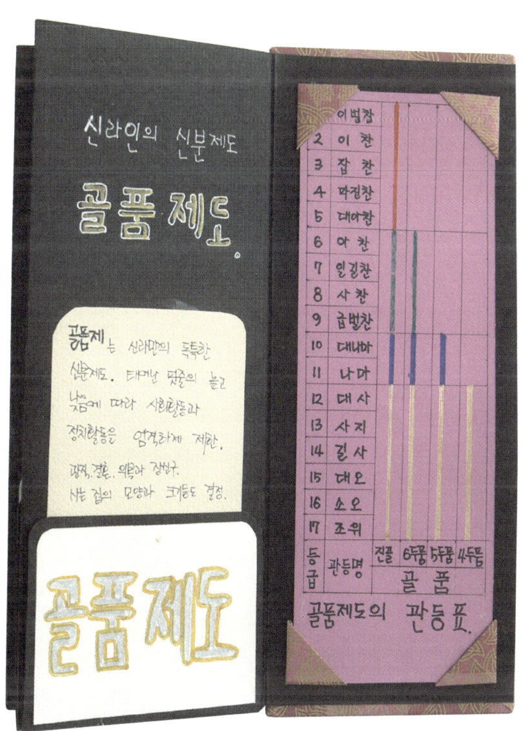
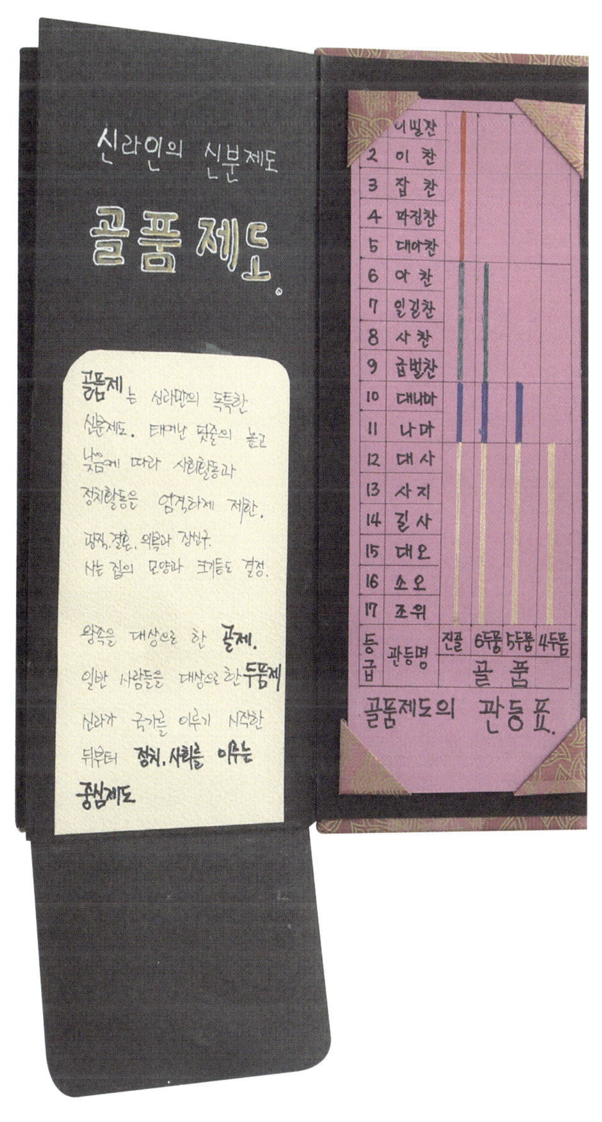

골품 제도

골품제는 신라만의 독특한 신분 제도

태어난 핏줄의 높고 낮음에 따라 사회활동과 정치활동을
엄격하게 제한
관직, 결혼, 의복과 장신구, 사는 집의 모양과 크기 등도
결정

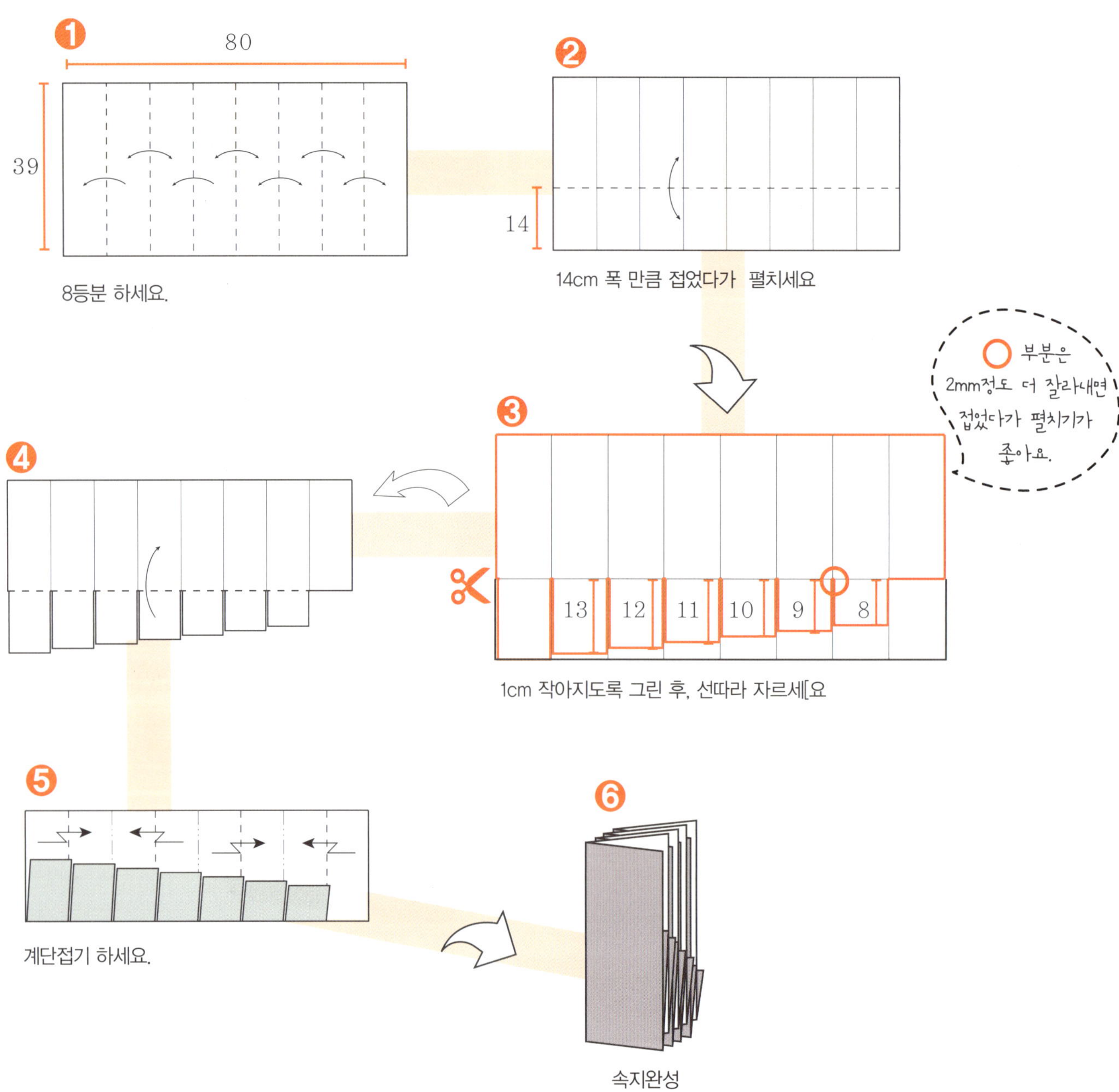
①
80
39
8등분 하세요.
②
14
14cm 폭 만큼 접었다가 펼치세요
○ 부분은 2mm정도 더 잘라내면 접었다가 펼치기가 좋아요.
③
13 12 11 10 9 8
1cm 작아지도록 그린 후, 선따라 자르세요
④
⑤
계단접기 하세요.
⑥
속지완성

표지A(마닐라지)　표지B(포장지)

마닐라지와 포장지를 준비하세요.

마닐라지를 포장지 위
에 붙이고 귀퉁이를
자르세요.

풀칠하여
붙이세요.

풀칠하여
붙이세요.

표지 완성
두 개 만드세요.

속지 위에 표지를 붙이세요.

골품제 인물 접는 방법

얼굴 5cm× 5cm 1장

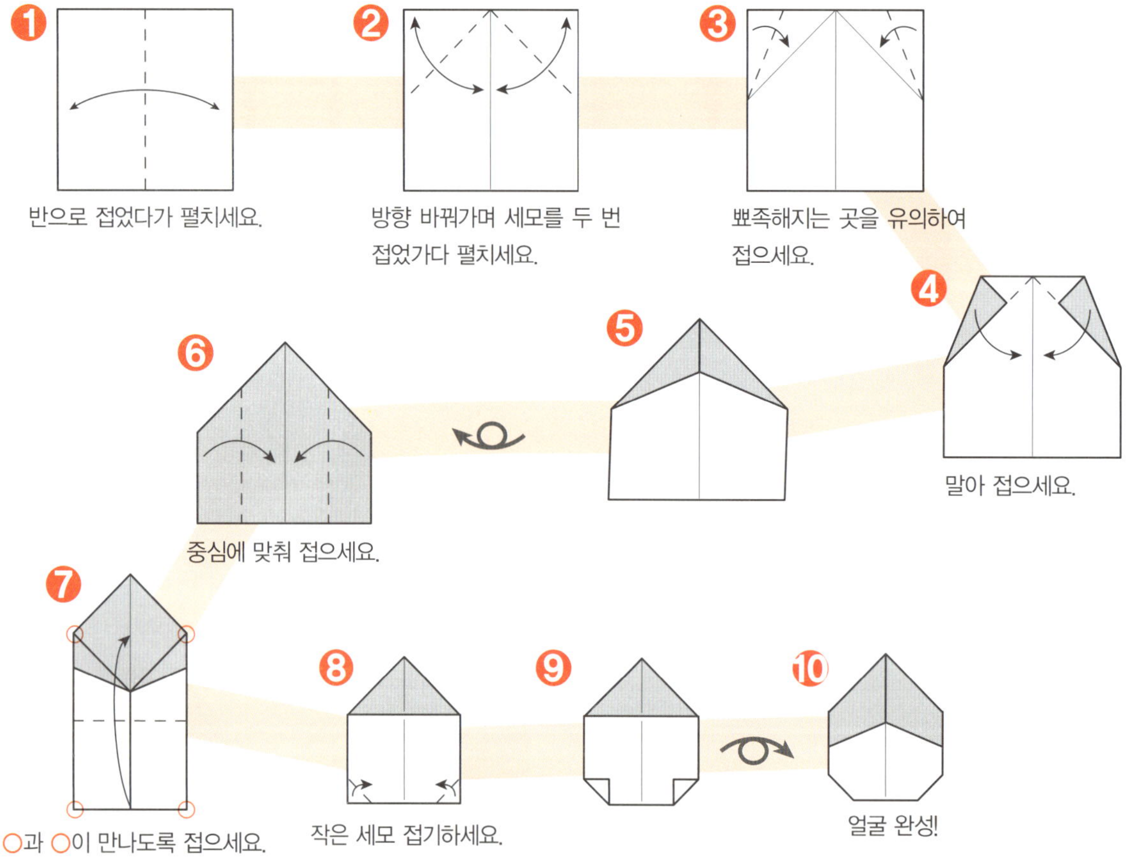
1 반으로 접었다가 펼치세요.
2 방향 바꿔가며 세모를 두 번 접었다가 펼치세요.
3 뾰족해지는 곳을 유의하여 접으세요.
4 말아 접으세요.
5
6 중심에 맞춰 접으세요.
7 ○과 ○이 만나도록 접으세요.
8 작은 세모 접기하세요.
9
10 얼굴 완성!

목 2.5cm×2.5cm 1장

1 네모 접었다가 펼치세요.
2 한쪽만 중심선에 맞춰 접으세요.
3 빗금친 부분을 붙이면서 접으세요.
4
5 목 완성!

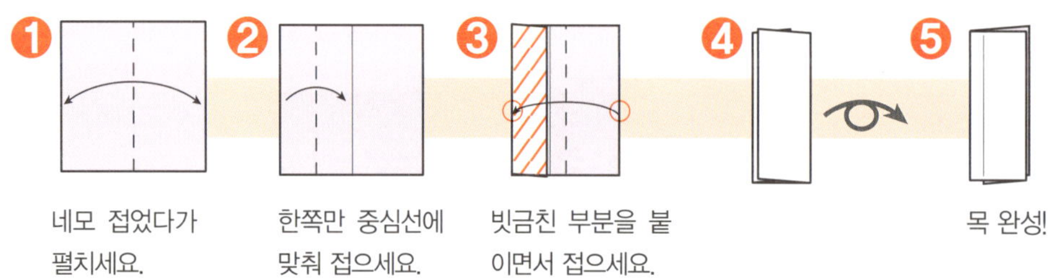

모자 7.5cm × 7.5cm 1장

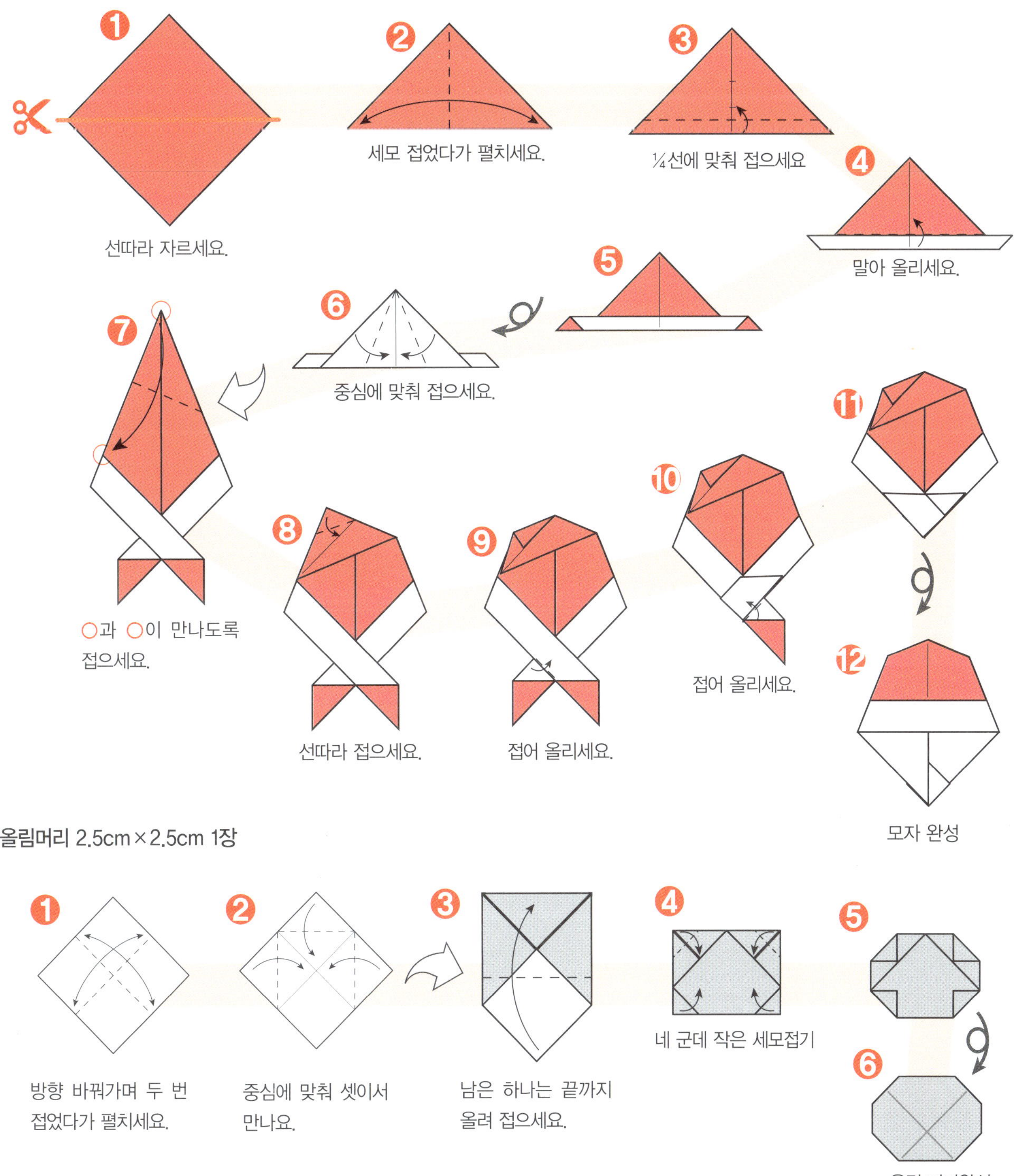

올림머리 2.5cm×2.5cm 1장

윗옷 7.5cm×4.5cm 1장, 장식 띠 4.5cm×0.5cm 4장

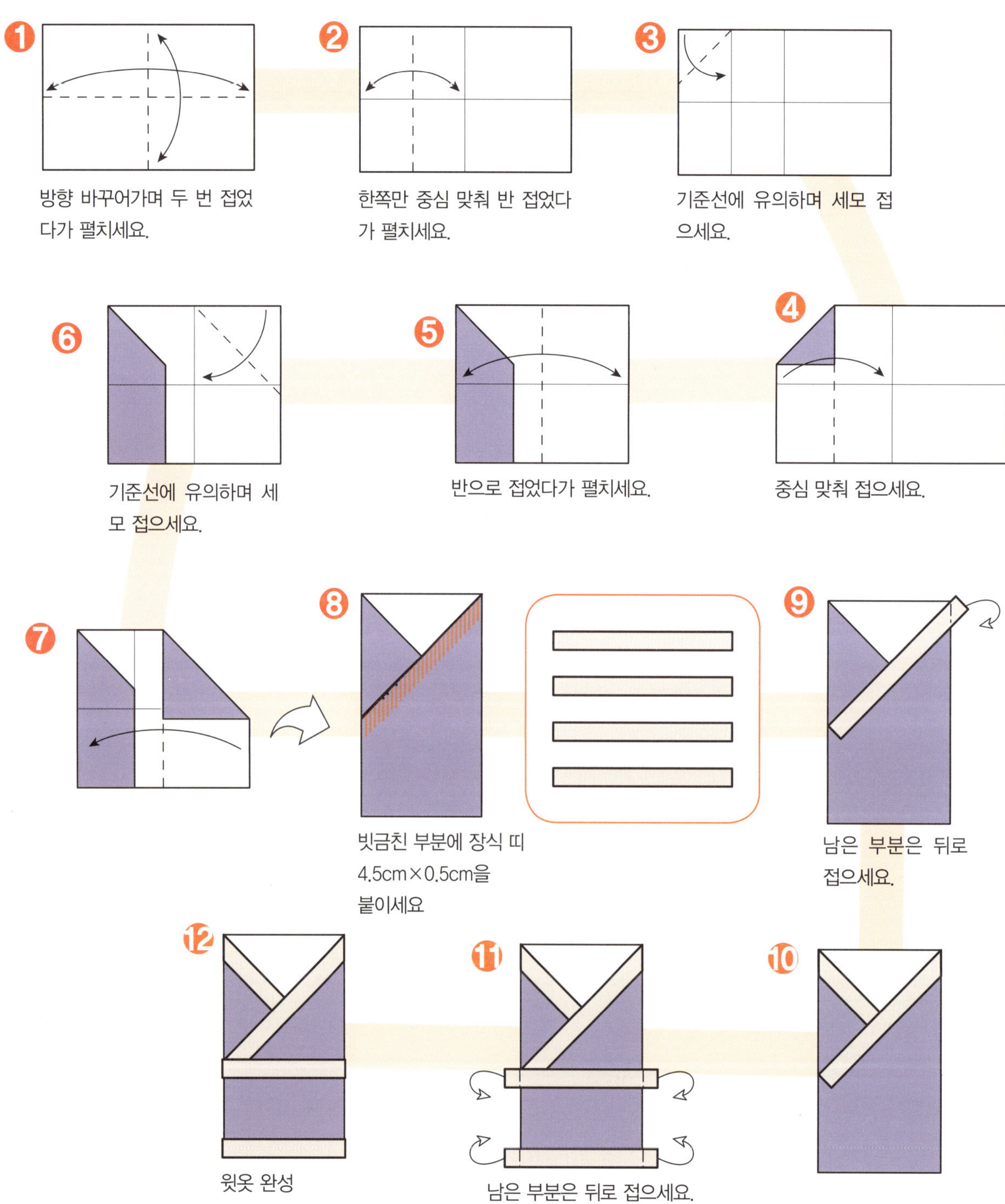

소매 7.5cm×7.5cm 1장

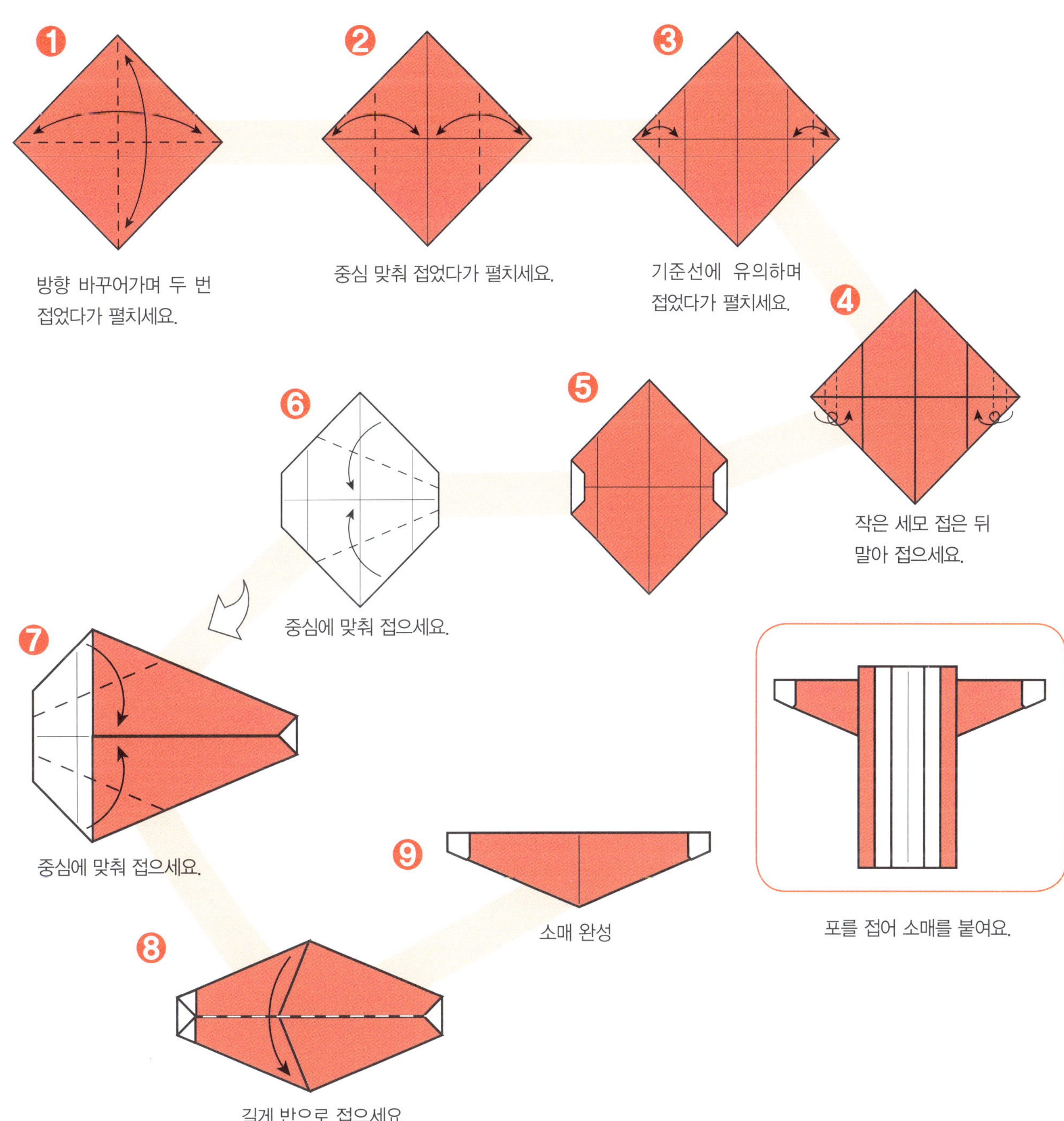
❶ 방향 바꾸어가며 두 번 접었다가 펼치세요.
❷ 중심 맞춰 접었다가 펼치세요.
❸ 기준선에 유의하며 접었다가 펼치세요.
❹ 작은 세모 접은 뒤 말아 접으세요.
❺
❻ 중심에 맞춰 접으세요.
❼ 중심에 맞춰 접으세요.
❽ 길게 반으로 접으세요.
❾ 소매 완성
포를 접어 소매를 붙여요.

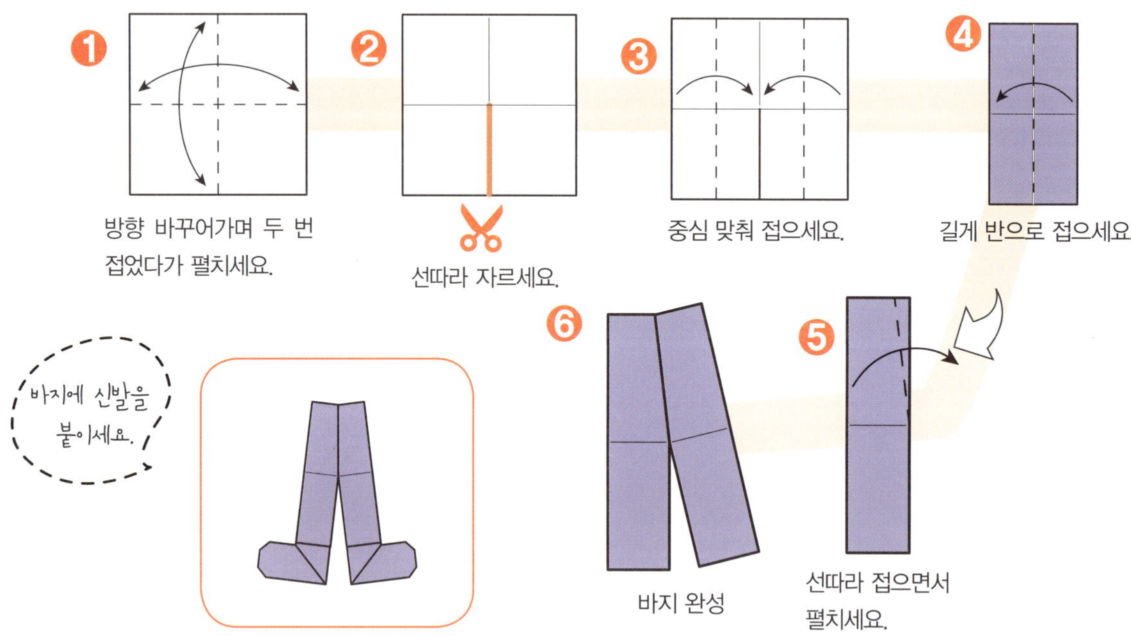
1
방향 바꾸어가며 두 번
접었다가 펼치세요.
2
선따라 자르세요.
3
중심 맞춰 접으세요.
4
길게 반으로 접으세요.
5
선따라 접으면서
펼치세요.
6
바지 완성
바지에 신발을
붙이세요.

신발 5cm×5cm 2장

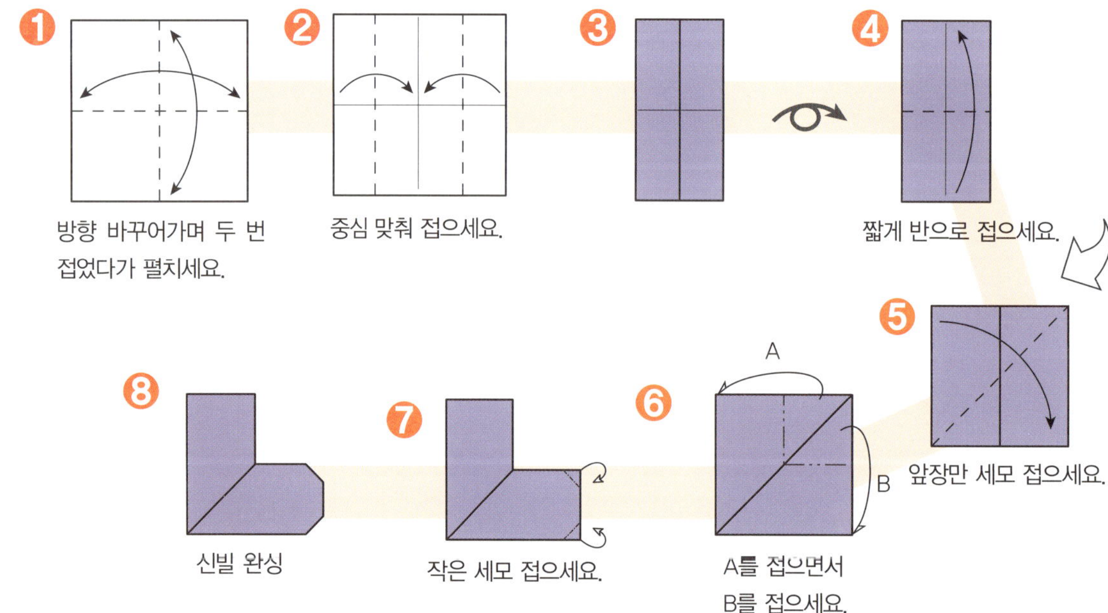
1
방향 바꾸어가며 두 번
접었다가 펼치세요.
2
중심 맞춰 접으세요.
3
4
짧게 반으로 접으세요.
5
A
B
앞장만 세모 접으세요.
6
A를 접으면서
B를 접으세요.
7
작은 세모 접으세요.
8
신빌 완성

포 6cm×6cm 1장

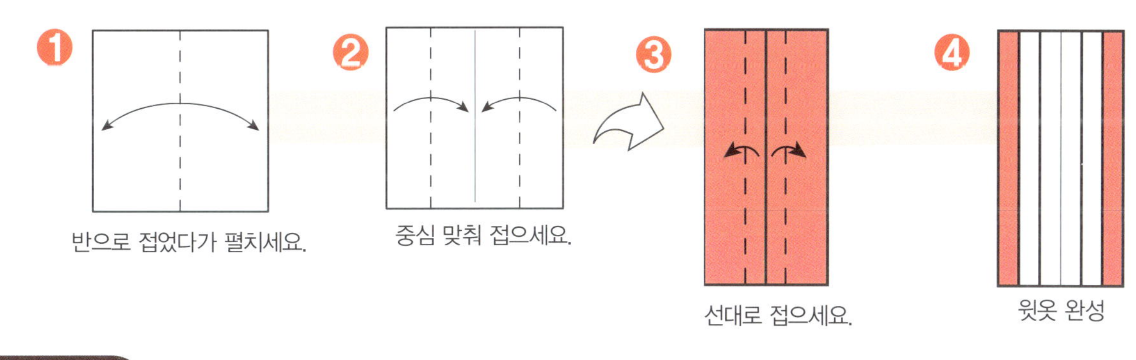

① 반으로 접었다가 펼치세요.

② 중심 맞춰 접으세요.

③ 선대로 접으세요.

④ 윗옷 완성

조립 방법

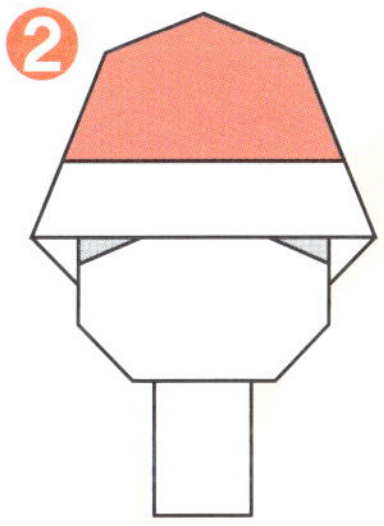

② 모자를 씌워요.

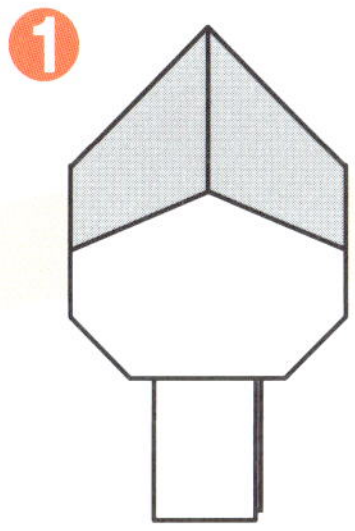

① 목에 얼굴을 붙여요.

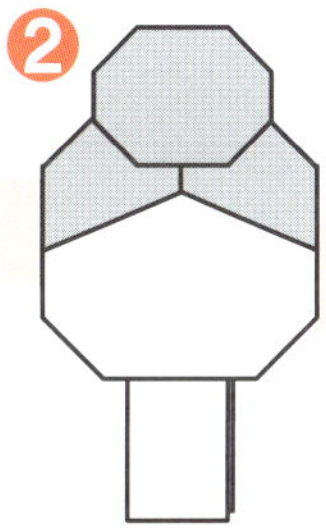

② 얼굴에 올림머리를 붙여요.

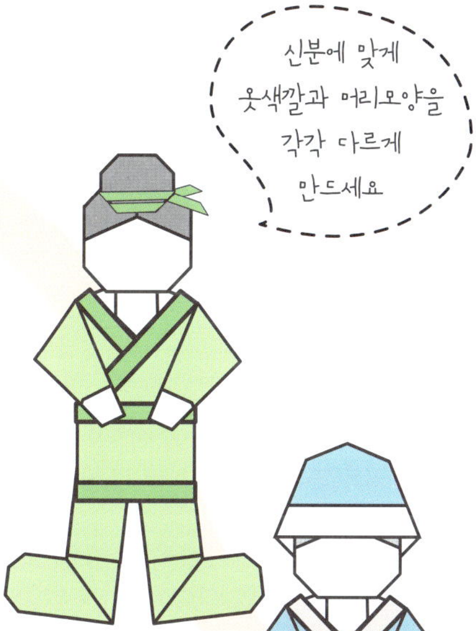

③ 윗옷, 바지, 신발 위에 붙여요.

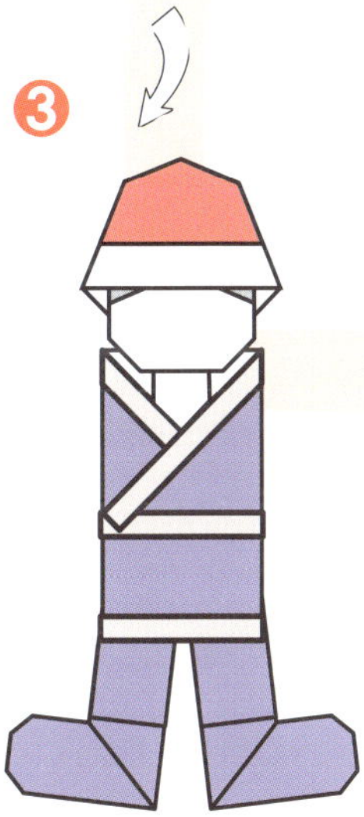

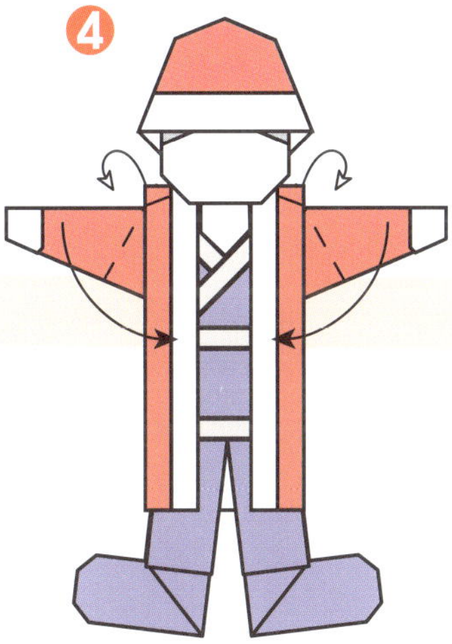

④ 소매를 포에 붙인 후
어깨를 조금 뒤로 접어요.
소매를 앞으로 모으세요.

⑤ 골품제 인물 완성

3~1두품 인물 완성

4두품 인물 완성

제 3장

고려로 달려가는 강

　고려는 귀족과 중류층, 그리고 양민과 천민으로 이루어진 엄격한 신분제 사회였으며, 각 신분에 따라 사는 지역뿐 아니라 집, 음식, 입는 옷도 달랐어요. 다행히 출세의 상한선이 정해져서 신분 상승의 가능성이 거의 없던 신라의 골품제 사회보다 좀 더 개방적이었어요.

　고려 시대는 노비나 부곡민 등을 제외한 모든 중인은 양인, 즉 국가의 공민으로 간주하고 교육과 관직의 기회를 터주었어요. 각 계층마다 제한적이나마 신분 상승의 가능성이 열려 있었어요. 예를 들어 지방의 향리가 과거에 급제하여 고위 관료가 되거나 군인들이 전공을 쌓아 무관으로 출세할 수 있었어요. 또 외거노비가 재산을 모아 주인에게 바치고 양민이 되기도 했어요.

　한편, 무신 정권 시기 하층민들의 신분 해방 운동과 대몽 항전을 거치면서 향, 소, 부곡들도 일반 군, 현으로 승격되었어요. 그리고 양인과 노비 사이에는 통혼을 금하여 노비 세습제를 유지해 갔어요. 정치 변동 속에서 지배층이 초기 호족들에서 문벌 귀족으로 다시 무신에서 권문세족으로 교체되었어요.

약 주고 병 주는
노비안검법과 환천법

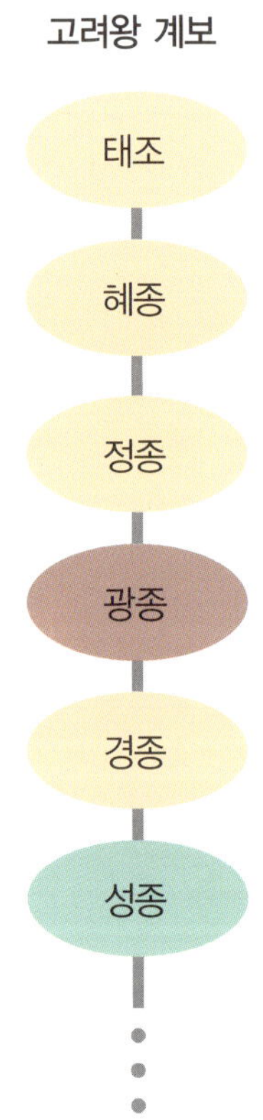

노비안검법과 왕권 강화

고려를 세운 태조 왕건이 죽자, 호족의 세력이 커지고 왕권은 덩달아 불안정해졌어요. 호족은 전쟁에서 포로로 붙잡힌 일반 백성과 힘없는 사람을 노비로 삼았어요. 방대한 토지와 함께 막강한 경제력을 유지하고 있었어요. 광종의 고민은 깊어졌어요. 이러한 호족 세력을 약화시키고 더불어 왕권을 강화할 방법을 찾아야만 했어요.

광종에게는 왕의 말을 따르는 관료인 신하와 왕을 위해 목숨 바쳐 싸워줄 막강한 군대, 그리고 이들에게 제대로 된 대우를 해 줄 수 있는 경제력이 필요했어요. 무엇보다도 군대와 세금 문제를 한 번에 해결하기 위해서 많은 수의 양인 즉, 평민이 필요했던 것이지요.

평민 확보를 위해 가장 적합한 방법은 무엇일까요? 찾는 이의 레이더 망에 딱! 걸린 것이 있었으니 억울함을 호소하는 이들이었어요. 본래의 신분은 노비가 아니었는데 전쟁에서 포로가 되었거나, 빚을 갚지 못하여 억울하게 노비가 된 사람들이었어요. 이러한 노비들은 호족의 중요한 경제적 기반이자 군사적인 힘의 바탕이 되고 있었어요. 더구나 노비는 천민 신분으로 세금을 내지 않아도 되었어요. 그러므로 노비의 수가 많은 것은 국가적인 차원에서는 바람직하지 않는 일이지요. 억울한 사연을 가진 이들을 조사하여 다시 양인으로 돌아가게 했어요. 노비를 평민의 신분으로 회복시켜 준 것이지요. 이로 인하여 노비의 수가 줄고 일반 백성의 수가 많아지자, 국가는 백성들에게서 더 많은 세금을 거둬들일 수 있었어요. 딕분에 안징직으로 국가 경제력을 키울 수 있었고, 반대로 노비를 재산으로 삼은 호족 세력들은 재산이 줄게 된 것이지요, 꿩 먹고 알 먹는 격이지요.

광종의 비나이다

왕권을 강화하는 것에 대해서 반대하던 호족들은 광종에 의해 죽임을 당했어요. 왕권에 대항하는 것은 목숨과 바꾸는 일이었나 봅니다. 이제 고려는 더 이상 호족들에 의해 왕권이 위협받는 나라가 아니었어요. 강력한 왕권을 앞세운 중앙 집권이 이루어졌어요. 이러한 일련의 대대적인 개혁은 많은 이의 희생을 요구했어요. 얼마나 많은 이들이 희생되었을까요? 광종이 왕위에서 물러날 무렵엔 희생된 이들을 위해 불공을 드리며 세월을 보냈을 정도라지요.

도돌이표, 노비환천법

고려 성종 때에는 '노비환천법'이라는 귀족이 좋아할 만한 법도 생거났어요. 노비안검법으로 경제적 손실을 입은 호족들의 불만도 컸어요. 이를 잠재울만한 제도의 필요성으로 생겨난 것이 '노비환천법'이랍니다. 겉보기에는 부작용을 막는 법이라고 해요. 노비 신분에서 벗어난 사람들이 주인을 욕하거나 싸움을 벌이는 등 여러 가지 부작용이 생겨났었

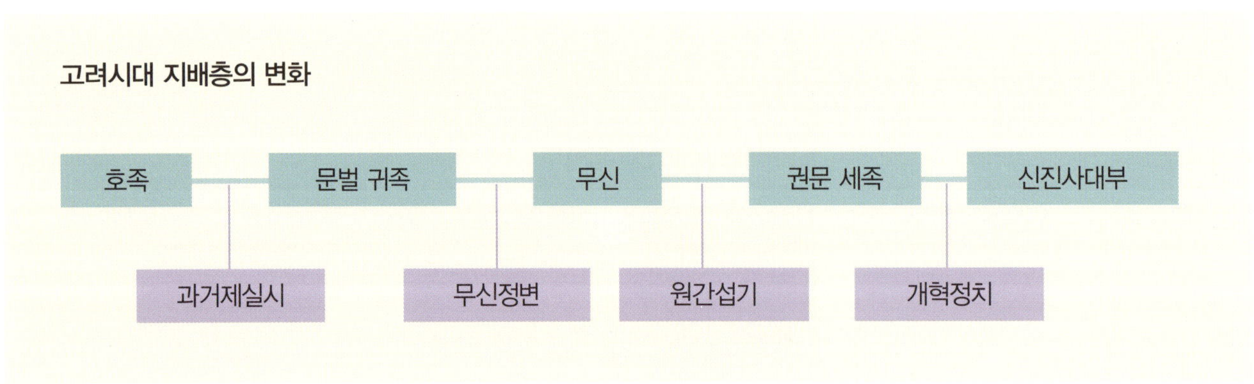

고려시대 지배층의 변화

거던요. 이렇듯 노비 신분에서 벗어난 사람이 옛 주인이나 그 친척에게 맞서면 다시 노비로 삼는 법이지요.

도돌이표라는 표현이 적절하겠지요. 왕과 호족들의 권력 다툼에 새우 등이 터지는 꼴이지요. 노비안검법으로 약 주더니 노비환천법으로 병 주는 안타까운 일이지요.

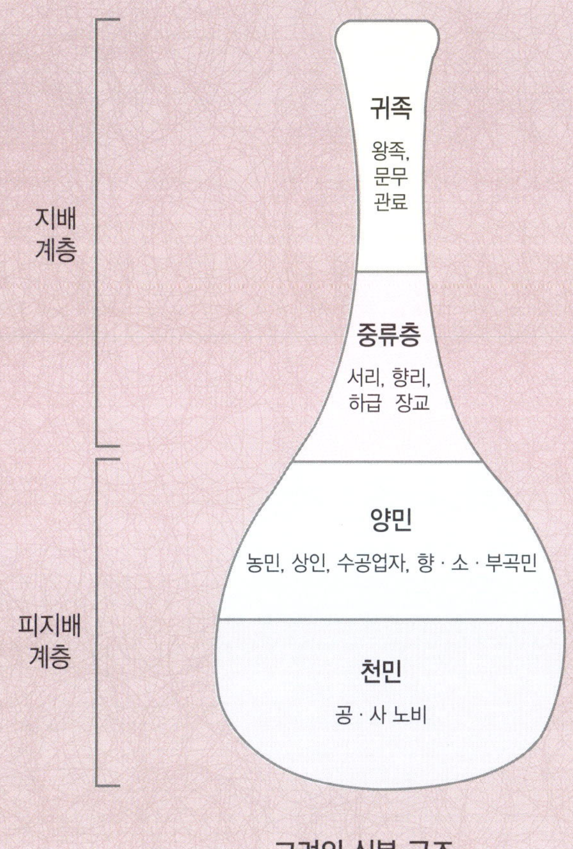

고려의 신분 구조

향, 소, 부곡

특수 행정 구역으로 나라에서 필요로 하는 각종 물품을 생산 공급하려는 목적으로 만들었다. 향과 부곡은 주로 농업을 하는 사람이, 소는 주로 종이, 자기, 먹 등을 만들어 내는 수공업이나 나라에서 필요한 금, 은, 동, 철 등을 채굴하는 광업을 하는 사람이 살았다. 이들은 주로 필요한 재료가 많이 나는 곳과 교통이 편리한 곳에 위치하고 있었다. 충청도와 전라도 지방에 소가 집중되어 있었다. 이는 이 지역을 차별해서라기보다는 개경까지 바닷길을 통해서 운반하기가 쉬웠기 때문이다. 향, 부곡은 인구가 적거나, 전쟁 포로를 집단으로 수용했거나, 반란 등의 범죄를 저지른 곳에 두었다.

이들 지역 주민은 함부로 이사를 할 수 없는 등 천민 대우를 받았다. 향, 부곡, 소의 주민들은 일반 군, 현의 주민들과 마찬가지로 국가에 조세를 부담하였으나, 추가로 역을 더 부담하였다. 따라서 천민은 아니었으나 처지가 더 열악한 하층민들로서 저항 운동도 더 많이 일어났다.

특수 행정 구역은 조선 시대에 들어 지방 제도를 정비하면서 모두 일반 행정 구역인 군, 현으로 전환되었다.

최고의 신분 귀족의 생활

최고의 신분층은 단연 왕족과 관리를 중심으로 한 귀족 계층이었어요. 귀족은 대대로 관직과 권력을 독차지하여 **문벌***을 이루었어요. 아버지가 귀족이면 자식도 대를 이어 귀족이 되었어요. 고인 물은 쉽사리 상하기 마련이지요. 특권을 대물림하는 문벌 귀족 사회는 부패할 수밖에 없었어요. 고려 시대에는 **음서***의 특권이 있기는 하였으나, 능력을 시험하던 과거 제도가 실시되었다는 점에서 신분 이동이 없었던 골품제를 중심으로 한 신라와는 다소 달랐어요.

귀족은 음서와 **공음전***의 혜택을 중요한 기반으로 꾸준히 높은 지위와 많은 토지를 유지했어요. 풍요로운 생활을 하며 지위를 대대로 물려준 특권 계층이지요. 귀족은 관리로서 **전시과***의 토지를 받았으며, 곡식을 녹봉으로 지급받았어요. 이래저래 아쉬울 것이 없었겠지요.

더 가져서 채우려는 자

99개를 가진 자는 1을 채우려고 욕심을 내는 것일까요?

***문벌**

귀족 중에서 대대로 높은 관직에 올라 번성한 귀족 집안을 말한다. 여러 대에 걸쳐 중앙의 고위 관직을 배출한 가문으로 경원 이씨(이자겸), 파평 윤씨(윤관), 해주 최씨(최충), 경주 김씨(김부식) 등이 여기에 속한다.

***음서**

5품 이상의 관리의 아들, 손자, 사위, 동생, 조카 중에서 한 사람에 한해 관리로 등용하는 제도. 이때 음서로 받는 벼슬은 서리급에 해당하는 낮은 관직이지만 일단 벼슬길에 자동으로 나갈 수 있다는 것은 큰 혜택이 아닐 수 없었다. 5품 이상의 유력한 가문들이 비슷한 가문끼리 통혼을 하거나, 한 집에서 형제가 고관이 되는 경우에는 음서의 혜택을 받는 사람은 여러 명에 해당될 수 있었다.

'아집도대련'중 (삼성미술관 Leeum) 화려한 고려 귀족들의 생활을 보여준다.

[※]**공음전**

고려 시대 공신과 5품 이상의 고위 관료에게 지급하던 토지로, 그 토지에서 나는 생산물을 가질 수 있는 수조권을 자손 대대로 상속할 수 있는 세습이 인정되어 귀족들의 경제 기반이 되었다.

[※]**전시과**

문무관리, 군인, 향리 등을 18등급으로 나누어 직위와 역할에 따라 곡물을 거둘 수 있는 전지(농토)와 땔감을 얻을 수 있는 시지(임야)를 차등 지급한 토지 제도. 관리가 죽거나 퇴직하면 반납해야 하지만 불법적으로 세습되는 경우가 많았다.

일부 귀족은 더 많은 이권을 누리고자 했어요. 장사를 하거나 소금을 만들어 팔았어요. 이를 바탕으로 벌어들인 돈을 어려운 백성들에게 **고리대***로 빌려주었어요. 이를 빌미로 제때에 갚지 못하면 땅을 빼앗고 노비로 삼았어요. 악순환의 고리가 쭉 연결된 셈이지요. 보다 손쉽게 모아들인 경제적 수입은 귀족의 사치스러운 생활의 바탕이 되었어요. 크고 화려하게 꾸민 집을 과시욕으로 채우고 시, 그림, 음악을 즐기는 등 귀족만의 문화를 누렸어요. 관직을 독차지하고, 불법으로 농민들의 토지를 빼앗았으니 많은 사람들의 원성을 살 수밖에 없었지요. 그들이 누린 문화의 바닥에 깔린 힘겨운 백성의 소리가 들리지 않은 것이지요.

지나쳐서 독이 된 권력

귀족이 더 큰 세력으로 확장하는 방법 중의 하나는 귀족끼리 혼인 관계를 맺는 것이지요. 귀족들은 사회적 지위가 비슷한 가문과 결혼함으로써 세력 확장의 진수를 보여 주었어요. 그중 백미로 손꼽히는 방법이 있었으니, 왕실과의 혼인 관계를 맺는 것이었어요. 귀족 중에는 이를 적극 활용하여 국왕의 외척으로 문벌이 되어 큰 권력을 누리기도 했어요. 경원 이씨 집안은 문종에서 인종까지 7대에 걸쳐 10명의 왕비를 배출하는 어처구니없는 기록을 쏟아내며 한때 최고의 가문으로 이름을 떨치기도 했어요. 이자겸은 그 과정에서 이모와 조카를 결혼시키는 등 무리수를 두었어요. 급기야는 왕위를 넘보는 반란을 일으켰으니, 그에게 오르지 못할 나무는 무엇이었을까요?

고려의 귀족 문화

 고려의 귀족 문화는 국교인 불교 문화에 과거제 실시와 더불어 발전된 유교문화가 함께 했어요. 고려 초기의 투박하고 개성이 넘치는 문화는 이후 매우 정교하고 세련된 공예와 불교 예술의 발달로 자리 잡았어요.

 대표적으로 천하제일의 비색을 자랑하는 상감청자와 **나전칠기**[※] 등이 있으며, 고려 불교 예술의 대표작으로 손꼽히는 관음보살도 등이 있어요.

국보68호 청자 상감 운학무늬 매병

국보95호 청자 투각 칠보무늬 뚜껑 향로(국립 중앙박물관)

'성'은 신분을 알 수 있는 방법

고려 시대에는 왕족이나 일부 귀족만 '성'이 있었고, 일반 백성은 이름만 있었어요. 오늘날 누구나 가지고 있는 성씨지만, 고려 시대는 성씨를 가졌다는 것만으로도 신분을 알 수 있었어요.

세습되었던 중류층의 생활

중류층은 지배층인 귀족과 양민 사이에 있는 중간 계층을 뜻하지요. 중류층이 하는 일은 귀족들의 전유물이었던 문무 관리에 비해 다소 대접을 받지 못했어요. 덕분에 사회적 지위가 높지 않았어요. 중류층의 일은 세습되어 대물림되었어요. 주로 지방 행정을 돕던 향리, 중앙 관청에서 행정을 돕던 서리, 궁궐의 실무를 담당하던 남반과 하급 장교에 해당하는 군반씨족 등이 중류층을 형성했어요. 국가로부터 토지를 지급받았지만, 생활면에 있어서 일반 백성들과 그다지 다를 것이 없었어요.

후삼국 이후 고려 초기에는 지방을 다스리던 호족들이 향리가 되어 지방 행정 실무를 담당했어요. 때로는 그들 중에도 과거 시험을 통해 중

성씨사회

성씨는 자신이 남과 다른 존재임을 드러내는 것이다. 삼국의 왕은 부족장을 충성스러운 신하로 만들거나, 왕과 귀족의 관계를 돈독하게 하기 위해서 성씨를 하사했다. 이는 귀족의 사회적 지위를 인정하고 특별 대우한다는 의미이다. 성씨는 귀족이 가질 수 있는 특권이었고 왕은 성씨를 하사하여 자신의 지지 세력을 구축했다.

고려 시대에 성씨를 가진 사람들이 크게 늘어난 것도 계층구조를 이해하는데 도움을 준다. 성씨는 국가에서 공로자에게 내린 경우도 있고, 주민 스스로가 중국 성씨를 받아들여 자신의 성으로 만드는 경우도 적지 않았다. 국가에서는 오래 전부터 써오던 성씨가 있으면 이를 토성이라 하여 정식으로 인정해주고, 그들이 사는 고장을 본관으로 삼도록 했다. 그리하여 오늘날 한국인의 성씨는 고려 시대로 소급되는 경우가 대부분이다. 양인이 공민으로서 출세하려면 성씨가 있어야 하므로 성씨 집단의 확산은 그만큼 공민층이 넓어졌다는 것을 의미한다.

앙 관리가 되기도 했지만, 지방 관리가 파견되지 못한 경우가 종종 있어 향리의 역할이 중요했어요. 차차 제도가 정비되면서 향리는 지방 관리를 보좌하는 역할로 정착되었지요.

양민의 생활

백성의 대부분을 이루는 계층은 양민이었어요. 농민, 상인, 수공업자와 향, 부곡, 소 등에 거주하는 사람들로 이루어졌지요. 물론 이러한 양민의 대부분은 농민이었어요. 농민 중에서 특정한 직역을 갖지 않은 사람을 '백정'이라고 불렀어요. 조선시대에 도살업에 종사하는 '백정'과는 전혀 다르지요. 농민들은 역시나 **전세***와 **공납***, **역***의 의무가 있었어요. 이들이 내는 세금을 바탕으로 나라의 살림이 운영되지요. 그래서 세금이 정말 중요한 몫이지요. 그러나 무거운 세금은 농민의 삶을 위협했어요. 열심히 일하지만 가난한 농민들은 산에서 나물을 캐거나 도토리 등을 모아 먹거리를 해결하는 일이 부지기수였어요. 농민들에게 고기반찬이란 사치였어요. 특히 소는 농사에 이용되었기 때문에 법으로서 도살을 엄히 규제했어요.

농민은 비록 작지만 대대로 내려오는 자기 땅을 경작하거나 남의 땅을 빌려서 농사를 지었어요. 빈궁한 생활을 면하기 어려운 상황인지라 돌발 변수에 대한 대응엔 속수무책이었어요. 어쩔 도리가 없을 정도로 살기가 힘들어지면 작게나마 있던 자기 땅을 버리고 원치 않는 떠돌이 생활을 하는 이들이 늘었어요. 그들 중 일부는 과중한 세금 등 삶의 무게를 견디지 못하고 살기 위해 귀족의 노비로 들어가거나 도적이 되기도 했어요.

숫자상으로도 농민과 비할 바가 아닌 상인과 수공업자는 같은 양민이지만 농민보다 위상이 낮아 천하게 여겨졌어요. 간혹 상인이 부자가 되는 경우도 있었지만 '하늘의 별 따기' 또는 '가뭄에 콩 나기' 정도였지요.

양민의 집

민가에서는 주로 온돌이 설치된 흙바닥에 자리를 깔아 생활했어요. 부유한 민가는 기와를 이었으나, 대부분 풀이나 짚으로 지붕을 이었어요. 또한 〈**고려도경**〉[*]의 '흙 침상으로 땅을 파 아궁이를 만든다.'는 표현으로 보아 온돌 생활을 하였음을 알 수 있어요.

천민의 생활

고려 사회의 최하층을 이룬 천민의 대부분은 노비로 국가나 개인에게 속하여 공민의 자격이 없는 비자유민이었어요. 성별로는 남자인 '노'와 여자인 '비'로 나눠지지요. 소속을 따져서는 관청에 속한 노비는 공노비, 개인이 대대로 부리는 사노비와 사찰에서 소유하고 있는 사원 노비가 있었어요.

사노비는 또 다시 주인집에 같이 살면서 집안의 허드렛일을 하는 솔거 노비와 주인과 따로 살면서 주로 농사를 짓고 몸값을 바치는 외거 노비로 나눠졌어요. 외거 노비는 상대적으로 자유로웠으며 이들 중에는 나름대로 재산을 모으는 사람도 있었어요. 공노비는 나이가 60세가 되면 역을 면제해 주었어요. 경로우대인 셈이지요. 당시의 평균 수명을 고려해보면 그 혜택을 누린 이가 극히 드물었다는 것을 알 수 있어요.

노비가 되는 경우

　노비가 되는 경우를 살펴보면 고려 초기에는 전쟁 포로가 주로 노비가 되었어요. 부모 중에서 어느 한쪽이 노비이면, 태어난 아이는 원칙적으로 노비가 되었어요. 부모로서 참으로 물려주고 싶지 않은 신분이겠지요. 이후에는 생활이 어려워진 양민이 고리대를 갚지 못하는 등의 이유로 인해 노비 신분으로 바뀐 경우가 많았어요. 또한 부유한 집에서는 버려진 어린아이를 데려다가 노비로 삼은 경우도 있었어요. 천한 노비가 되는 데에도 사연은 많지요.

노비의 처우

　노비에겐 혜택은 고사하고 제약들과 불합리한 대우들이 줄줄이 늘어섰어요. 노비는 벼슬길에 나갈 수 없는 것은 물론이고, 승려가 될 수도 없었어요. 천민이나 노비는 관가의 허락을 받지 않고 결혼을 하면 처벌을 받는 등 제약도 있었어요. 결혼을 하는 것에 당사자나 가족의 동의보다 관가의 허락이 우선시되다니 어처구니가 없지요.

　노비는 재산처럼 취급되어 사고팔 수 있었으며, 자손에게 상속하거나 남에게 줄 수도 있었어요. 노비의 개인적인 의사와는 무관하게 부표처럼 떠도는 처지가 되기도 했어요. 특별한 경우이지만 노비가 신분을 상승한 경우도 있었어요. 강제로 노비가 된 사람은 국가에 소송을 내서 판결을 받아 양민이 될 수 있었어요.

　이밖에 **화척***, **재인***, **양수척***, 기생 등이 있었는데 이들은 대개 거란족이나 여진족 출신이 많았어요. 국가는 이들을 호적에 올리지도 않았어요. 따라서 국가에 조세를 내는 부분에 대하여 아무런 부담도 지지 않았지요.

***화척** 도살업

***재인** 광대

***양수척** 버들고리 장수

왕후장상의 씨가
어찌 처음부터 따로 있으랴?

농업 생산력이 좋아져도 농민은 울상!

농업의 생산력 향상은 우선 보기엔 농민에게 좋은 소식으로 들리지요. 그러나 실상을 들여다보면 고개가 갸우뚱해진답니다. 생산력의 향상으로 쌓인 이득들은 일하지 않은 귀족과 사원을 배불리고 있었어요. 일하지 않은 자는 배불리 먹고 개미처럼 열심히 일한 자는 굶주리는 구조적인 모순으로 농민생활은 오히려 어려운 처지에 빠졌어요. 왕실까지 사치와 향락에 젖어 유흥에 이용할 별궁, 누정, 절간 등을 짓고자 했으니 백성들을 쥐어짜는 수탈이 이만저만이 아니었지요.

무신 정권 이전부터 사회적 모순과 갈등은 위험수위로 커져 절정을 향해 치달았어요. 그러나 해결점을 찾지 못한 가운데 무신 집권 시대 농촌경제의 파탄이라는 시한폭탄의 심지가 속도를 내며 타들어갔어요. 무신 지방관들은 개인적인 출세의 욕심을 채우려고 법을 어기고 과도하게 세금을 거두었어요. 무신들의 권력 다툼으로 혈안이 된 중앙 정권은 지방에 대한 통제력을 잃어버렸어요. 국가가 돌보지 않는 동안 농민들은 세력가의 농장에 의지하여 노비가 되기도 하고 도적이 되기도 했어요.

밝히고만 있을 수는 없다

무신 집권기에 이의민 같은 천민 출신 하층무신들이 출세하면서 하극상 풍조가 널리 퍼졌어요. 더 이상 밟히고만 있을 수 없는 농민과 천민은 본격적으로 정권과 수탈에 반대하는 저항 운동을 시작했어요.

농민의 저항 초기에는 명종4년(1174)조위총의 난이 일어났어요. 서경(평양) 유수 조위총이 무신 정권 타도를 외치며 반란을 일으켜 서북 지방의 농민들이 가세했어요. 이어 신분 해방 운동의 성격이 큰 천민의 저항이 일어났어요. 명종6년(1176) 일반 군현보다 무거운 세금 부담에 시달리던 공주 명학소에서 일어난 망이, 망소이의 난. 한때 충청도 일대와 경기도 일부지역에까지 점령했었어요. 명종12년(1182) 전주의 군인과 관노들의 봉기하여 일어난 전주 관노의 난은 지방관의 가혹

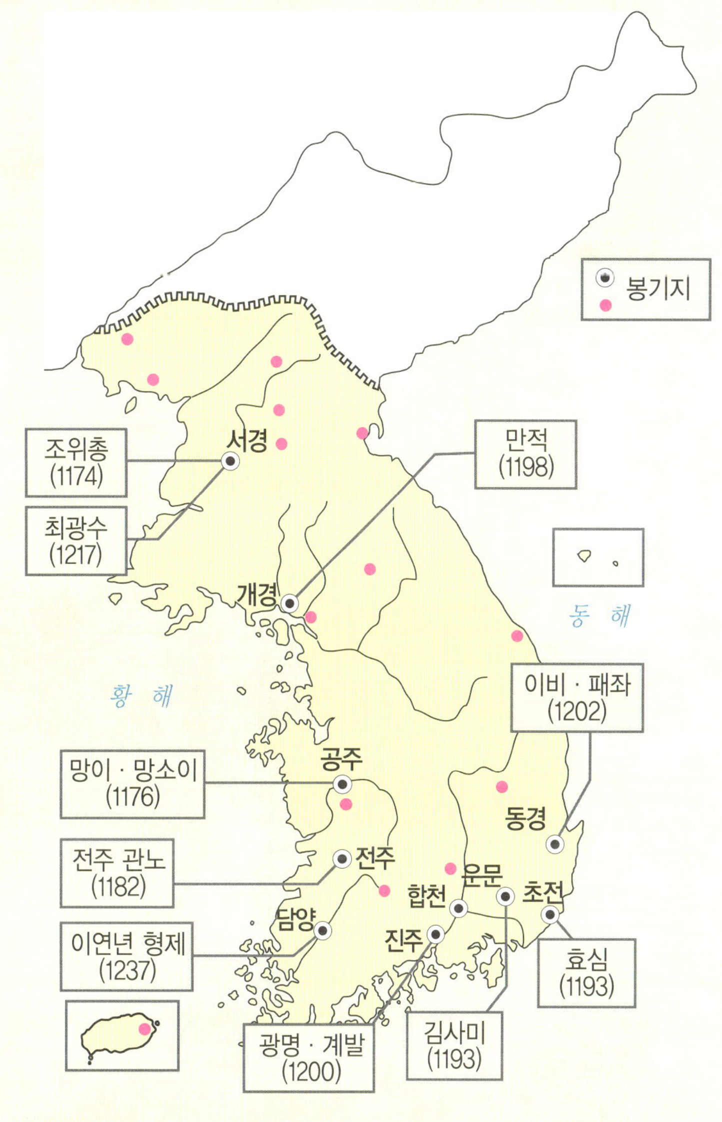

농민과 천민의 저항 운동

한 부역 동원에 반발하여 40일간 전주를 점령하는 일이 생겼어요. 명종23년(1193) 김사미의 봉기 (경상도 운문), 효심의 봉기 (경상도 초전)는 지역적으로 연합 세력 형성했어요. 이들은 세력권을 경주와 강릉 지역까지 확대시켰어요.

장수와 재상의 씨는 따로 있지 않다

병 주고 약 주는 회유와 탄압을 함께 처방하여 농민 봉기는 다소 수그러들었으나, 노비들의 신분 해방 운동이 거세게 일어났어요. 무신 최고 집권자 중에는 노비 출신도 있었기에 백성들이 신분 상승에 대한 기대감이 커졌어요.

과감하게 첫 봉화를 든 것은 **최충헌***의 사노비였던 만적이었어요. 장수와 재상의 씨는 따로 있는 것이 아니라며 수백 명의 공, 사노비를 개경에 있는 송악산 흥국사에 모아놓고 일장 연설을 했어요. 이참에 노비라는 신분을 없애버리려는 원대한 포부를 품었어요. 이에 많은 노비들이 적극 호응하여 봉기를 약속했어요. 그들의 계획은 각자 주인을 죽이고 노비 문서를 불태운 후 궁궐까지 쳐들어가는 것이었어요. 그러나 진정한 적은 언제나 내부에 있는 법! 한 노비의 배신으로 원대했던 뜻을 이루지 못했답니다. 만적을 포함하여 많은 노비들이 잡혀 사형당하고 말았어요. 이를 통하여 그토록 소원하던 신분 해방을 이룬 단 한 사람! 그가 바로 배신하여 봉기를 주인에게 알린 노비였어요. 배신의 댓가로 자신만을 구원했네요.

만적의 난은 이처럼 원대한 계획에 비해 시작도 해보지 못하고 실패했어요. 그렇지만 하층민이 신분 해방을 통해 지배층의 착취에서 벗어나려는 의지를 드러냈다는 점에서 큰 의미가 있어요.

미세하지만 균열은 일어나

그 후 민란은 한 걸음 더 나아가 삼국의 부흥을 외치는 단계로까지 발전했어요. 비록 무신 집권 시대의 민란은 잘못된 정치에 불만을 품고 전국적으로 저항 운동이 일어났지만 관군에 의해 진압되었어요. 그들이 일어서서 외칠 수밖에 없었던 것은 삶이 그만큼 어렵고 힘들었다는 것이지요. 그들의 외침은 허무한 메아리만은 아니었어요. 조금이지만 얻는 것도 있었어요.

　무신 정권은 이들을 무마하기 위해 부곡이나 소의 주민들을 양민으로 해방시켜 주었으며, 덕분에 많은 노비들이 자유를 얻었어요. 따라서 무신 집권 시대는 고려 귀족 사회의 신분 질서가 밑바탕으로부터 미세하지만 균열이 꾸준히 일어나고 있었다는 것을 의미하지요. 이는 조선 시대에 이르러 신분 제도의 개편에 징검다리가 되었어요.

무신 정권에서의 하층민들의 출세
- 이의민 – 소금 장수 아버지와 노비 어머니를 두었으나 최고 집권자가 되었다.
- 이영진 – 생선 장수를 하다가 군인으로 출세하여 병부상서가 되었다.
- 석인 – 떨어진 쌀을 주워 먹고 살다가 군인으로 출세하여 상장군이 되었다.
- 조원정 – 옥을 다루는 기술자인 아버지와 기생이었던 어머니 밑에서 자라 군인이 되었다가 추밀원부사로 승진하였다

제 4장

양반의 사회, 조선이 만난 바다

양반의 사회 조선은 엄격한 신분이 존재했던 시대랍니다. 신분은 부모로부터 물려받은 것으로 개인의 능력이나 의지와는 무관하게 태어나면서부터 정해져 있었어요. 아무리 재주가 뛰어나도 정해진 신분에서 마음대로 벗어날 수 없었으니, 누구의 자식으로 태어나느냐가 매우 중요한 결정타인 것이지요.

양반
상민
중인
천민
상민은 백성들의 대부분을 차지하는
생산활동 종사자. 상민은 조세, 역, 공납의 의무.
교통과 상업의 기회는 보장되었다고 하지만
교육받을 기회가 없었다.
상 민
농업, 어업, 수공업, 상업등에 종사
천 민
노비와 천한 직업에 종사하는 사람.
천원
지방
하늘은 둥글고
땅은 네모지다.

10 양반의 사회, 조선

양천제에서 반상제로

김득신의 노상알현도
하인의 호위를 받으며 나귀를 타고 가는 사람을 만났다. 옷차림이나 그가 쓴 큰 갓으로 보아 분명 양반. 상민으로 보이는 사람이 머리가 땅에 닿도록 인사를 한다. 그 옆의 여인도 다소곳이 인사를 한다. 이 한 폭의 그림에서 조선 시대의 엄격한 신분 제도를 엿볼 수 있다.

조선 시대에는 사람의 신분을 '양반, 중인, 상민, 천민'으로 나누었어요. 조선 초기에는 고려 말 하층민의 신분 해방 운동을 반영하고, 엄격한 신분 제도를 완화하는 개혁이 이루어졌어요. 복잡한 신분층을 단순화시켜 양반, 중인, 상민을 포함한 양인은 자유민, 천인은 비자유민이었어요. 양인과 천인으로 신분을 구분하는 양천제를 확립했지요. 즉 노비가 아닌 사람은 모두가 양인으로 간주되어 교육과 벼슬에 나갈 수 있는 공민권을 가지고 있었어요. 그 대가로 조세, 공납, 요역과 군역의 국역을 질 의무가 있었어요. 양인은 조세를 납부해야 할 의무가 있었고, 교육을 받아 관직에 나아갈 수 있었어요. 천민은 조세의 의무에서 제외된 사람들로, 개

인이나 국가에 소속되어 천한 일에 종사했지요.

양반은 문·무반의 관리를 의미하며 중인, 상민과 다를 바 없는 양인이었어요. 세월이 흘러 양반의 의미는 가문까지 포함하는 개념으로 바뀌었어요. 중인 역시 하나의 신분층으로 자리 잡게 됨에 따라 양인이 양반, 중인, 상민으로 분화되었어요. 그 결과 양천제는 유명 무실해져서 법적으로만 존재했어요. 실제적 신분제 구조로는 양반과 중인으로 대변되는 지배층과 인구의 대부분을 차지하는 상민과 천민으로 대변되는 피지배층을 이루는 반상제가 굳었어요.

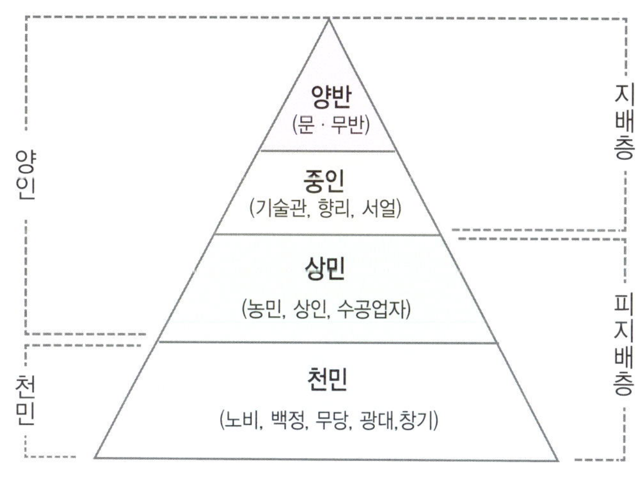

조선시대의 신분 구성

사(양반), 농(농사꾼), 공(수공업자), 상(상인)의 구별

직업의 종류와 귀천에 따라 **사**[*], **농**[*], **공**[*], **상**[*]의 구별이 있었어요. 왕권이 확고해지고 관료 조직이 정비되어 가면서 관료들은 지배층으로서의 사회적 지위를 굳혀 마침내 '양반'이라는 이름으로 향리나 농민과 뚜렷이 구별되는 신분이 되었지요. 하급 관리나 지방 행정 실무자. 기술관 등은 별도로 중인 신분을 이루었고, 농업, 상업, 수공업에 종사하는 사람들은 이른바 상민이 되었어요.

[*]사 : 양반
[*]농 : 농사꾼
[*]공 : 수공업자
[*]상 : 상인

그 밑에는 천민 신분으로 노비. 광대. 무당. 창기. 백정 등이 있었는데, 노비는 관청이나 개인에 소속되어 매매, 증여, 상속의 대상이 되기도 하였어요. 신분에 따라 가지게 되는 권리와 의무가 달랐어요. 그로 인한 생활 모습도 차이가 있었어요.

*족보
한 가문의 계통이나 혈통 관계를 기록한 책이다. 세계의 많은 나라들이 족보제도를 가지고 있다. 그중에서도 가장 발달된 족보로 알려진 우리나라 족보는 세계에서 부러워할 정도로 정평이 나 있다. 대전의 뿌리공원 안에 세계 최초의 족보박물관이 자리 잡고 있다. 나의 뿌리를 되짚어볼 수 있다.

*천거
학문과 덕행이 뛰어난 인재를 어떤 자리에 추천하는 일이다. 그 일을 맡아 할 수 있는 사람을 쓰도록 책임지고 소개하거나 내세우는 것이다. 천거제는 현직 관리들의 승진이나 부서 이동이 있을 때 추천을 통해 결정하는 제도이다.

*녹봉
나라에서 관원들에게 벼슬살이에 대한 보수로 일 년 또는 계절 단위로 나누어 주던 보수이다. 경제 형편과 상관없이 품계에 따라 일정한 양의 봉급을 정확한 지급일에 자동 지급했다. 원칙적으로 녹은 미곡(쌀, 보리, 콩 등)을 뜻하고, 봉은 포백(명주, 베 등)을 의미한다.

양반! 특권을 누리되 세금은 내지 않는다.

조선 사회는 양반 위주로 유지되었어요. 양반은 본래 문반과 무반을 가리키는 말이었어요. 점차 관직을 차지하거나 장차 가질 수 있는 집단으로 문무 관리와 가족, 그 친척들을 뜻하는 말로 의미가 달라졌어요.

양반은 조선을 이끌어 가는 지배층으로, 양인으로서 조세의 의무가 있었으나 제도와 법률로 면제받았어요. 또한 여러 가지 신분적 특권을 누렸어요. 양반은 그러한 특권을 유지하면서 자신들이 평민, 천민과 다르다는 것을 보여 주기 위해 집안별로 **족보***를 만들기 시작했어요. 그러다 보니 자연스럽게 조상의 가문과 혈통을 중시하게 되었어요. 조선말에는 족보가 사고파는 대상이 되기도 했어요. 당대 최고의 베스트 셀러였답니다. 족보를 가진다는 것이 신분을 증명해 주었기 때문이지요.

양반은 유학을 공부했어요. 이를 토대로 문과, 무과의 과거 시험을 통해 관리가 된 후에 나라를 다스리는 일에 참여했어요. 과거, 음서, **천거***등으로 고위 관직을 독점하였으며, 관등에 따라 **녹봉***, **수조권***을 지급받았어요.

양반에게 명예는 목숨과 맞바꿀 정도로 소중한 것이었어요. 그러므로 과거를 통하지 않고 음서나 천거 등을 통해 관원이 되는 것을 부끄럽게 생각했어요. 따라서 개인의 능력이 출세를 좌우했으며, 누구나 출세하려면 반드시 과거 시험을 통과해야 했어요.

학식과 인품이 높은 사람 '선비'

　양반들 중에 학식과 인품이 높은 사람을 '선비'라 불렀어요. 선비는 바른 생활을 하여 백성들의 모범이 될 것을 요구받았어요. 양반들은 성리학에 뿌리를 둔 유교 윤리를 일상생활에서 실천 강령으로 삼았어요. 또한 이를 지역 사회에 뿌리내리도록 하기 위하여 향약을 보급하는 등의 노력을 기울였어요. 스스로 **'주자가례'***에 따라 효의 또다른 모습으로 조상에 대한 제사를 받들어 모셨어요. 또한, **유향소***를 통해 백성들의 교화에도 힘썼어요. 삼강오륜을 삶의 지표로 삼게 했지요. '공자 왈, 맹자 왈'로 대표되는 『**사서삼경**』*이라는 유교 경전을 공부하거나 시 짓기, 활 쏘기 등을 했어요. 양반 여자는 자녀 교육과 집안 살림을 챙겼으며, 우아하게 수를 놓거나 책을 읽으며 여가 시간을 보냈어요.

삼강오륜

삼강
부위자강 – 아들은 아버지를 섬기는 것이 근본이다.
군위신강 – 신하는 임금을 섬기는 것이 근본이다.
부위부강 – 아내는 남편을 섬기는 것이 근본이다.

오륜
군신유의 – 임금과 신하는 의리가 있어야 한다
부자유친 – 아버지와 아들은 친함이 있어야 한다.
부부유별 – 남편과 아내는 분별이 있어야 한다.
장유유서 – 어른과 어린이는 차례가 있어야 한다
붕우유신 – 벗과 벗은 믿음이 있어야 한다

소수에 해당하는 양반은 많은 토지와 노비를 소유

소수에 해당하는 양반은 많은 토지와 노비를 소유하고 있었어요. 이를 바탕으로 경제적으로 풍족한 생활을 누렸지요. 여기에 추가로 과거에 합격하여 관리가 되면 국가로부터 토지와 녹봉을 받았어요.

이들은 대대로 물려받은 개인 소유의 토지뿐만 아니라 농민을 동원하여 황무지를 개간함으로써 땅을 넓히기도 했어요. 물론 넓은 땅의 경작은 노비나 소작농의 몫이었어요. 농민에게 경작하게 하여 수확량의 1/2정도를 소작료로 받았어요. 반면 다수에 해당하는 농민들은 한 뼘의 땅조차 갖기 어려웠지요. 양반은 노비에게 각종 집안일과 시중들기 등 필요한 모든 일을 시켰어요. 양반들이 **입신양명***하여 명예를 드높일 수 있었던 것도 온갖 허드레일을 도맡았던 노비 덕분이겠지요.

***입신양명**
사회적으로 인정을 받고 출세해서 세상에 이름을 널리 알림

전문직 종사자 중인

중인은 양반과 상민의 중간 신분 계층이었어요. 이들은 잡과에 해당

서얼

양반의 정실부인이 아닌 첩의 자식을 서얼이라고 한다. 양인 첩의 자식은 서자, 천인 첩의 자식은 얼자로 불리었다. 양인 여자보다 천인인 여자종이 첩이 되는 경우가 많았기 때문에 그 소생을 차별 대우하는 것이다. 조선초기에는 서얼을 그다지 차별하지 않았다. 오히려 서얼 중에 개국 공신을 비롯한 고관대작이 많이 배출되었다.

서얼에 대한 차별 대우가 논의되기 시작한 것은 태종이 서얼 출신 세자인 방석을 제거한 이후부터이다. 하지만 실제로 15세기에는 서얼 출신이 별다른 제약을 받지 않았다. 그러다가 「경국대전」에 법제화되어 문과와 생원 및 진사과 시험에 서얼의 응시를 금지하기에 이르렀다. 그리하여 서얼은 무과와 기술관을 뽑는 잡과에만 응시가 가능해지고, 잡과를 통과하면 최고 3품까지만 승진할 수 있었다. 잡과와 잡직은 17세기 이후로 차츰 중인들의 세습직이 되면서 서얼과 중인은 같은 부류로 인식되어 중서층이라는 말이 생겨나게 된 것이다.

그렇지만 서얼 출신 중에는 우수한 인재가 많아 문화 발전에 크게 기여했다. 서얼들의 꾸준한 집단적 상소운동과 국가의 정책적 배려로 18세기 후반부터는 점차적으로 중요 관직으로의 진입이 이루어졌다. 정조 때 유득공, 박제가, 이덕무 등이 규장각 검서관으로 등용된 것은 유명한 사례이며 그 후에도 서얼허통은 꾸준히 계속되었다.

하는 과거 시험을 치르고 전문직 기술관으로 일했어요. 외국과의 교류나 교역을 할 때 통역하는 역관, 허준으로 잘 알려진 의사인 의관, 법률가인 율사, 김홍도, 신윤복 등으로 대표되는 화가인 도화서의 화원들이 기술 관리지요. 중인은 주로 양반 관리를 보좌하던 기술 관리와 하급 관리들로 실무를 딤딩하였어요. **향리***, **서리***, **토관***, 양반 첩의 자식인 서얼 등도 이에 속하지요.

중인은 대체로 직업을 세습하였어요. 같은 신분끼리 혼인이 이루어졌어요. 중인은 양반에게서 차별받았으나, 전문 기술이나 행정 실무를 담당하였기 때문에 나름대로 행세를 하고 위세를 부리기도 했어요.

조세의 의무에 짓눌린 상민

상민은 평민, 양민이라고도 불렀으며, 주로 농업, 수공업, 상업 등에 종사했어요. 이들은 국가에 세금을 내고 군대에 가야할 의무가 있었어요. 권리보다 의무가 많았어요. 즉, 농사짓는 땅에 부과되는 전세, 군대에 가는 군역과 국가의 공공사업 등에 노동력을 제공하는 요역, 국가나 왕실에 필요한 그 지역의 특산물을 공물로 바치는 공납의 의무가 모두 이들의 몫이었어요. 국가 경제의 기반을 이루는 계층으로 각종 세금 납부의 의무는 어느 것 하나 가벼운 것이 없어서 고통이 만만치 않았어요.

상민은 법적으로 양인에 속하였기 때문에 과거에 응시하여 관직에 나아갈 수 있었어요. 이렇듯 교육과 출세의 기회가 보장되었으나, 좀처럼 교육을 받을 기회가 없었어요. 많은 시간과 비용이 드는 과거 준비에 전념할 수 없었기 때문에 관리가 되는 것은 그들에겐 하늘의 별 따기만큼이나 어려웠어요.

***향리**
고려 시대와 조선 시대에 한 고을에 대물림으로 내려오던 벼슬아치

***서리**
조선 시대에 중앙 관아에 속하며, 문서의 기록과 관리를 맡아보던 하급 벼슬아치

***토관**
고려, 조선시대 평안도와 함경도의 변방 토착민에게 주었던 특별한 벼슬

조선시대 백성의 대부분을 차지하는 농민

상민 중 조선시대 백성의 대부분을 차지하는 농민은 조그마한 자기 땅이나 지주의 땅에서 농사를 지었어요. 땅을 많이 가진 부유한 농민의 수는 극히 적었어요. 농업을 기반으로 하는 사회였기에, 땅은 생산 수단의 기본이었어요. 즉, 부의 원천이었지요.

그러나 땅은 그 특성상 제한적이기에 가진 자와 못 가진 자가 생길 수밖에 없었어요. 대부분의 농민들은 땅 주인인 지주에게 땅을 빌려서 농사를 짓는 소작농으로 살아갔어요. 열심히 농사를 지어도 토지를 빌린 대가를 지불하고 나면, 남는 곡식이 그다지 많지 않아 가난이 늘 이들과 함께 했어요. 농업 기술을 개량하고 농지를 개간하는 등 끊임없이 노력하였지만, 농민의 생활은 쉽게 나아지지 않았어요.

김홍도의 논갈이

해야 할 일이 태산

농사일은 혼자서 하는 일보다 함께 해야 하는 일이 많았어요. 마을 사람들은 농삿일의 효율성을 높이고 친목을 도모하는 방편으로 **두레***나 **품앗이***를 이용한 공동 작업을 했어요. 바쁜 농사일을 마치면 씨름이나 윷놀이, 고누 등의 놀이를 즐기며 여가 시간을 보냈어요. 남자들은 틈틈이 짚신을 삼거나 새끼를 꼬았으며, 여자들은 집안일과 옷감 짜는 일을 했어요.

농민에게 세금은 언제나 무거운 짐이었어요. 토지에 대한 세금인 전세는 관리들의 횡포로 애초에 징해진 것보다 더 많은 양을 내아 하는 경우가 허다했어요. 또한 군역을 짊어져야 했어요. 제방을 쌓거나 다리를 고치는 등 국가의 크고 작은 공사에 수시로 동원되었어요. 그 중에서도 농민들을 가장 고통스럽게 했던 것은 지역의 특산물을 바치는 공납이었어요. 관리들은 농민들의 무거운 조세에 한 짐을 더 보태주었지요. 관리들이 공납을 대신 내고 농민들에게는 비싼 값을 받아 냈기 때문이지요. 무거운 조세와 관리의 횡포를 이겨내기 힘들었던 일부 농민들은 농토를 떠나 유랑민이 되거나 스스로 도적이 되었어요.

농민 생활 안정책으로 재해 농민의 조세 경감, **환곡제**[*]를 실시하고 **의료시설**[*] 운영 등의 노력을 펼쳤으나 역부족이었어요.

권용정의 보부상

시전상인과 보부상

수공업자들은 서울과 지방의 관청에 소속되어 필요한 물품을 생산하였는데 그 수는 많지 않았다고 해요.

상업에 종사하는 상인은 크게 시전상인과 보부상으로 나뉘지요. 시전상인은 서울의 시전에서 관청과 일반 백성들에게 필수품을 파는 상인이었고, 보부상은 각 지방의 마을을 돌아다니며 수공업제품과 생활필수품을 파는 상인이었어요. 지방의 여러 시장을 돌아다니며 생산자와 소비자를 이어주는 역할을 하는 행상으로 전국적인 시장을 무대로 활동했답니다.

이들 행상은 국가 통제가 약화되고 지방 장시가 전국적으로 확대되는 시점을 통해 꽁무니에 짚신 켤레를 매고 여러 장시를 돌아다니는 '장돌뱅이'가 되었어요. 수공업자와 마찬가지로 그 수가 많지는 않았어요.

[*]**환곡제**

농사를 망친 백성에게 의창, 상평창의 시설에서 곡식을 빌려 주고 가을에 갚게 한 제도

[*]**의료 시설**

혜민국, 동·서 대비원, 동·서 활인서 등

매매, 상속, 양도, 증여의 대상인 천민

천민은 최하층 신분으로 '종'이라 불리는 노비가 대부분이었어요. 노비는 남자 종에 해당하는 '노'와 여자 종에 해당하는 '비'를 뜻하지요. 개인에 소속된 사노비와 관청에 소속된 공노비로 나누어 볼 수 있어요. 노비는 결혼하여 가정을 이룰 수 있었으나, 매매, **상속***, **양도***, **증여***의 대상이 되었지요.

공노비는 국가에 소속되었어요. 관청 소속 토지를 경작하여 매년 경작료로 수확량의 반을 냈어요. 이외에 일정한 수량의 몸값을 바치는 납공 노비와 기술을 가진 장인으로 일정 기간 관청에 나가서 무상으로 관청 수요 물품을 제조하는 선상 노비가 있었다. 공노비는 대체로 사노비보다는 생활 여건이 나았으며, 일부 재산 축적의 기회도 있었어요.

사노비는 솔거 노비와 외거 노비로 나눌 수 있어요. 솔거 노비는 보통 주인집의 행랑채에 가족들과 함께 살았어요. 여자종은 밥 짓기, 빨래하기, 청소하기, 바느질하기 등 온갖 집안일을 맡았고, 남자종은 물 짓기, 나무하기, 주인의 땅을 농사짓는 등 주인이 필요로 하는 온갖 허드렛일을 맡았어요. 외거 노비는 주인과 따로 살면서 주인의 땅에 농사를 지었어요. 덕분에 솔거 노비보다는 주인에게 예속되는 정도가 적었어요. 이들은 수확한 곡식 가운데 절반만 바치면 비교적 자유롭게 재산을 모을 수 있었요. 소작농과 비슷한 성격이지요. 노비중에서는 상급이었어요.

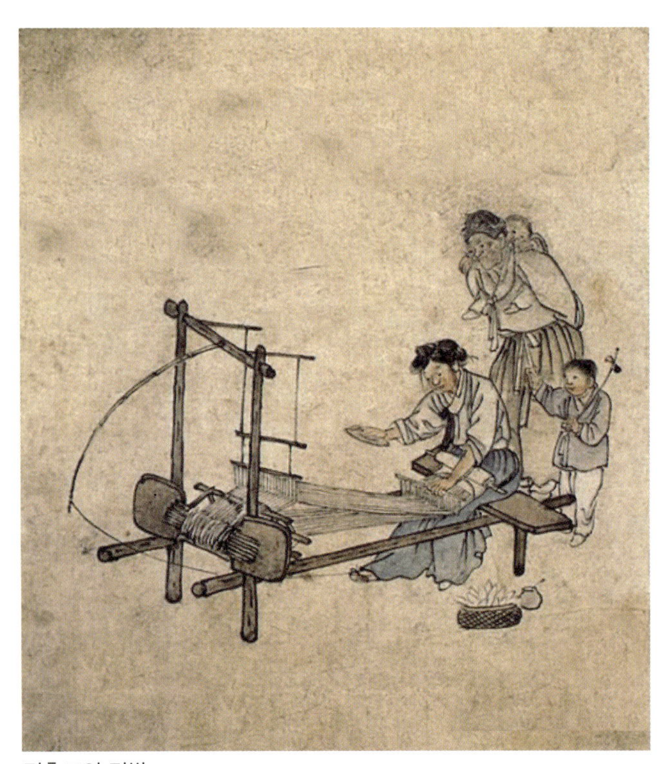

김홍도의 길쌈

천한 직업에 종사

노비 이외에도 천한 직업에 종사하였던 이들도 천민의 구성원이었어요. **무당***과 **백정***, 광대와 창기 등이 이에 해당하지요. 노비의 신분은 대대로 세습되었으며, 조선 전기에는 일천즉천의 원칙에 의해 부모 중 한쪽만 노비라 하더라도 그 자식이 노비가 되었어요. 자신이 속한 주인으로부터 도망치다가 잡히면 더욱 가혹한 처벌이 주어지는 등 노비의 신분은 사실상 벗어날 수 없는 굴레였어요.

일종의 재산

노비는 사람으로서의 대우보다 일종의 재산 취급을 받았어요. 마치 소나 말처럼 사고팔았지요. 물론 노동력 우선의 원칙에 의해서 젊은 노비의 몸값이 그 중 제일이었어요. 우수한 말 한 필의 몸값과 비슷하였다고 해요. 조선 시대에는 물건의 값처럼 노비의 가격이 법으로 규정되어 있었다고 하니 인신매매의 살아있는 현장이었던 것이지요.

노비에게는 백성으로서 나라에 내는 세금이나 부역에 대한 의무는 없었지만, 힘들고 어렵고 험한 일은 모두 이들의 몫이었지요. 조선 시대 노비의 지위는 주인에게 속한 점으로 보아 자유민이 아닌 것은 확실하지만, 그렇다고 완전한 노예도 아닌 반자유민이라고 할 수 있어요. 그러한 점에서 서양 고대의 노예보다는 중세의 농노에 가깝다고 할 수 있어요.

노비가 선비들의 손과 발이 되어 농사일과 그 밖의 잡다한 일들을 거들어 준 덕분에 선비들이 여유롭게 공부할 수 있는 여건을 마련해 주었어요. 결과적으로는 노비가 조선의 교육과 학문 발전에 크게 이바지 했다고 할 수 있겠지요.

신분제의 변동과 삼정의 문란

분화되어가는 조선 신분제의 변동

임진왜란과 병자호란의 대위기를 넘기고 조선 후기로 접어들면 양반 중심의 신분제가 크게 흔들리고 활발한 신분 이동이 일어나지요. 조선의 근간이었던 전통적인 신분 관계에 커다란 지각 변동이 일어났어요.

가문과 신분의 틀이 고정되었던 전통 사회 조선은 신분제의 요동을 경험하며 개인적인 능력과 경제력을 무시할 수 없는 상황 변화를 맞이했어요.

최고 신분이었던 양반층의 분화

요지부동 최고 신분이었던 양반층에서도 분화가 일어났어요. 중앙 정계에서 권력을 잡고 활약하는 양반은 전체 숫자에 비해 일부였어요. 다수의 양반은 자신이 소유한 토지를 바탕으로 향촌 사회에서 세력을 유지했어요. 하지만 경제 변화에 제대로 대처하지 못한 일부 양반들은 토지를 잃고 가난에 시달리게 되었어요. 경제적으로 몰락하는 양반이 늘고, 부를 축적하는 상민들이 출현하면서 경제적인 힘에 의한 지각 변동이 예고되었어요.

부를 축적한 상민들은 **납속책***이 확대 실시되고, 국가가 부족한 재정 보충을 위해 **공명첩***을 발급하는 것을 계기로 삼았어요.

기회를 적극 활용하여 양반 신분을 취득했어요. 상민에게 있어서 조세를 면제 받고 양반으로의 신분 상승이라는 것은 일생일대의 염원이었지요. 족보를 구매, 위조하는 불법적인 방법을 이용하는 등의 경우가 있었어요.

초기에 전체 인구의 4%도 안 되던 양반의 수가 점점 늘어가면서 양반 중심의 신분 질서는 점차 의미를 잃어 갔어요.

신분 변동은 중인들에게서도

신분 변동은 도미노 현상으로 중인들에게서도 나타났어요. 기술직에 종사하는 중인들은 그들 나름의 필살기가 있었어요. 전문 지식과 행정 능력 등으로 무장하고 사회적 지위를 높이기 위한 갖은 노력을 더했어요. 그들 중에서도 서얼은 관직 진출을 꿈꿨어요.

한편, 서얼은 신분 상승을 위해 적극적으로 나섰어요. 수차례에 걸친 집단 상소 운동 등을 통해 끊임없이 두드린 결과 정조 때에는 일부 서얼이 관직에 등용되어 능력을 발휘했어요. 두드린 자에게 열린 문이었지요.

노비의 신분 상승도 활발

노비의 신분 상승도 탄력을 받아 활발하게 이루어졌어요. 노비는 임진왜란 당시 전투에서 공을 세워 신분 면제를 받을 수 있었던 납속책을 통해 상민으로의 신분 상승을 이루기도 했어요. 그러나 그들이 신분의 굴

***납속책**

임진왜란을 거치면서 국가의 부족한 재정 보충용으로 이용된 정책이다.
돈이나 곡식 등을 바친 사람에게 신분별 맞춤형 특혜를 주었다.
천민에게는 신분 면제, 상민에게는 군역 면제 또는 관직 부여, 서얼에게는 관직 진출 기회를 주었다.

***공명첩**

명예 관직 임명장으로 관직에 임명되는 사람의 이름 적는 곳을 비워 두었다.
돈이나 곡식 등으로 살 수 있는 이른바 백지 임명장이다.

레를 벗는 제일 빠른 방법은 도망치는 길뿐이었어요.

정부에서도 조금씩이나마 노비를 풀어주는 정책을 실시했어요. 전란과 신분 이동으로 인해 부족해진 군역 대상자와 재정을 보충하기 위한 정책이었어요. 노비는 국가에 대한 세금이나 군역의 대상에서 제외되었기에 필요에 의한 숨통트기였어요.

그리하여 영조 때에는 정책적으로 자식이 어머니의 신분을 따르도록 하는 **노비종모법***을 시행하였으며, 순조 때에 이르러서는 다수의 공노비를 해방시켰어요. 노비 제도도 그 수의 붕괴로 인해 무너져 갔어요.

신분제의 변동은 양반의 권위를 흔들어 놓았어요. 양반을 중심으로 운영되던 향촌 사회의 질서도 흔들리는 효과가 발생했어요. 새로이 양반으로 신분이 상승된 신흥 세력이 향촌 운영에 참여하게 되었어요.

이러한 변화는 역으로 수령과 향리의 권한과 역할을 키우는 결과를 불러왔어요. 그들은 몰이꾼이라도 된 것처럼 농민을 더욱 낭떠러지로 몰았어요. 심해진 농민 수탈은 눈뜨고 볼 수 없는 지경에 이르지요.

삼정의 문란

당시 국가 재정의 기본을 이루었던 것은 삼정이라 불리는 전세와 군포, 환곡이었어요. 조선의 끝자락에 이르면 세도 정치 아래에서 관리들은 제 주머니 채우기 급급해져요. 백성을 돌봐야 할 관리들의 부정부패가 극심해지면서 삼정이 문란해졌어요.

전세는 토지 1결당 쌀 4~6두를 거두었어요. 이후 이를 거두는 과정에서 각종 부담이 추가되어 대체로 토지 1결당 쌀 20두 정도가 되었어요. 엄청난 인상이지요. 그러나 부패한 관리들은 여기에 그치지 않고 여러

가지 명목의 세금을 덧붙였어요. 쥐어짜는 식이지요. 정해진 양보다 몇 배 이상을 더 거두어들였어요. 원 플러스 원도 과한데 도대체 무슨 계산법이 이럴까요? 배보다 배꼽이 더 커질 판이네요.

군포는 군역 대신 받는 옷감으로 균역법 실시 이후 1년에 1필씩 거두었어요. 이 또한 관리들이 규정대로 거두어들일 리가 없었지요. 규정을 넘어서야 배가 차는 관리의 폭식하는 배! 조선 후기 군사 행정이 부패하고 어지러워지는 일은 불 보듯 뻔한 일이지요. 백성을 수탈하는 데는 비상한 능력을 발휘하는 관리들이었어요.

군포는 고을별로 총액을 정하여 거두었어요. 돈이나 세력이 있는 사람들은 관리에게 뇌물을 주고 군역을 면제받고 관리들은 부족한 군포를 채우기 위해 '**백골징포***', '**황구첨정***', '**족징***', '**인징***'이라는 이름으로 백성을 수탈했어요. **연좌제***의 올가미를 씌워 주머니를 채우는 어처구니없는 관리의 행태를 단적으로 볼 수 있어요.

삼정 가운데 환곡의 문란이 절정

삼정 가운데 환곡의 문란이 절정에 이르렀어요. 벼룩의 간조차도 빼먹을 판이지요. 환곡은 봄에 관청의 곡식을 가난한 농민에게 빌려 주었다가, 가을에 약간의 이자를 붙여서 거두어들이는 제도였어요. 가난한 농민을 구제하기 위한 훌륭한 제도였지요.

16세기 이후 환곡의 이자가 관청의 경비로 사용되면서 환곡은 세금처럼 꼬박꼬박 내게 되었어요. 관리들의 수탈 수법이 한층 교묘해졌어요. 필요 이상의 환곡을 강제로 빌려 주거나, 환곡에 겨를 섞어서 빌려 주는 등의 방법이 대표적이었어요.

***백골징포**

죽은 군역 대상자의 몫을 그 가족이 지게 하는 것

***황구첨정**

16세 미만의 어린이에게 군포를 내게 하는 것

***족징**

군포를 내야 할 사람이 도망가면 그 책임을 친척이 지게 하는 것

***인징**

군포를 내야 할 사람이 도망가면 이웃에게 연대 책임을 물어 군역을 지게 하는 것

***연좌제**

특정한 사람의 범죄에 대하여 일가친척이나 그 사람과 일정한 관계에 있는 사람이 연대책임을 지고 처벌을 당하는 제도

또한 환곡을 빌려 주지도 않고 저들 마음대로 장부에만 기록한 뒤, 강제로 갚도록 요구하는 경우도 있었어요. 기가 막히지요. 빌리지도 않은 환곡을 갚아야 했던 백성들은 얼마나 억울했을까요?

굶주린 백성을 구하고자 하는 좋은 취지의 제도가 있어도 몇몇 힘 있는 자들이 이를 악용하면 혜택을 받아야할 백성들에겐 도리어 무거운 짐이 되는 것을 볼 수 있어요.

이로 인해 사회, 경제적 발전이 지체되었으며, 관리들에 의해 짓밟힌 지렁이 신세가 된 농민의 저항이 거세어졌어요.

삼정의 문란과 〈목민심서〉

19세기 초, 전라도 해안가 강진에서 유배생활을 하던 정약용이 이러한 관리들의 폐단과 삼정의 문란을 보고, 감사와 수령 그리고 향리들을 큰 도적과 굶주린 솔개에 비유하면서, 수령의 수신교과서인 〈목민심서〉를 쓰게 되었어요. 관리로서 백성을 다스리는 올바른 생활 태도와 지켜

정약용 초상화(ⓒ김호석)

정약용(1762년~1836년)

호는 다산, 여유당, 탁옹, 철마산초 등. 조선 후기 실학자로 실학을 집대성하였다. 정조의 명령으로 수원 화성을 설계했으며, 거중기를 발명하여 공사비를 낮추고 공사 기간을 줄이는 데 큰 역할을 하였다. 18년 간 강진에서 유배생활을 하는 동안 500여 권에 달하는 책을 썼다. 주요 저서로는 「경세유표」, 「목민심서」, 「흠흠신서」, 「여유당전서」 등이 있다. 정치, 경제, 역사, 지리, 과학, 예술, 의학, 어문학 등 다방면에 걸친 활발한 저술활동을 펼쳤다.

야 할 일 등을 쉽게 설명해 놓았어요.

〈목민심서〉는 오늘날에도 여전히 교훈적 울림을 주고 있어요. 국민의
안녕과 번영을 위해 일하실 많은 분들이 필독서로 챙겨 봤으면 해요.

맥없이 풀렸으나

귀하고 천한 신분으로 인한 부당함을 외치며 신분 해방을 부르짖던
많은 이들이 있었어요. 그러나 벗어나려고 하면 할수록 헤어나기 어려운
올가미가 되어 괴롭혔지요. 높기만 했던 신분이라는 장벽은 조선의 끝
자락에 와서야 **갑오개혁**[*]으로 맥없이 풀렸어요.

사람들의 인식에서 완전히 사라지는 데는 그보다 더 오랜 시간이 걸렸
지만, 신분제가 사라진 사회에서 사는 여러분! 참 다행이지요.

13 동학 농민 운동

최제우

동학은 경상도 경주의 몰락한 양반 최제우가 만든 새로운 종교이지요. 동학은 유교. 불교. **선**[*]의 교리를 바탕으로, '사람이 곧 하늘'이라는 인내천 사상을 기본 사상으로 삼았어요. 동학은 '동양의 학문'이라는 뜻으로 서양의 학문인 **서학**[*]에 맞서는 목적을 담았어요.

동학은 서양의 접근과 더불어 천주교의 전파가 우리 민족을 더욱 위태롭게 할뿐만 아니라, 우리의 전통과 맞지 않는다고 여겼어요. 우리의 것을 지키고 사회를 안정시키려는 의도를 바탕으로 동학이 만들어졌어요. 그들은 서양 세력의 동양 침략에 반대하며, 모든 사람이 평등하다고 주장하였어요. 동학과 서학의 다르지만 같은 외침인 평등사상은 조선 사회의 근본 틀인 신분제를 부정한다는 의미이므로 금지사유에 해당했어요.

혹세무민의 죄

1864년에 교주 최제우를 **혹세무민**[*]의 죄로 몰아 사형에 처했어요. 그러나 신분제의 고통 속에 살아온 일반 백성들의 마음을 순식간에 사로잡았어요. 고단한 생활 속에서 꿈에도 소원은 신분 차별이 없고 모두가 잘사는 새로운 세상이었어요. 그러한 조선 후기 백성들에게 새로운 종교인 동학은 서학과 더불어 마음의 안식처가 되었어요.

강화도 조약[*] 이후 외국의 경제적 침략으로 고통을 겪던 농민들은 잘못된 정치를 바로잡고, 외국의 침략에 대항해 나라를 지키려고 동학 농민 운동을 일으켰어요.

관리의 눈과 귀는 무엇에 쓰려는 것일까요?

농촌 사회가 혼란하고 농민 생활이 극도로 어려워진 가운데, 전라도 고부 군수로 부임한 조병갑의 폐악은 그 끝을 알 수 없었어요. 강의 상류에 이미 **보**[*]가 있음에도 불구하고 농민들을 강제로 동원해 하류에 만석보를 쌓게 하고 수세를 강제 징수했어요. 또한 조병갑은 아버지의 비각을 세운다고 약1천 냥의 돈을 거두어 들이는 등 온갖 수탈을 일삼았어요. 이에 농민들은 전봉준의 지휘아래 고부 관아를 점거하기에 이르렀어요. 조병갑을 쫓아내고 원수 같던 만석보를 무너뜨렸어요. 이들은 창고를 열어 농민들에게 곡식을 나누어주고, 옥문을 열어 억울하게 갇힌 사람을 풀어 주었어요.

가재는 게 편

이러한 사태를 맞아 진상 조사를 위해 정부에서는 관리를 파견하였어요. 그렇지만 가재는 게 편이라 했던가? 파견되어 온 관리는 농민들의 책임만을 물어 오히려 사태가 악화되었어요. 이에 전봉준은 전라도 각지의 동학 접주들과 연락하여 고부 백산에서 농민군을 조직했어요. 이곳에서 동학 농민군은 '폭정을 없애고 백성을 구한다.', '나라를 돕고 백성을 편안하게 한다.'라는 구호를 내걸고 격문을 발표했어요. 나쁜 관리들을 제거할 것. 신분제 폐지할 것. 일본인과 내통한 자를 처벌할 것을 중요한 요구사항으로 내세웠어요. 농민들의 봉기는 개혁 요구를 내건

체포되어 들것에 실려가는 전봉준

농민 운동이었어요.

농민군이 제시한 개혁안에는 농촌 사회 문제에 국한된 것으로 세금 문제, 신분 차별 문제, 일본에 대한 경계 그리고 토지 문제가 중심을 이루고 있었어요. 농민들의 요구 조건은 근대 국가 수립에 필요한 모든 조항을 담은 것은 아니었지만, 농촌의 영세농과 소상인들의 생활 안정을 위해서는 반드시 해결되어야 할 과제였어요.

청에 지원군을 요청한 조선 정부

다급해진 조선 정부는 자국의 문제를 스스로 해결해내지 못하고 청에 지원군을 요청했어요. 청은 3천여 명의 군대를 파견했어요. 일본도 이에 질세라 7천여 명의 군대를 보내 개입했어요. 외세의 개입을 원하지 않았던 농민군은 개혁안을 제시하고 정부와 휴전했어요.

휴전으로 파견의 원인이 사라지면 당연히 '청과 일본의 군대는 철수하리라'는 기대는 물거품이 되었어요. 양국 군대는 이후에도 철수하지 않았어요. 급기야는 일본군이 경복궁을 점령하고 조선의 내정에 간섭하기에 이르렀어요. 조선에 출병한 일본군은 조선을 차지하려는 야심으로 가득 찼어요. 이러한 일본군의 노골적인 침략행위는 농민군을 다시 봉기하게 만들었어요. 농민군은 공주 우금치에서 일본군과 관군에 맞서 끈질기게 항전했어요. 제대로 된 훈련도 받지 못했고, 좋은 무기도 갖추지 못한 동학군은 상대적으로 우수한 근대식 무기와 장비로 무장한 일본군을 당할 수 없었어요. 안타깝게도 많은 희생을 치른 뒤 물러나고 말았어요. 결국 재기를 노

동학 농민 운동 기념탑(전북 정읍) ⓒ조천준

리던 지도자 전봉준마저 체포되어 처형당함으로써 구심점을 잃은 동학 농민 운동은 실패로 끝났어요. 이후 일본과 청은 어처구니없게도 우리 땅에서 **청·일전쟁***을 벌였고, 그 전쟁에서 우세한 군사력의 일본이 승리하면서 청나라는 조선에 대한 **종주권***을 포기하게 되었어요.

아래로부터의 개혁 운동

아래로부터의 개혁 운동이었어요. 동학 농민 운동에도 사회적 평등을 지향한 동학 정신은 그대로 반영되었어요. 탐관오리, 불량한 양반, 횡포한 부호 등에 대한 징벌과 노비 문서의 소각, 천인에 대한 처벌 개선 등을 주장했어요. 양반 지배 체제의 타도와 신분 제도의 폐지를 요구했어요. 이러한 농민군의 개혁 요구는 이후 갑오개혁에 일부 반영되었어요.

높기만 했던 신분 제도의 벽과 공사 노비 제도는 조선의 끝자락에서야 겨우 풀렸어요. 동학 농민 운동에서 보여 준 외세의 침략에 맞선 투쟁의 지는 이후 항일 의병 투쟁으로 이어졌어요.

동학 농민 운동은 순박하고 애국적인 농민들의 자기생존을 위한 처절한 몸부림이었어요.

***청·일전쟁**

청나라와 일본이 조선의 지배권을 놓고 다툰 전쟁. 전쟁은 일본의 승리로 끝났다. 청·일전쟁의 결과로 시모노세키 조약을 맺었다.

〈시모노세키 조약〉의 주요 내용
• 청은 조선이 완전한 자주국임을 인정한다.
• 청은 요동 반도와 타이완을 일본에게 넘겨준다.
• 청은 일본에게 전쟁 배상금 2억 냥을 준다.

***종주권**

한 나라가 다른 나라의 내정이나 외교를 관리하는 특수한 권력

사발통문

통문이란 어떤 일이 있을 때 사람을 모으기 위해 알리는 쪽지를 말한다. 주로 농민이 봉기할 때나 서원과 향교에서 사람을 불러 모을 때 돌렸다.

사발통문은 이름을 순서대로 적지 않고 원 주위에 둥글게 돌아가며 적었다. 누가 주동자인지 알 수 없도록 하는 목적이 숨어있다. 동학 농민 운동 당시에도 사발통문이 돌았다. 전봉준을 비롯한 동학 지도자 대부분의 이름들을 볼 수 있다. 그렇지만 원형으로 이름이 적혀 있어 누가 주동자인지 몰랐다고 한다.

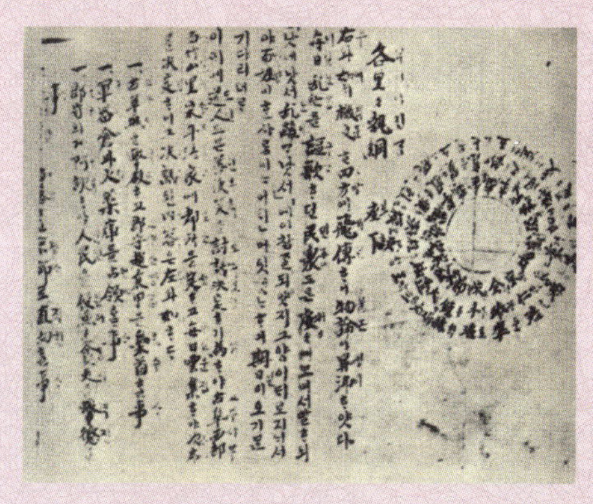

호패를 보이시요

왕실과 양반, 중인, 상민, 천민에 이르기까지 16세 이상의 남자들은 모두 가지고 다녔던 신분 증명패랍니다. 신분증의 구실을 하는 점에서는 오늘날의 주민등록증과 같은 것으로 볼 수 있어요. 특이한 큰 차이점은 남자들만 가지고 다닌다는 점이지요. 여자를 무시해서라고 생각하면 곤란해요. 호패가 만들어진 주된 목적을 보면 이해할 수 있어요.

제대로 된 실시까지

호패의 기원은 원나라로부터 시작되었어요. 1354년(고려 공민왕 3년)에 수군, 육군의 군정에 한하여 실시하였으나 잘 시행 되지 않았어요. 호패가 뿌리를 내리고 정착된 것은 조선 시대랍니다. 태종은 개혁의 일환으로 호패법을 시행했어요. 그 사용범위를 확대하여 전국적으로 호적법의 보조역할을 담당했어요. 국가의 행정력이 발전했던 세조 때에도 호패법이 시행되었어요. 이후 여러 차례 중단되었다가 다시 실시하기를 되풀이하면서 고종 때까지 이어졌어요.

호패(국립중앙박물관)

어떤 목적으로 만들어졌을까?

신분 증명을 위한 것이었으나, 주된 목적은 군역, 요역의 기준을 밝혀 백성의 유동과 호적 편성상의 누락, 또는 허위를 방지하고자 했어요. 백성들의 신분 구분과 군대 갈 사람과 안 갈 사람, 세금 낼 사람과 안 낼 사람을 구분해야 했어요. 전체 가구 수와 인구 조사에도 유용했어요. 공평한 역의 부과를 위하여 군역과 세금 내는 기준을 밝히니 이는 곧 국가의 세금 수입을 늘리는 것으로 연결 되었지요.

서민과 일반 백성들의 족쇄

호패를 받으면 호적과 군적에 올려지고, 동시에 군정으로 뽑히거나 나라의 일에 꼼짝없이 징발되어 생계에 지장을 주었어요. 이에 양반가의 노비로 들어가거나, 위조, 교환 등 불법이 증가하여 혼란이 극심했어요. 호패는 일반적으로 길이 약 10cm, 폭 약 4cm, 두께 약 0.6cm로 만들어졌어요.

쉽게 사용되었던 위조 수법으로는 깎기가 있었어요. 관청에서 확인하였다는 표시로 낙인을 받을 때 두껍게 해서 만들었어요. 낙인을 받고 나면 그 부분만 남기고 기존의 글씨들을 깎아내고 다시 새기는 방법을 이용하기도 했어요.

무서운 처벌

다른 곳에서 옮겨온 자가 호패를 차지 않으면 효수형에 처할 수도 있었으며, 숨겨준 자도 함께 처벌 받았어요. 위조는 중죄로 취급되어 호패 위조자는 사형에 처했으며, 호패를 차지 않는 자는 곤장 50대의 엄벌, 빌려주면 곤장 100대, 분실자는 곤장 70대! 덜렁대며 잘 잃어버린다구요? 호패는 꼭 챙겨야겠지요! 처벌이 정말 무섭네요.

호패가 없는 자에게는 아예 민원을 청구하거나 소송을 제기하지 못하도록 하기도 하였다. 이 모든 사무 전담을 위해 **호패청*** 을 두었어요.

호패의 구조

얼굴빛은 어떠하더냐? 수염은 났더냐?

2품 이상의 관원인 경우 긴 설명이 필요 없어요. 'ㅇㅇ참판 아무개'라고 관직과 이름만 새기지요. 관직이란 국가에서 인정하는 것으로 그 자체로 모든 것을 말해준다고 생각했어요. 3품 이하의 관리나 공이 큰 관리의 아들은 관직과 이름, 거주지를 기록했어요. 그들이 가진 권력이 모든 것을 말해주었지요. 5품 이하의 군인은 소속 부대와 특이하게도 키를 적었어요.

신분이 아래로 내려갈수록 내용은 더욱 자세하게 추가되는 것이 특징이랍니다. 일반 백성들은 이름과 사는 곳 외에 얼굴빛과 수염이 있는 지 없는 지를 적었어요. 16세엔 수염이 안 났겠지만 이후 나이가 들면 수염이 생길 것이므로 아마도 새로 만들었어야 했겠지요. 그렇다면 가장 최하층민이었던 노비는 무엇을 더 추가했을까요? 일단 연령, 사는 곳, 얼굴빛, 수염의 유무까진 일반 백성들과 동일하구요. 여기에 주인의 이름을 추가했어요. 군인이 소속을 밝히듯 노비의 소속인 주인을 밝혔으니, 주인으로부터 벗어날 길이 없었네요.

호패의 재질만 봐도 신분을 알 수 있어.

신분과 관직에 따라 호패의 재질은 상아, 뿔, 나무 등 다양하게 사용되었다. 최고급 상아로 만든 호패, 즉 아패는 2품 이상의 벼슬, 즉 정부의 요직을 차지한 자들의 몫이었어요. 소위 명품 호패인 셈이지요. 3품 관리는 각패라고 하여 뿔로 된 호패를 사용했어요. 그 외에는 나무로 만든 호패를 사용했어요. 나무 호패라고 모두 같은 것이라고 생각했다면 섣부른 판단이랍니다. 나무 호패에도 등급이 있어요. 양목은 4품 이상이었으며, 자작나무만 해도 일명 '양반 나무'라 하여 9품 이상이거나, 양반 정도는 되어야만 그 정도의 나무로 호패를 깎아 만들 수 있었어요. 일반 서민들은 소나무나 참나무를 베어다가 만들었어

160

요. 숙종 때는 '지패' 라고 하여 종이를 사용하기도 했어요.

한 사람이 일생동안 가졌던 호패의 재질이나 크기는 다양했어요. 문과에 급제하기 전, 또는 생원일 때나 하급관리였을 때, 2급 이상의 관리가 되었을 때 등 자신의 위상이 달라질 때마다 다른 호패를 가졌어요.

호패의 지급방법

2품 이상과 삼사 관원에 한하여 관청에서 호패를 제작하여 지급했어요. 그 외에는 각자 만들었어요. 성명, 출생 신분, 지역, 거주지 등을 단자로 만들어 관청에 제출하고 관청의 단자와 대조한 후 확인 도장을 받았어요. 신분 증명 패이므로 관리 또한 중요했어요. 물론 사망했을 때에는 사망 신고를 겸해서 관청에 호패를 반납했어요.

'하늘은 둥글고 땅은 네모지다'

'하늘은 둥글고 땅은 네모지다.'는 천원지방의 근본적인 사상이 호패에도 깃들어 있어요. 호패의 모양을 자세히 살펴보면 윗부분은 둥글게 깎아져 있고, 아랫부분은 네모져 있는 것을 볼 수 있어요.

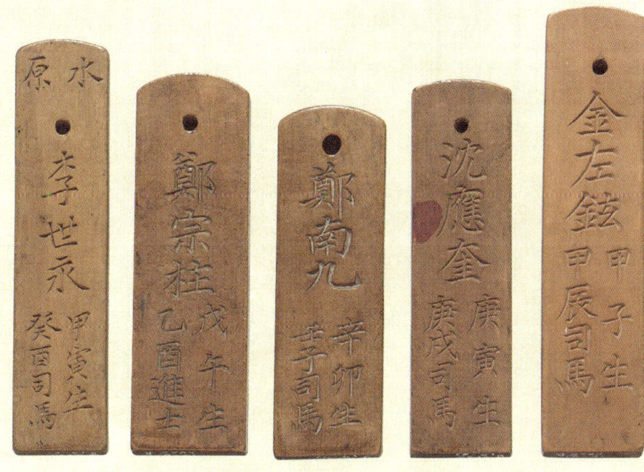

호패(국립중앙박물관)

장원 급제요!

김홍도의 평생도 삼일유가

축제를 즐겨요

팡파레를 울리며 지나가는 축하 퍼레이드의 주인공은 누구일까요? 풍악 소리에 사람들이 몰려드네요. 임금님이 내리신 어사화로 한껏 멋을 내고 말 위에 탄 우리의 주인공! 몰려든 구경꾼들의 눈빛을 보세요. 모두들 정말 부러운 눈빛을 하고 있어요. 과거 시험에서 수석을 차지한 주인공을 위한 3일간의 축제를 함께 즐겨요.

고려와 조선 시대에 관리를 뽑을 때 실시한 시험 제도

과거제는 중국 수나라에서 처음 실시된 제도로 시험을 통해서 관리를 선발하는 제도랍니다. **중국 후주***에서 **귀화***해 온 쌍기

***중국 후주**
중국에서 당이 망하고 난 이후 5대 10국의 시대가 열렸다. 5대는 5개의 왕조, 10국은 10개의 나라를 말한다. 후주는 5대의 왕조 중 하나다.

***귀화**
다른 나라의 국적을 얻어 그 나라의 국민이 되는 것

의 건의를 받아들여 고려 광종 때 왕권 강화를 목적으로 처음 실시되었어요.

고려 시대에는 문신을 뽑는 문과와 불교 국가답게 승려를 뽑는 승과, 기술관을 뽑는 잡과가 있었어요. 이후 조선에 이르러서는 승과가 없어지고 무신을 뽑는 무과가 생겼어요. 국가가 표방하는 것이 무엇이냐에 따라 과거제의 모습도 달라졌나는 것을 알 수 있어요.

고려의 과거제

양인이라면 누구나?

과거제 실시 이전에는 관리를 어떤 방식으로 등용했을까요? 높은 지위의 관리들이 추천하는 인물을 뽑아 나라의 일을 맡겼어요. 그러나 시소게임이 필요했어요. 호족의 권한을 약화시키고 반대로 왕권을 강화시키기 위한 광종의 고민은 깊어졌어요. 후주 사람 쌍기의 과거 제도에 대한 건의는 광종의 상황과 절묘하게 맞아떨어졌어요. 과거 시험을 통해 등용된 인재들은 새로운 정치 세력이 되어 국왕에게 충성을 바쳤어요. 그들은 주로 정치와 행정 실무를 담당

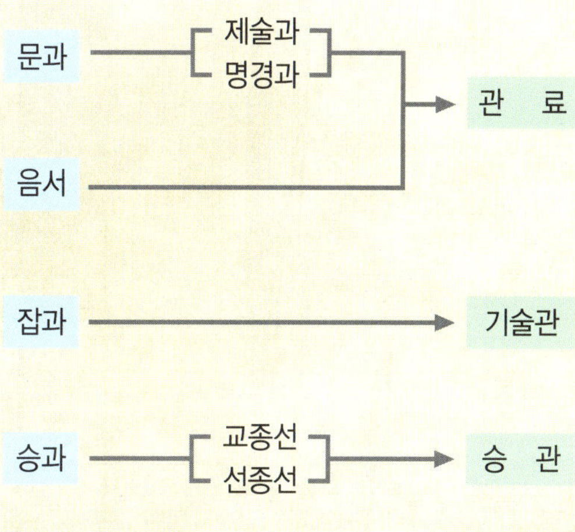

고려의 과거 제도

했어요. 유학을 공부하여 보는 시험으로 단지 머리가 좋거나 글 잘 짓는 사람이 아니라, 훌륭한 인품, 사회 문제에 대한 명철한 판단력 가진 사람을 중시했어요.

과거제가 생기면서 양인의 신분을 가진 사람이면 누구나 과거에 응시해서 관리가 될 수 있는 길이 열리게 되었어요. 그들에게 요구되는 것은 집안의 좋고 나쁨에 상관없이 유교의 학식과 능력이 필수조건이었어요. 그러나 아무리 좋은 제도라 할지라도 당장 먹고 살 길이 바쁜 양인에겐 그림의 떡이었어요. 과거에 맹진할 수는 없었지만 기회가 주어진 것만으로도 이전 시대에 비하면

훨씬 많이 발전한 것이라고 할 수 있지요.

문과에 해당하는 제술. 명경과는 주로 귀족과 향리 자제들이 응시하였고, 양민에 해당하는 백정과 농민은 주로 잡과에 응시했어요. 그러나 모든 관리를 과거로만 뽑는 것은 아니었어요. 특혜라는 것이 엄연히 존재했어요. **음서***라는 공평하지 못한 게임의 법칙이 적용되었어요.

어디서 공부할까요?

혹시 공부로부터 해방감을 맛보려는 의도로 타임머신을 타고 도착한 곳이 고려라고 한다면 잘못 찾아왔어요. 고려의 양민들도 피해가지 못했어요. 과거 시험에 합격하기 위해서는 어릴 때부터 학업에 맹진해야 했어요. 학생은 주로 무엇을 공부했을까요? 아주 열심히 유교 경전을 공부했어요. 그들은 어디에서 공부했을까요? 고려 시대에도 교육을 위해 학교가 준비되었어요. 수도 개경에 **국자감***, 지방에는 **향교***가 있었어요. 고려의 최고 교육 기관이었던 국자감은 아무나 들어갈 순 없었어요. 입학을 위한 시험이라는 관문을 통과해야 했어요. 개경에는 사학 12도와 같은 사립학교도 있었어요. 문종 때 개경에 있었던 12개의 사립학교 학생들을 말해요. 12도의 시초는 **최충***으로부터 출발되었어요. 처음으로 **9재학당***을 세우고, 유교 경전과 문장 짓는 법을 가르쳤어요. 최충은 탁월한 가르침으로 많은 과거 합격생을 배출했어요. 명문 사학이 되었던 것이지요. 이에 영향을 받아 다른 고관들도 앞서거니 뒤서거니 사학을 창설했어요. 이로써 사립학교가 자그마치 12개로 늘었어요. 학생은 어느 나라, 어느 시대를 가더라도 공부가 필수였나 봅니다.

무과가 없는 데 장군은 어찌된 것이요?

고려 시대의 과거에는 군인 관료를 뽑는 무과가 없었어요. 공양왕 때 무과
를 실시하려고 했으나 실제로는 실시되지 않았어요. 우리가 알고 있는 고려의
유명한 명장! 강감찬, 서희, 윤관 등은 모두 문신 출신이지요.

대신 각 지방에서 힘이 세다고 소문난 사람들을 무신으로 임명했지만, 높
은 관직에 오를 수는 없었어요. 싸움은 무신들이 했지만 대장군이 되어 진두
지휘하는 이들은 문신들이었어요. 무신은 승진도 잘 되지 않았을 뿐만 아니
라, 문신에 비해서 많은 차별 대우를 받았어요.

문신들은 과거를 보지 않는 무신들을 무식하다며 업신여겼어요. **문벌 귀족**[*]
은 무신들을 자신들의 경호원쯤으로 여겼어요. 이런 차별 때문에 무신들이 들
고 일어난 사건이 **무신정변**[*]이었어요.

스님도 과거를 피해가진 못하시구려

고려는 불교를 국교로 삼아 중시하는 국가였어요. 그래서일까요? 특이하게
도 스님들이 응시하는 승과가 있었어요. 스님도 3년마다 한 번씩 치르는 과거
시험을 피해갈 수 없었어요. 스님들은 교파에 따라 교종선과 선종선이 있어서
승과를 통해 승관이 될 수 있었어요. 승과에 합격을 해야만 지계라는 정식 품
계를 받고, 승진하면 **국사**[*]나 **왕사**[*]가 되어서 왕을 보좌했어요. 또한, 국정에
조언을 하는 고문 역할을 하기도 했지요. 우리가 알고 있는 스님 중에는 대각
국사 의천이나 보조국사 지눌 등이 그 역할을 했었지요.

교종은 불교의 교리와 경전을 중요하게 여기는 종파로 신라가 삼국을 통일
하던 무렵에 왕실과 귀족의 후원을 받으며 크게 발전했어요. 아쉬운 점은 불

교 서적을 많이 읽고, 불경을 해석해야 하기 때문에 백성들이 가까이 하기엔 어려웠어요. 신라 말 호족들은 백성들을 포섭하기 위해 선종에 큰 관심을 가졌어요. 많은 공부가 필요했던 교종과는 달리 선종은 불경을 몰라도 열심히 도를 닦아서 깨달음을 얻으면 해탈할 수 있다고 했기 때문이지요.

고려의 교종선은 왕륜사에서, 선종선은 광명사에서 치렀어요.

조선의 과거 제도

다름, 다름, 다름.

고려의 과거 제도와는 달라요. 우선 유교를 국가의 통치 이념으로 삼고 승과를 과감히 없애버렸어요. 그 대신 고려에 없던 무과를 만들었어요. 과거라고 하면 주로 문과를 말하는 것으로. 3년마다 한번 실시하는 식년문과는 공식시험이었으며 비정기적인 특별 시험이 있었어요.

관리가 되기 위해서는 과거에 합격해야 했어요. 과거는 문신을 뽑는 문과와 무신을 뽑는 무과, 기술관을 선발하는 잡과로 구분했어요. 무과는 상민들도 응시할 수 있었어요. 국가에서 별도로 설치한 무관 교육 기관은 없었지만. 초시, 복시, 전시의 세 과정을 거치며 활쏘기, 칼싸움, 창 쓰기와 병서 등을 시험 봤어요. 정원은 28명이었어요.

잡과는 기술관을 뽑는 시험으로 전시 없이 두 차례 시험을 치렀어요. 정원은 분야에 따라 달랐어요. 유학 이외의 학문은 기술이라고 하여 상대적으로 천시를 받았지만, 외국어, 의학, 천문학, 법학 등 주로 중인이 대를 이어 공부하는 경우가 많았어요. 해당 관청에서 별도로 가르쳤어요. 무시험 관직행으

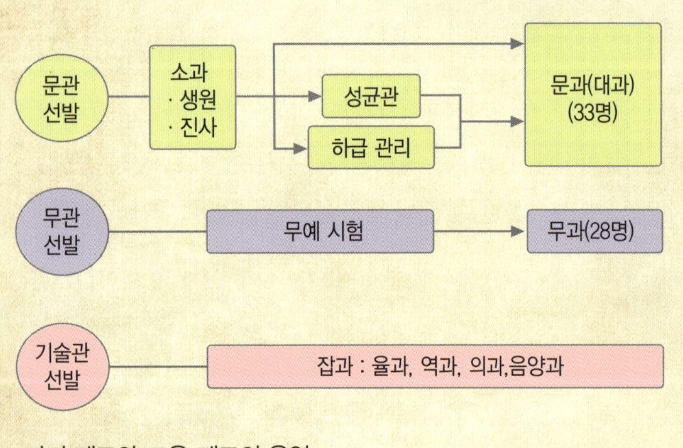

과거 제도와 교육 제도의 운영

로 천거나 음서 제도가 있었지만 그 범위가 넓지 않았어요. 명예를 소중히 여기고 능력을 중시하는 풍토가 자리 잡았어요.

조기 교육과 왕에게 보고되는 시험 성적

조선 시대 어린이들은 7~8세가 되면 서당에 다녔어요. 서당은 지금의 사립 초등학교였어요. 서당의 교장선생님은 훈장님이었어요. 마을에서 공부를 많이 한 선비나 직업적으로 돌아다니며 지식을 전파하는 선비들이 훈장을 맡아 학생들을 교육시켰어요. 회초리 든 훈장님의 모습이 그려진 풍속화가 떠오르나요?

하늘 천, 땅 지……. 훈장님의 선창에 맞춰 합창하는 소리가 들리나요? 『천자문*』은 필수 입문 코스에 해당하지요. 『천자문』을 마쳤다면 잔치를 벌여요. 훈장님의 노고에 감사드리는 뜻으로 부모님들이 한 상 차리는 떡 잔치가 열린답니다. '책걸이'라고 부르지요.

김홍도의 서당도

우선 『천자문』, 『동몽선습』, 『명심보감』, 『사서삼경』의 순서로 이어지는 공부를 마치면 약 15~16세경에 졸업을 하게 되지요.

서당 교육이 끝이라고 생각하는 것은 아니겠지요. 공부의 끝은 없는 것이라네요. 다음으로 지방 학생은 향교로, 서울 학생은 사부 학당으로 진학했어요. 향교는 지방에 설립한 중등학교라고 볼 수 있어요. 수령과 관찰사가 역할을 분담하여 학생의 하루 일과와 성적 관리 및 선생님들의 근무 평가에 이르기까지 향교에서의 교육 활동을 꼼꼼히 평가했어요. 향교의 입학 자격은 양반의 자제 또는 향리로, 16세 이상이어야 입학이 허용되었어요. 16세기 이후 지방에

*천자문

자연현상으로부터 인륜. 도덕에 이른 지식 용어를 천개의 한자로 운을 맞추어 이어 쓴 4행시다.

서는 사립 중, 고등학교인 서원이 생겨 향교의 기능을 대신하게 되었어요.

서울에 설립된 사부 학당은 교육 내용이 향교와 비슷했어요. 향교와 다른 점은 시험이 많았어요. 5일마다 시험을 치렀으며, 매달 시험도 보았고, 일 년 동안의 성적이 왕에게까지 보고되었다고 해요. 왕에게 보고되는 성적이라니 원. 사부 학당 학생들의 얼굴이 그려지네요.

절차도 과정도 험난한 길

관리가 되려면 과거 시험은 반드시 치러야 하는 것으로 천민을 제외하고 누구나 볼 수 있었어요. 그렇지만 실제로는 양반들이 관직에 진출하는 통로 구실을 했어요.

문과 시험은 소과와 대과 2단계로 진행되었어요. 소과는 유교 경전의 이해도를 알아보는 생원과와 시와 산문 등 문장력을 시험하는 진사과로 나뉘었지요. 생원님, 진사님으로 불리고 싶은 이들이 최소한으로 거쳐야 했던 시험이었어요. 또 소과는 각각 자기 고향에서 한 번(초시) 초시 합격자는 한양에서 공개 시험(복시)까지 2번의 시험을 통과를 필수로 했어요. 소과 시험에 최종 합격자는 합격증을 받았어요. 이들에게 주어진 자격은 본인이 희망할 경우 **성균관***에 입학할 수 있으며, 대과에 응시할 수 있는 자격이 주어졌어요. 성균관은 교육 기관이자 나라의 큰 의례를 치르는 장소로, 입학 정원은 소과 복시에 합격한 200명이었어요. 이들은 모두 장학생으로 국가에 쓰일 인재를 양성하는 목적이었기에 학비와 숙박비를 내지 않았어요.

대과는 모두 3번의 시험을 치르는데 첫 번째 시험(초시)에서 200명을 뽑고, 그 중에서 최종 합격자 33명을 복시에서 선발했어요. 그리고 마지막 세 번째 시험은 전시로 복시에 합격한 33명이 마지막으로 궁궐 안 임금님 앞에서 치렀어요. 합격자의 순위를 매기는 시험으로 성적에 따라 관직을 받았어요. 행복

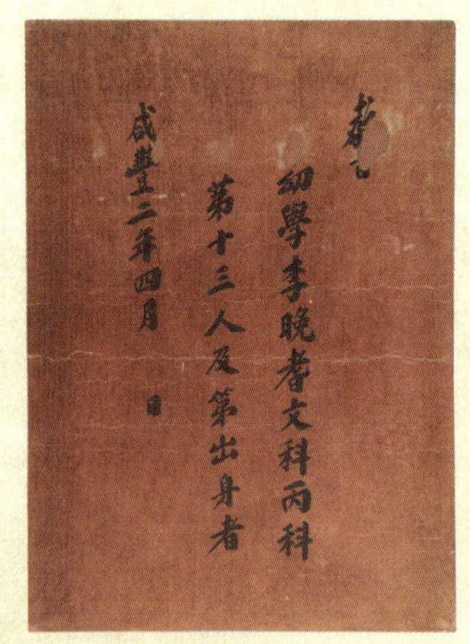

홍패 – 과거 시험 합격증서
(국립민속박물관)
한지에 염색을 한 붉은색 용지로 만들었다. 성명, 과거 종류, 성적 순위, 등급 구분, 년, 월, 일 등을 적었다.

***성균관**
조선 시대 최고의 국립 교육기관으로 그 명칭은 고려 충선왕 때에 국학을 성균관으로 바꾼 데에서 비롯되었다.

은 성적순이 아니지만 관직은 성적순이네요.

최종 합격자를 결정하는 결정권은 임금님에게 있었어요. 바로 여기에서 수석을 하면 장원 급제라고 해요. 장원 급제자는 비단옷을 입고 어사화를 꽂은 모자를 쓴 채, 말을 타고 3일 동안 악사, 광대, 재인 등을 앞세우고 풍악을 울리며 축하 행진을 벌였어요. 모든 선비들의 꿈이며, 본인과 가문엔 영광이지요. 나라에서 축하 행사를 열어 주었으니, 이를 학문 진작의 본보기로 삼았어요.

이러한 영광을 훔치려고 했던 부정행위자가 적발되기도 했어요. 이들에겐 3~6년간 시험을 응시할 수 없도록 했어요. 특히 다른 사람의 답안지를 몰래 보다 들키면 곤장 100대와 징역 3년의 큰 벌이 기다리고 있었어요. 벌 받아 마땅하지요.

"장원 급제요!" 외쳐나 봅시다. 간절히 원하면 이루어지겠지요.

어사화

조선 시대에 문과 및 무과에 장원 급제한 사람에게 임금님이 내리던 종이꽃. 길이 90센티미터쯤 되는 참대나무 가지에 푸른 종이를 감고 비틀어 꼰 다음 다홍, 보라, 노랑의 세 가지 빛깔의 무궁화 꽃을 끼워 만든 것, 모자 뒤에 꽂고 10센티미터 쯤 되는 붉은 명주실로 잡아맨 다음 다른 한 끝을 머리 위로 넘기어 입에 물었다고 한다.

시권

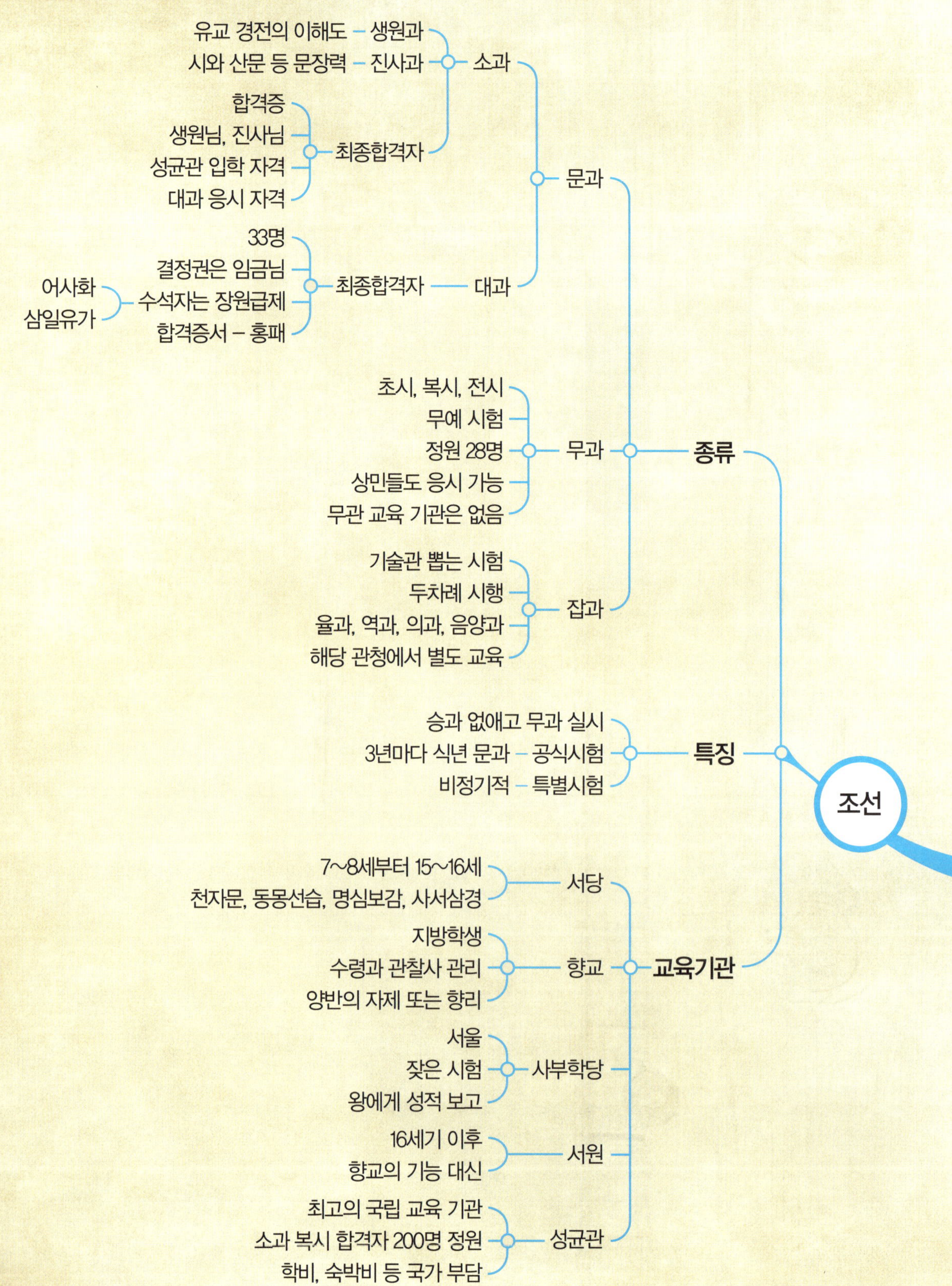
유교 경전의 이해도 – 생원과
시와 산문 등 문장력 – 진사과 ─ 소과
합격증
생원님, 진사님
성균관 입학 자격 ─ 최종합격자
대과 응시 자격
33명
결정권은 임금님
어사화
삼일유가 ─ 수석자는 장원급제 ─ 최종합격자 ─ 대과
합격증서 – 홍패
초시, 복시, 전시
무예 시험
정원 28명 ─ 무과
상민들도 응시 가능
무관 교육 기관은 없음
기술관 뽑는 시험
두차례 시행
율과, 역과, 의과, 음양과 ─ 잡과
해당 관청에서 별도 교육
문과
종류
승과 없애고 무과 실시
3년마다 식년 문과 – 공식시험
비정기적 – 특별시험 ─ 특징
조선
7~8세부터 15~16세
천자문, 동몽선습, 명심보감, 사서삼경 ─ 서당
지방학생
수령과 관찰사 관리 ─ 향교 ─ 교육기관
양반의 자제 또는 향리
서울
잦은 시험 ─ 사부학당
왕에게 성적 보고
16세기 이후
향교의 기능 대신 ─ 서원
최고의 국립 교육 기관
소과 복시 합격자 200명 정원 ─ 성균관
학비, 숙박비 등 국가 부담

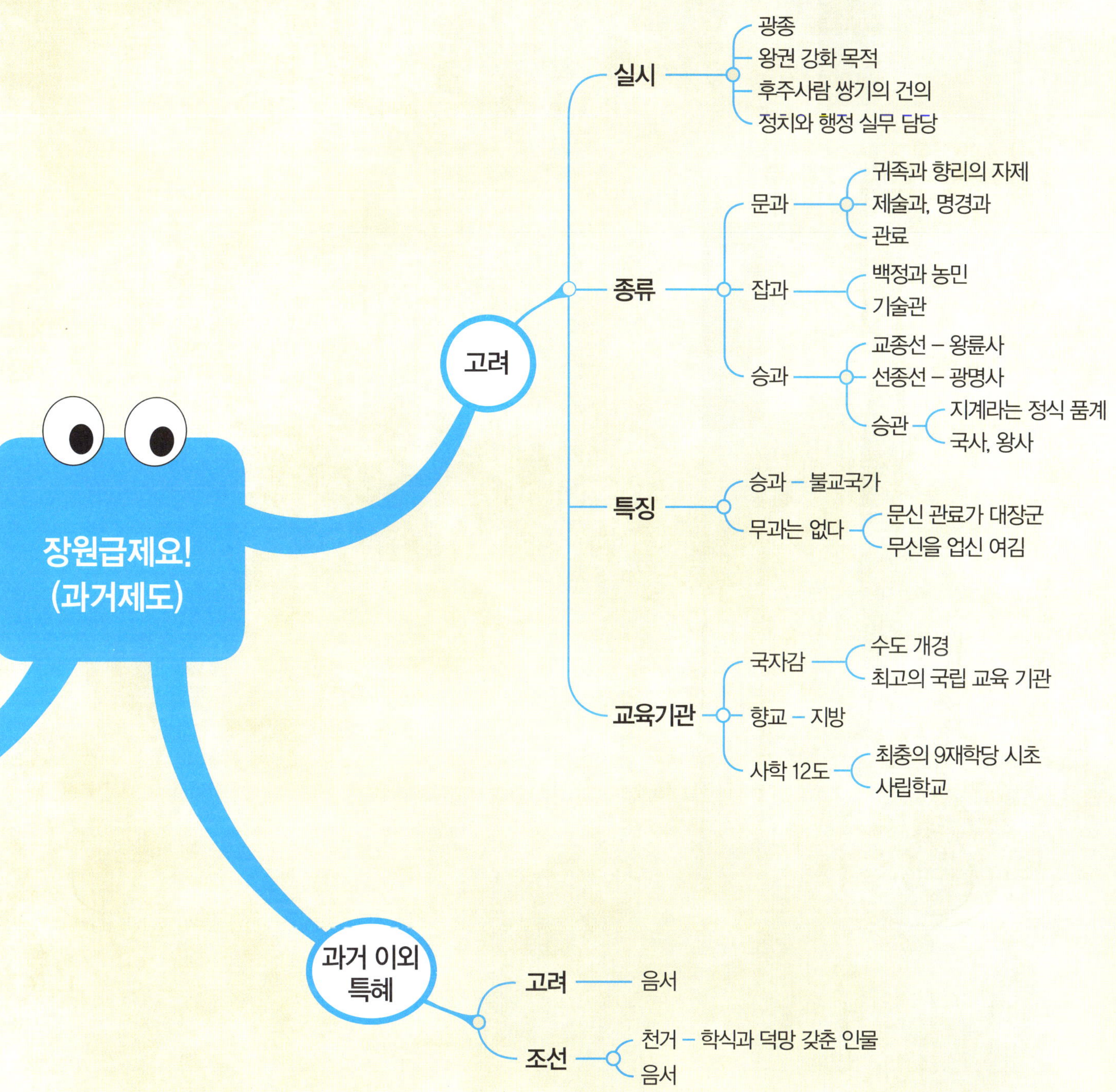
장원급제요!
(과거제도)
고려
실시
광종
왕권 강화 목적
후주사람 쌍기의 건의
정치와 행정 실무 담당
종류
문과
귀족과 향리의 자제
제술과, 명경과
관료
잡과
백정과 농민
기술관
승과
교종선 – 왕륜사
선종선 – 광명사
승관
지계라는 정식 품계
국사, 왕사
특징
승과 – 불교국가
무과는 없다
문신 관료가 대장군
무신을 업신 여김
교육기관
국자감
수도 개경
최고의 국립 교육 기관
향교 – 지방
사학 12도
최충의 9재학당 시초
사립학교
과거 이외
특혜
고려
음서
조선
천거 – 학식과 덕망 갖춘 인물
음서

선비의 사랑을 독차지한 사군자

매화

겨울의 추위를 이겨내고 채 겨울이 가기도 전에 제일 먼저 꽃을 피우며 봄을 알리는 꽃이지요. 추위를 이겨내는 강인함과 고고함이 절개와 인내의 선비 정신을 닮았어요. 천 원 권의 앞면에 매화가 있어요. 퇴계 이황 선생이 가장 아꼈던 나무로 돌아가시기 전에 아들에게 매화에 물을 주라고 말씀하셨을 정도였어요. 매화나무는 교육의 나무로 서원에 많이 심었어요.

오만 원 권의 뒷면에 조선 중기 화가 어몽룡의 매화그림 '월매도'가 있어요. 달밤의 매화를 표현한 그림으로 시원스런 여백과 은은하게 비치는 달빛이 아주 매력적이지요. 조선 중기 문신 신흠은 '매화는 일생을 춥게 살아도 향기를 팔지 않는다.'고 하며 매화예찬론을 펼쳤어요.

난초

깨끗한 곳에 뿌리내리는 고결한 꽃으로 그윽한 향기와 우아한 잎을 가졌지요. 흥선대원군은 난초 그림을 잘 그리기로 유명하지요.

국화

다양한 빛깔과 그윽한 향으로 결실의 즐거움을 안겨주며, 늦가을에 서리가 내려도 꽃잎을 떨어뜨리지 않아요. 그래서 역경과 시련에 굴하지 않는 선비 정신을 상징해요.

대나무

반듯하게 자라며 속은 비었으나 겨울에도 푸르름을 잃지 않아요. 이 또한 변치 않는 선비의 절개를 상징해요. 선비는 온갖 고난에도 꺾이지 않는 대나무의 지조와 절개를 닮기 위해서, 또는 인격 수양의 수단으로 대나무를 즐겨 그렸어요.

5만 원 권의 뒷면에 바람에 맞서며 굴하지 않는 선비 정신을 보여주는 이정의 '풍죽도'가 있어요.

어몽룡의 월매도
매화 – 봄

흥선대원군의 묵란도
난초 – 여름

정조의 국화도
국화 – 가을

이정의 풍죽도
대나무 – 겨울

사군자

군자의 덕과 인품과 닮았다고 하여 문인 선비들이 즐겨 그렸어요. 선비들에게 그림은 단순히 대상을 묘사하는 것이 아니라 자신의 학문의 깊이와 내면을 돌아보고 자신이 추구하는 높은 이상을 표현하는 방법 중의 하나였어요. 선비 문인들이 그렸다고 '문인화'라고 불러요. 그 중 사군자는 매화(봄), 난초(여름), 국화(가을), 대나무(겨울)로 군자와 선비 정신을 상징하지요.

조선 신분 제도 1

만들기 전 준비물이 필요해요.

표지 A : 20cm×32cm = 1장
표지 B : 20cm×15cm = 1장
노상 알현도 : 18.5cm×16cm = 1장
덧붙임용 종이 : 18.5cm×16cm = 1장
속지 : 46cm×39cm = 1장
속지 장식 A : 4cm×19.5cm = 2장
속지 장식 B : 7cm×19.5cm = 1장
장식 끈 : 1개
자석 : 3쌍

※설명속의 단위는 cm를 생략했습니다.

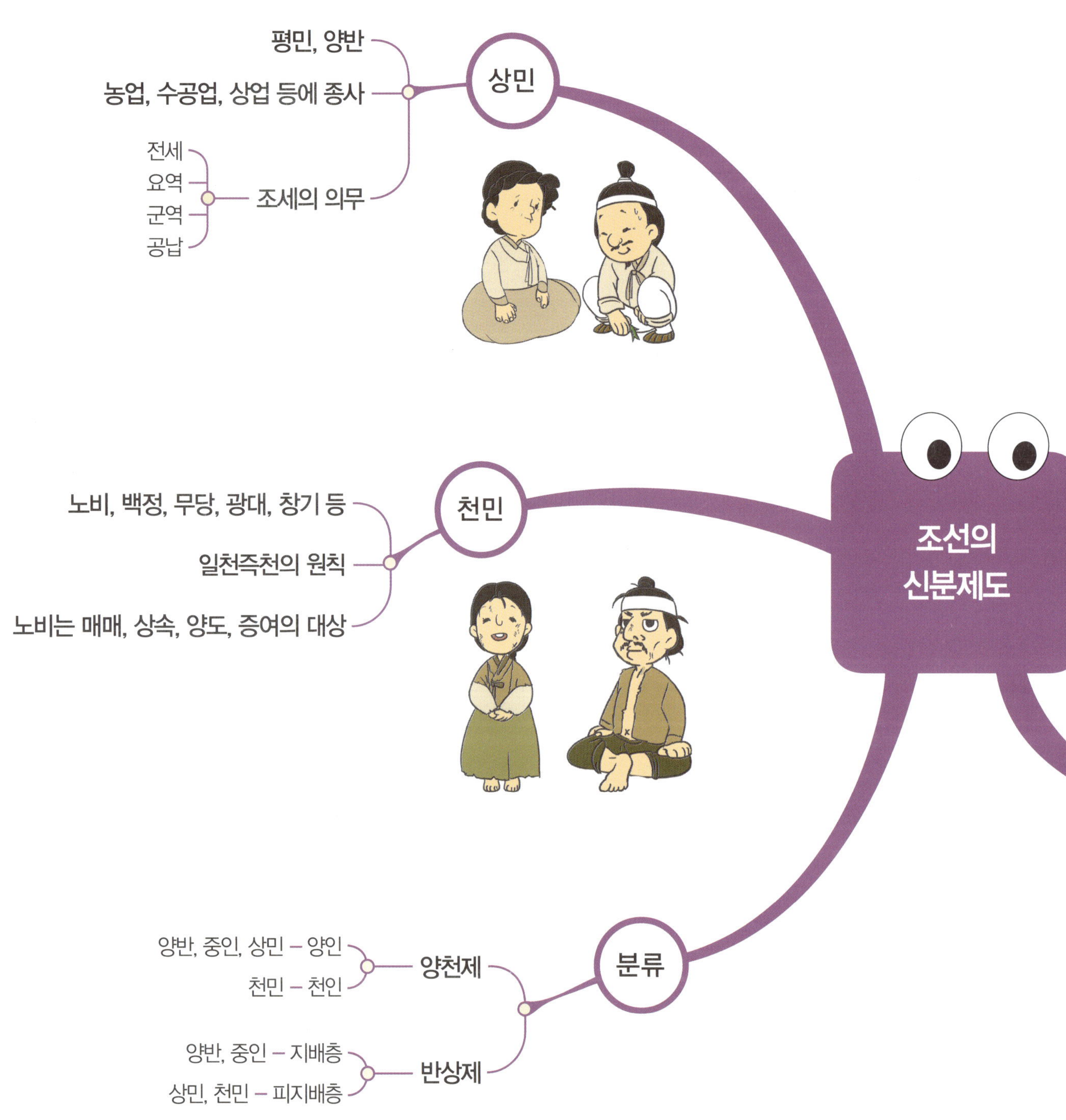
조선의
신분제도

상민
평민, 양반
농업, 수공업, 상업 등에 종사
조세의 의무
전세
요역
군역
공납

천민
노비, 백정, 무당, 광대, 창기 등
일천즉천의 원칙
노비는 매매, 상속, 양도, 증여의 대상

분류
양천제
양반, 중인, 상민 – 양인
천민 – 천인
반상제
양반, 중인 – 지배층
상민, 천민 – 피지배층

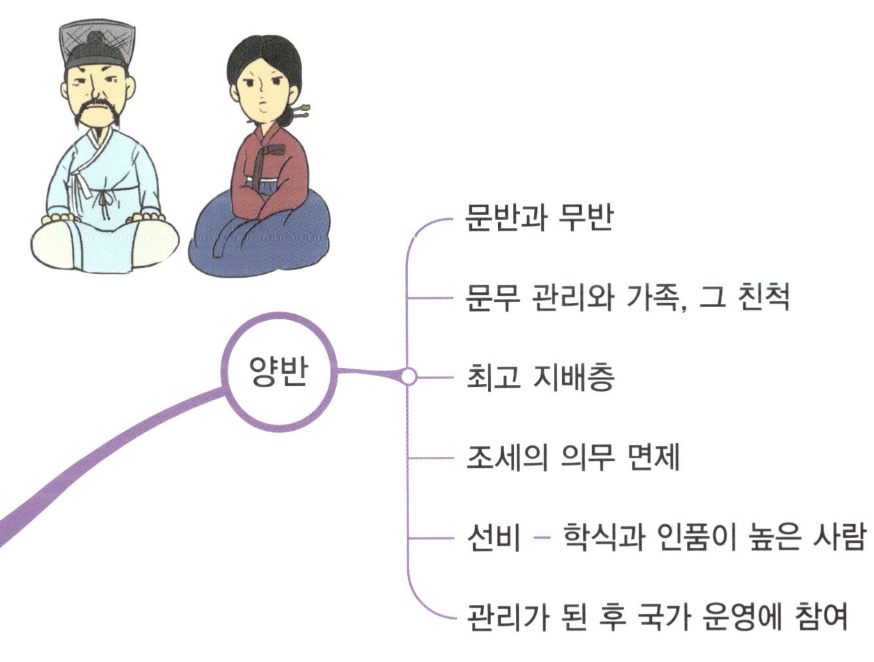

- 양반
  - 문반과 무반
  - 문무 관리와 가족, 그 친척
  - 최고 지배층
  - 조세의 의무 면제
  - 선비 – 학식과 인품이 높은 사람
  - 관리가 된 후 국가 운영에 참여

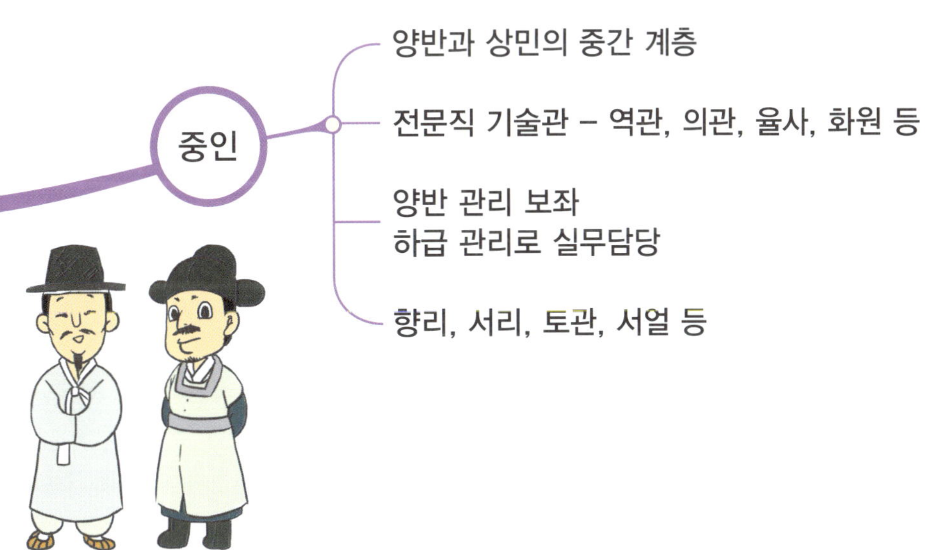

- 중인
  - 양반과 상민의 중간 계층
  - 전문직 기술관 – 역관, 의관, 율사, 화원 등
  - 양반 관리 보좌
하급 관리로 실무담당
  - 향리, 서리, 토관, 서얼 등

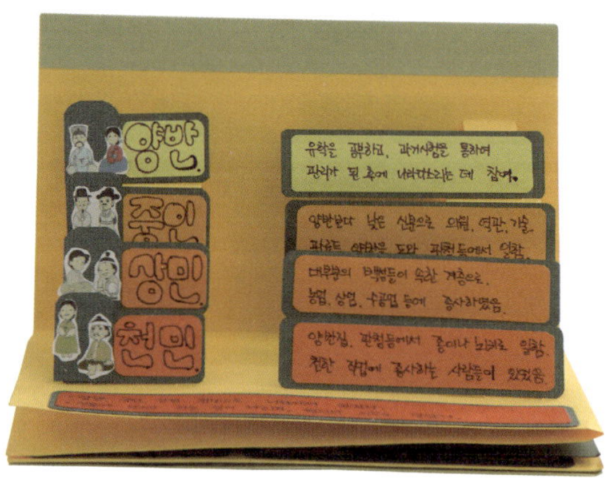

조선의 신분제도

김득신의 〈노상 알현도〉

조선의 신분 제도가 잘 나타나있다. 나귀를 탄 양반에게 상민으로 보이는 사람이 허리 굽혀 인사하는 모습이다.

  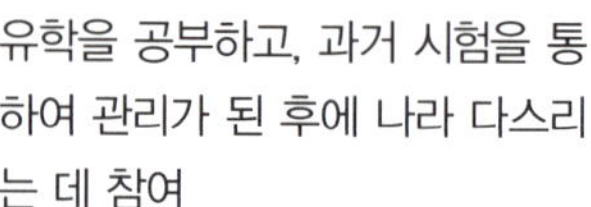

양반

유학을 공부하고, 과거 시험을 통하여 관리가 된 후에 나라 다스리는 데 참여

중인

양반보다 낮은 신분으로 의원, 역관, 기술 관리 등 양반을 도와 관청 등에서 일함

 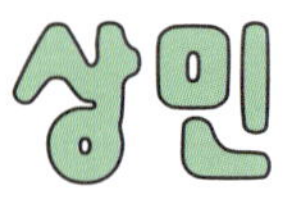

상민

대부분의 백성들이 속한 계층으로 농업, 상업, 수공업 등에 종사하였음.

천민

양반집, 관청 등에서 종이나 노비로 일함. 천한 직업에 종사하는 사람들이 있었음

- 양반, 중인, 상민, 천민으로 나뉘어져 있었다.
- 신분에 따라 하는 일이 다르며, 권리와 의무도 달랐다.

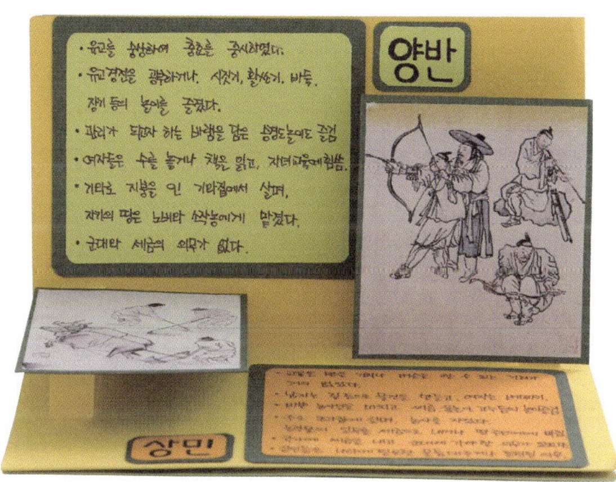

양반

- 유교를 숭상하여 충효를 중시하였다.
- 유교 경전을 공부하거나 시짓기, 활쏘기, 바둑, 장기 등의 놀이를 즐겼다.
- 관리가 되고자 하는 바램을 담은 승경도 놀이도 즐김.
- 여자들은 수를 놓거나 책을 읽고, 자녀 교육에 힘씀.
- 기와로 지붕을 인 기와집에서 살며, 자기의 땅은 노비와 소작농에게 맡겼다.
- 군대와 세금의 의무가 없다.

상민

- 교육을 받을 기회나 벼슬을 할 수 있는 기회가 거의 없었다.
- 남자는 짚 등으로 물건을 만들고, 여자는 베짜기
- 바쁜 농사 일을 마치고 씨름, 윷놀이, 고누 등의 놀이 즐김.
- 주로 초가집에 살며 농사를 지었다.
  농작물의 일부를 세금으로 내거나 땅주인에게 바쳤다.
- 국가에 세금을 내고 군대에 가야할 의무가 있었다.
- 상인들은 나라에 필요한 물품 대주거나 동원될 의무

조선 시대 여성들의 삶

여성들의 삶.
...와 비슷하게 재위와 권리를 누렸다.
딸에게 고르게 재산 분배 하였다.
...도 아들과 딸이 돌아가며 지냈다.
· 결혼 후에도 오랫동안 남편과 함께
친정에서 살았다.
정
혼
· 유산 상속시 시집간 여자는 적게 받거나
제외되었으며, 제사 지내는 아들위주로 상속.
· 양반 여자는 유교식 예절 지키며, 집안 살림을
챙기고, 자녀 교육까지 책임지며 엄격하고 통제된 생활.

전기

- 고려 시대와 비슷하게 지위와 권리를 누렸다.
- 아들과 딸에게 고르게 재산 분배 하였다.
- 제사도 아들과 딸이 돌아 가며 지냈다.
- 결혼 후에도 오랫동안 남편과 함께 친정에서 살았다.

후기

- 유산 상속시 시집간 여자는 적게 받거나 제외 되었으며, 제사 지내는 아들 위주로 상속
- 양반 여자는 유교식 예절 지키며 집안 살림을 챙기고, 자녀 교육까지 책임져서 엄격하고 통제된 생활

〈속지〉

❶ 46 / 39
중심에 맞춰 반으로
접었다가 펼치세요.

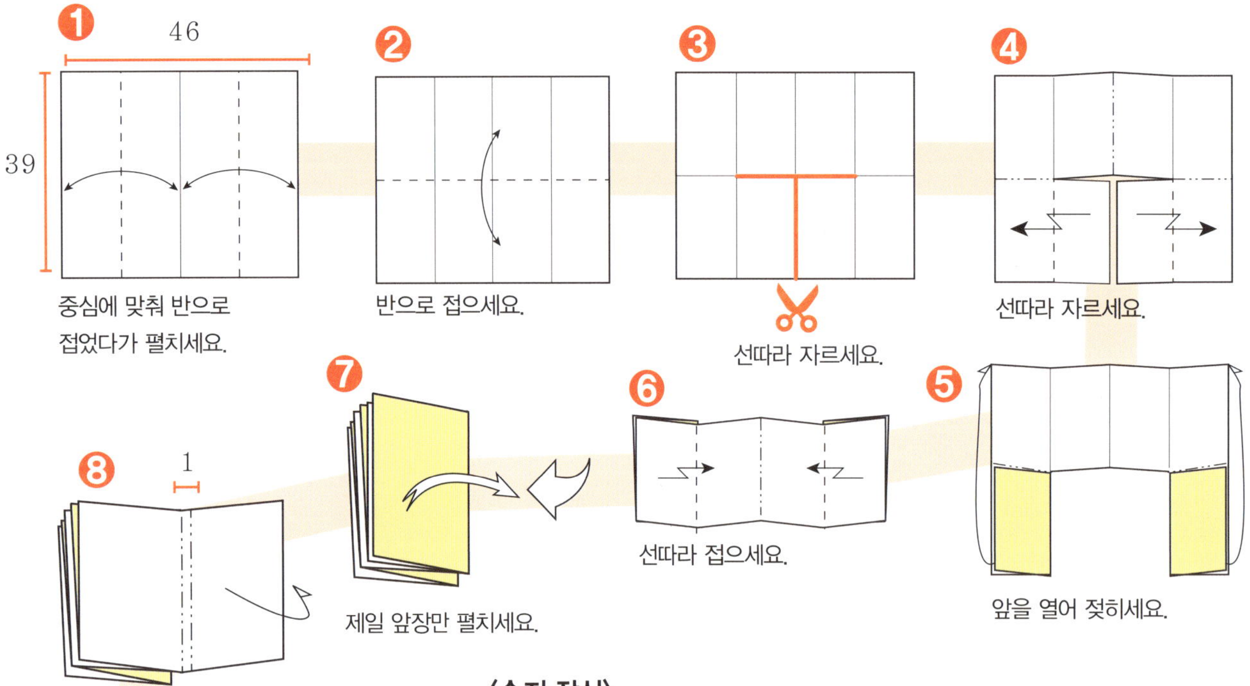

❷ 반으로 접으세요.

❸ 선따라 자르세요.

❹ 선따라 자르세요.

❺ 앞을 열어 젖히세요.

❻ 선따라 접으세요.

❼ 제일 앞장만 펼치세요.

❽ 1
책등 1cm 폭으로 접으세요.

❾ 속지 완성

팝업을 자른 후,
속지 장식을
붙이세요

〈속지 장식〉

속지 장식 A

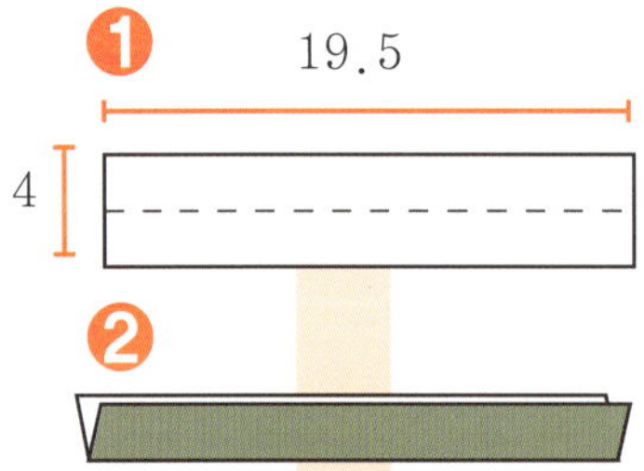

❶ 19.5 / 4

❷ 2장을 만들어 앞, 뒤 속지 ❸을
싸면서 붙이세요.

속지 장식 B

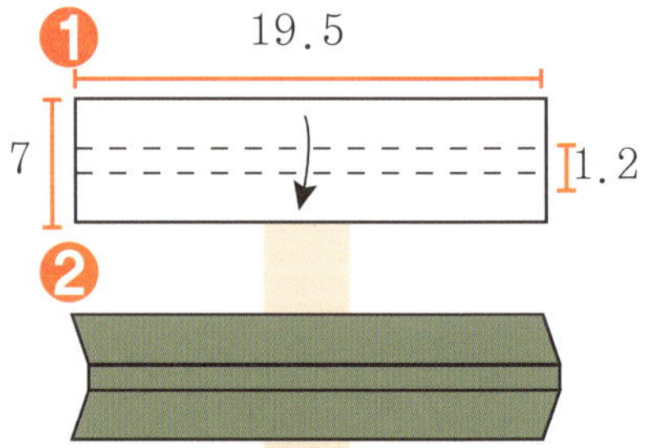

❶ 19.5 / 7 / 1.2

❷ 속지 책 등을 싸면서 ❸을
붙이세요.

※부록 [15]쪽의 팝업 본을 참고하세요.

표지(팝업 만들기)

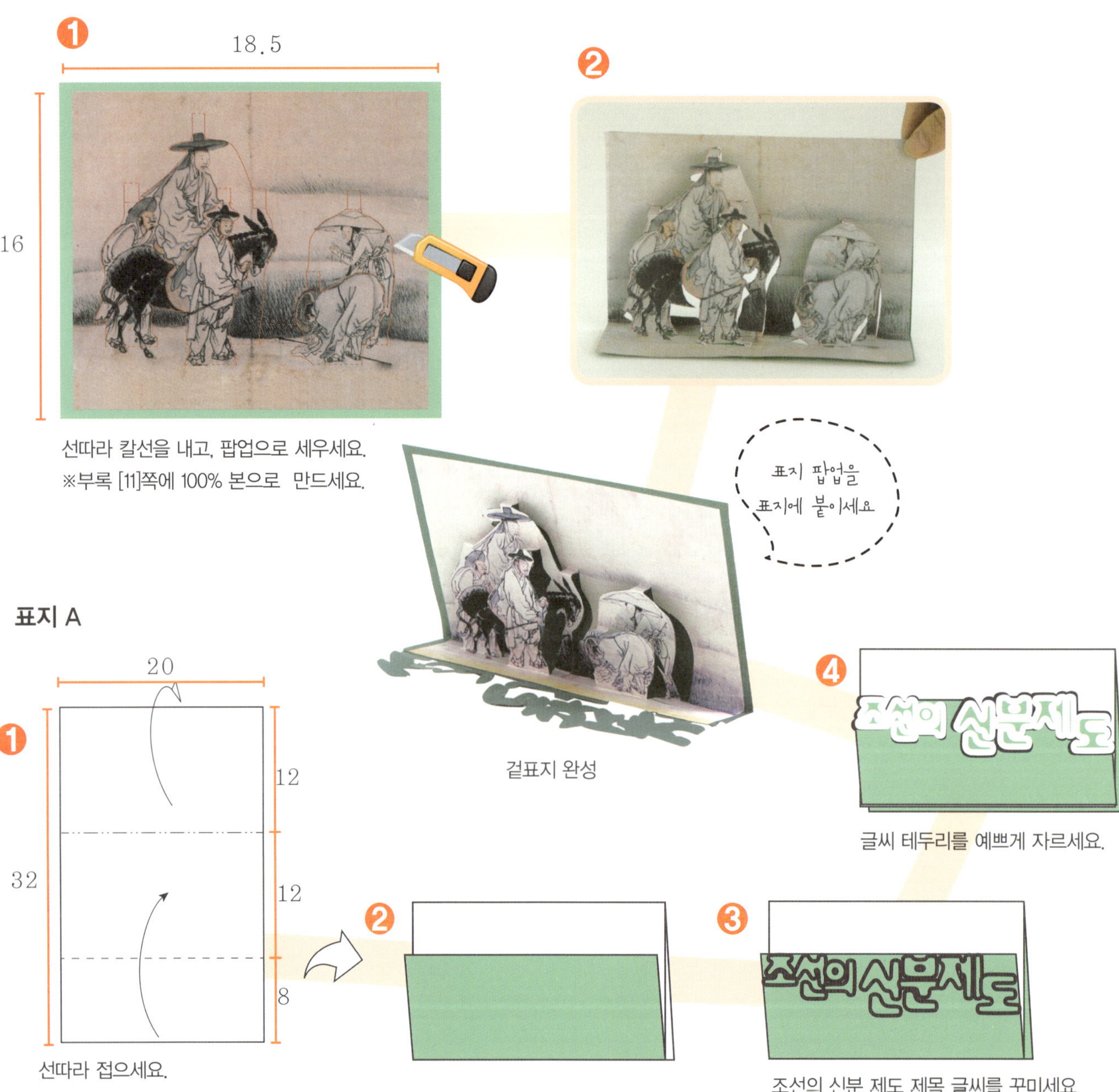

선따라 칼선을 내고, 팝업으로 세우세요.
※부록 [11]쪽에 100% 본으로 만드세요.

겉표지 완성

글씨 테두리를 예쁘게 자르세요.

표지 A

선따라 접으세요.

조선의 신분 제도 제목 글씨를 꾸미세요.

① 선따라 접으세요.

2 1   12
20
1

② 표지 B 완성

③ 겉표지를 표지B에 붙이세요.

④ ◯ 부분에 자석을 붙여 연결 장식으로
사용하세요.

⑤

표지 완성

속지 팝업 표지예요.

속지 팝업이 겉표지 속으로 들어가요.

겉표지 속으로 쏘옥 들어 가네요.

펼친 모습이죠!!

조선의 신분 제도 북아트 완성이죠!!

세운 모습이구요.

조선 신분 제도 2

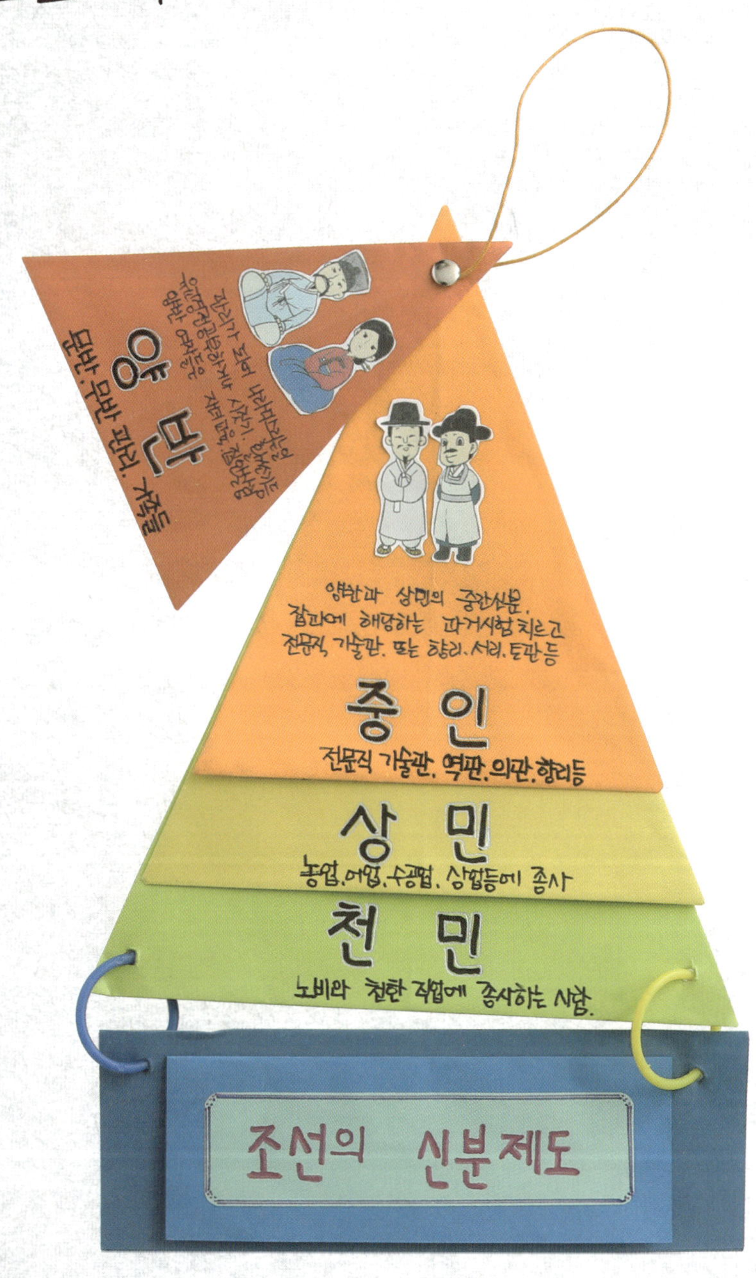

양반
문반·무반 관리. 권력을
양 반
학문을 공부하는 선비로서 관리가 되어 나라일을
재물을 많이 소유한 지배층

양반과 상민의 중간신분.
잡과에 해당하는 과거시험 치르고
전문직. 기술관. 또는 향리. 서리. 토관등
중 인
전문직 기술관. 역판. 의관. 향리등
상 민
농업. 어업. 수공업. 상업등에 종사
천 민
노비와 천한 직업에 종사하는 사람.
조선의 신분제도

만들기 전 준비물이 필요해요.

이등변 삼각형 책 : 13cm×13cm = 1장
16cm×16cm = 1장
19cm×19cm = 1장
22cm×22cm = 1장
사각형 : 18cm×18cm = 1장
14cm×11cm = 1장
고리 : 2개
끈 : 1개
똑딱이 리벳 : 1개

※설명속의 단위는 cm를 생략했습니다.

조선의 신분 제도

사람의 신분을 '양반, 중인, 상민, 천민'으로 나누었으며, 크게는 '양반'과 '중인', '상민'을 포함하는 '양인'과 '천민'으로 나눌 수 있어요. 신분에 따라 가지게 되는 권리와 의무가 달랐으니 그로 인한 생활모습도 차이가 있었어요.

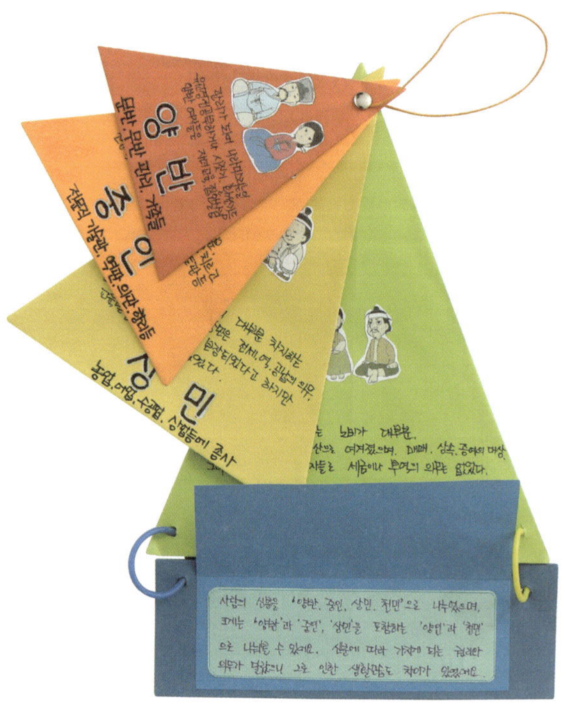

양반(문반, 무반 관리 가족들)

관리가 되어 나라 다스리는 일을 함.
유교 경전을 공부하거나 시 짓기, 활쏘기 등을 함.
양반 여자들은 자녀 교육, 집안 살림을 함.

중인(전문직 기술관, 역관, 의관, 향리 등)

양반과 상민의 중간 신분.
잡과에 해당하는 과거 시험 치름.
전문직 기술관 또는 향리, 서리, 토관 등

상민(농업, 어업, 수공업, 상업 등에 종사)

상민은 백성들의 대부분 차지하는 생산 활동 종사자.
상민은 전세, 역, 공납의 의무.
교육과 출세의 기회는 보장되었다고 하지만 교육 받을 기회는 없었다.

천민(노비와 천한 직업에 종사하는 사람)

'종'이라 불리는 노비가 대부분.
나라와 양반의 재산으로 여겨졌으며 매매, 상속, 증여의 대상.
그 외 천한 직업 종사자들로 세금이나 부역의 의무는 없었다.

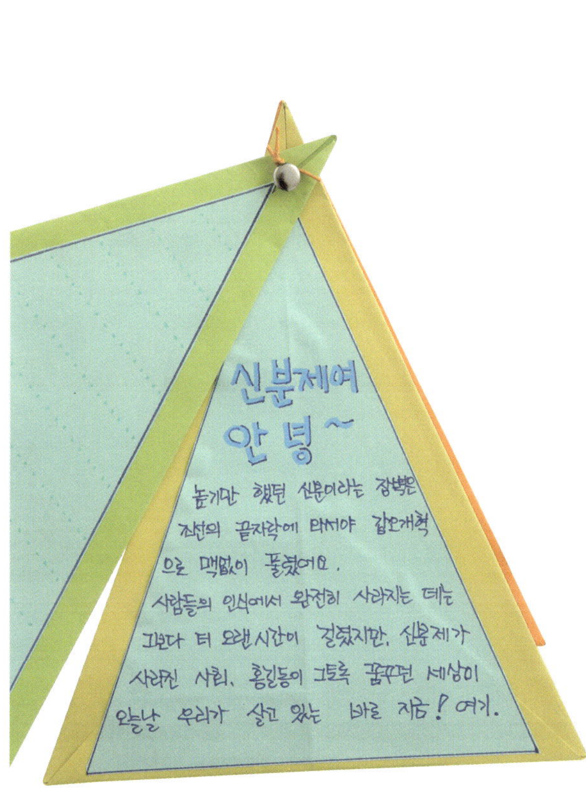

신분제여 안녕~

높기만 했던 신분이라는 장벽은 조선의 끝자락에 와서야 갑오개혁으로 맥없이 풀렸어요.
사람들의 인식에서 완전히 사라지는 데는 그보다 더 오랜 시간이 걸렸지만, 신분제가 사라진 사회, 홍길동이 그토록 꿈꾸던 세상이 오늘날 우리가 살고 있는 바로 지금 !!! 여기 !!!

천한 직업이라 여기는 일에 종사했던 천민 중의 한 사람에게 응원과 격려의 메시지를 남기자. (100자 이내)

책 만드는 법

이등변 삼각형 책

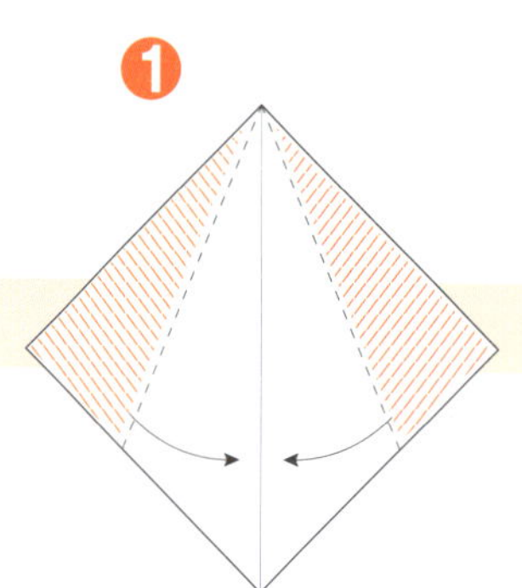

13cm×13cm, 16cm×16cm, 19cm×19cm, 22cm×22cm 종이를 준비하세요.

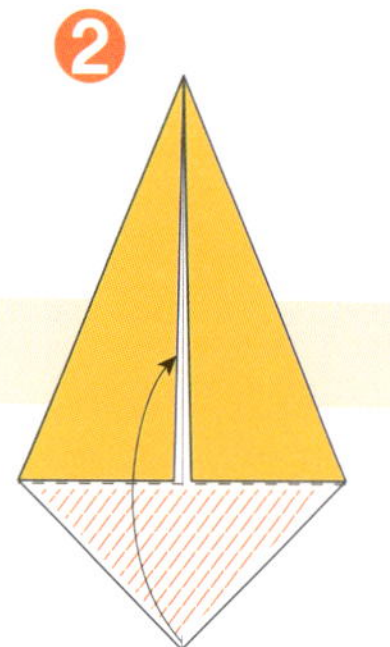
빗금친 부분을 붙이면서 접으세요.

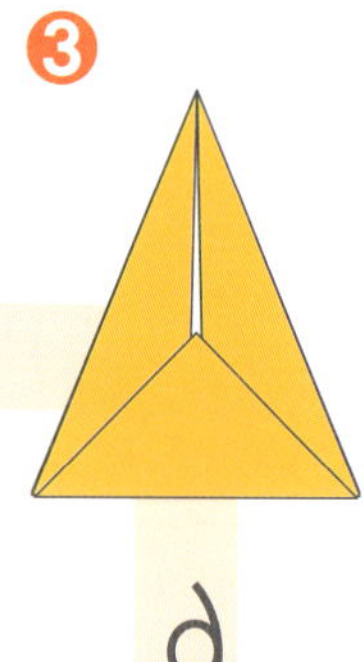
빗금친 부분을 붙이면서 접으세요.

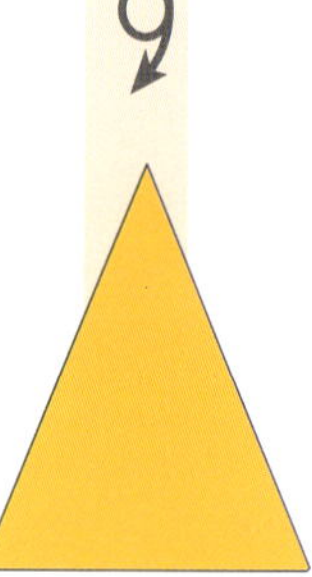
완성
3cm 커지는 종이로 4장 접으세요.

사각형 만드는 법 1

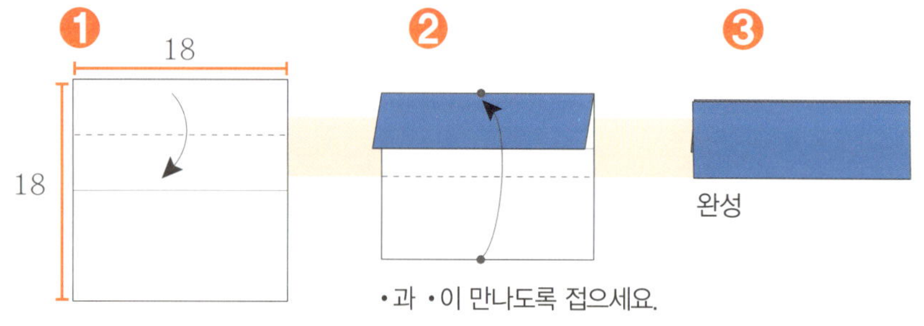

•과 •이 만나도록 접으세요.

완성

사각형 만드는 법 2

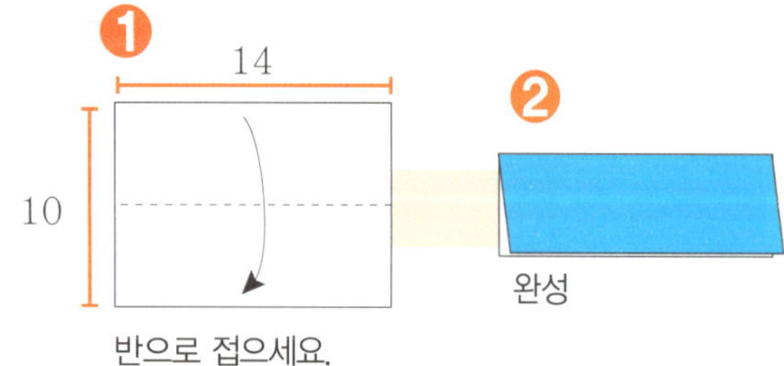

반으로 접으세요.

완성

조립 방법

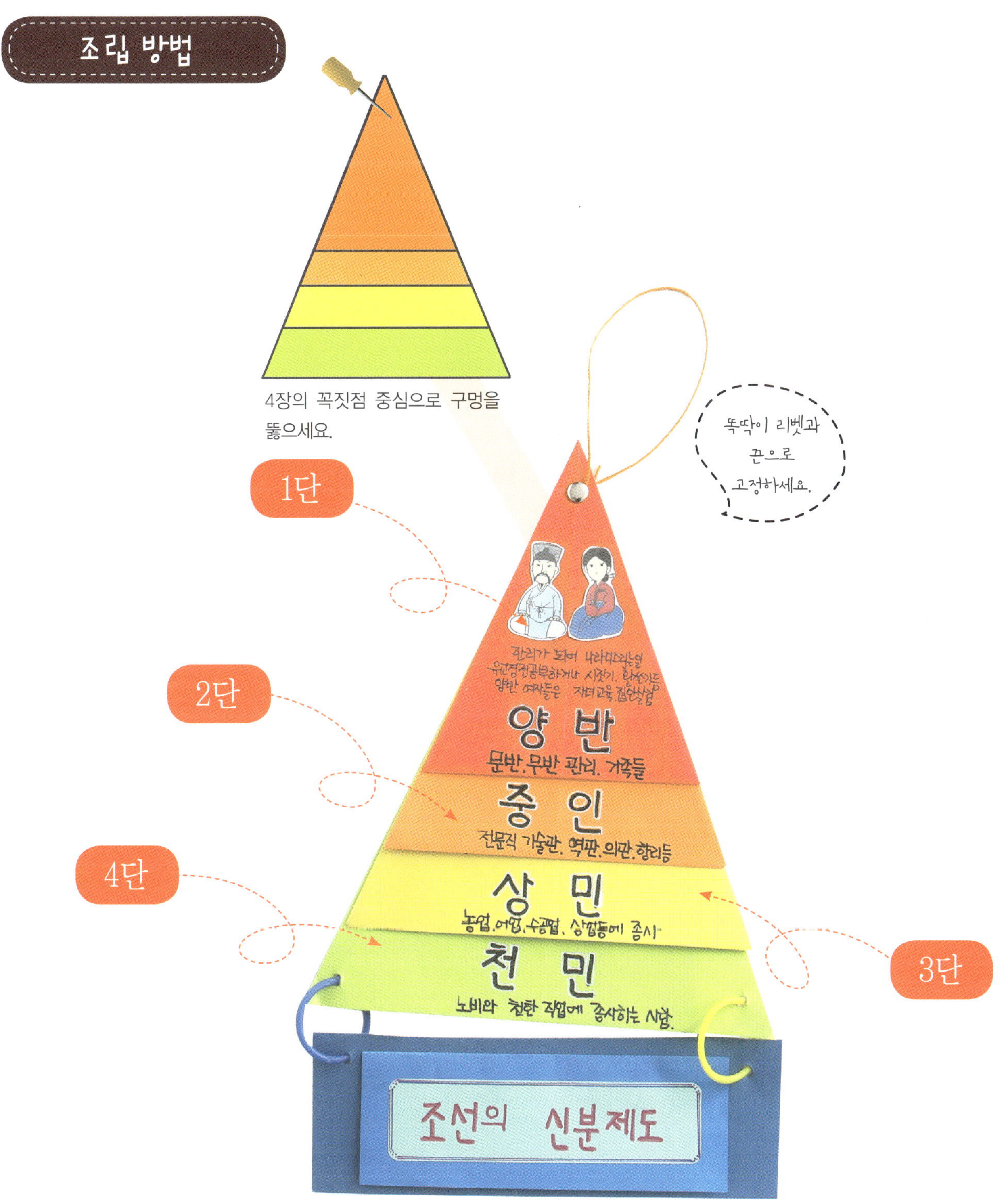
4장의 꼭짓점 중심으로 구멍을
뚫으세요.

똑딱이 리벳과
끈으로
고정하세요.

1단

2단

4단

3단

양 반
문반·무반 관리, 귀족들

중 인
전문직 기술관, 역관, 의관, 향리등

상 민
농업, 어업, 수공업, 상업등에 종사

천 민
노비와 천한 직업에 종사하는 사람.

조선의 신분제도

구멍을 뚫어 고리를 끼우세요.

호패를 보이시오!

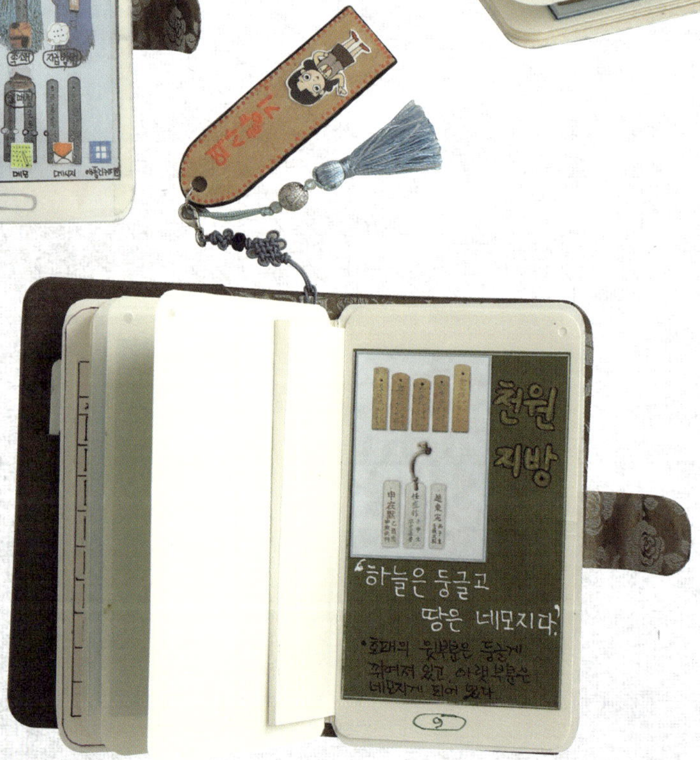

만들기 전 준비물이 필요해요.

표지A(마닐라지) : 8.5cm×15cm = 2장
표지A(천종이) : 19cm×16cm = 1장
표지A(속종이) : 18cm×15cm = 1장
표지B(마닐라지) : 8.5cm×15cm = 1장
표지B(천종이) : 8.5cm×16cm = 1장
표지B(속종이) : 7.5cm×15cm = 1장
표지B(칸종이) : 6cm×33cm = 1장
속지 연결 : 40cm×13cm = 1장
속지 표지 : 18cm×14.5cm = 1장
속지 카드 A : 8cm×14cm = 9장
속지 카드 B : 7cm×11.5cm = 11장
고리(마닐라지) : 2.5cm×4.5cm = 1장
고리(천종이) : 3.5cm×5.5cm = 1장
고리(속종이) : 3.5cm×5.5cm = 1장
자석 : 2쌍
장식 : 1개

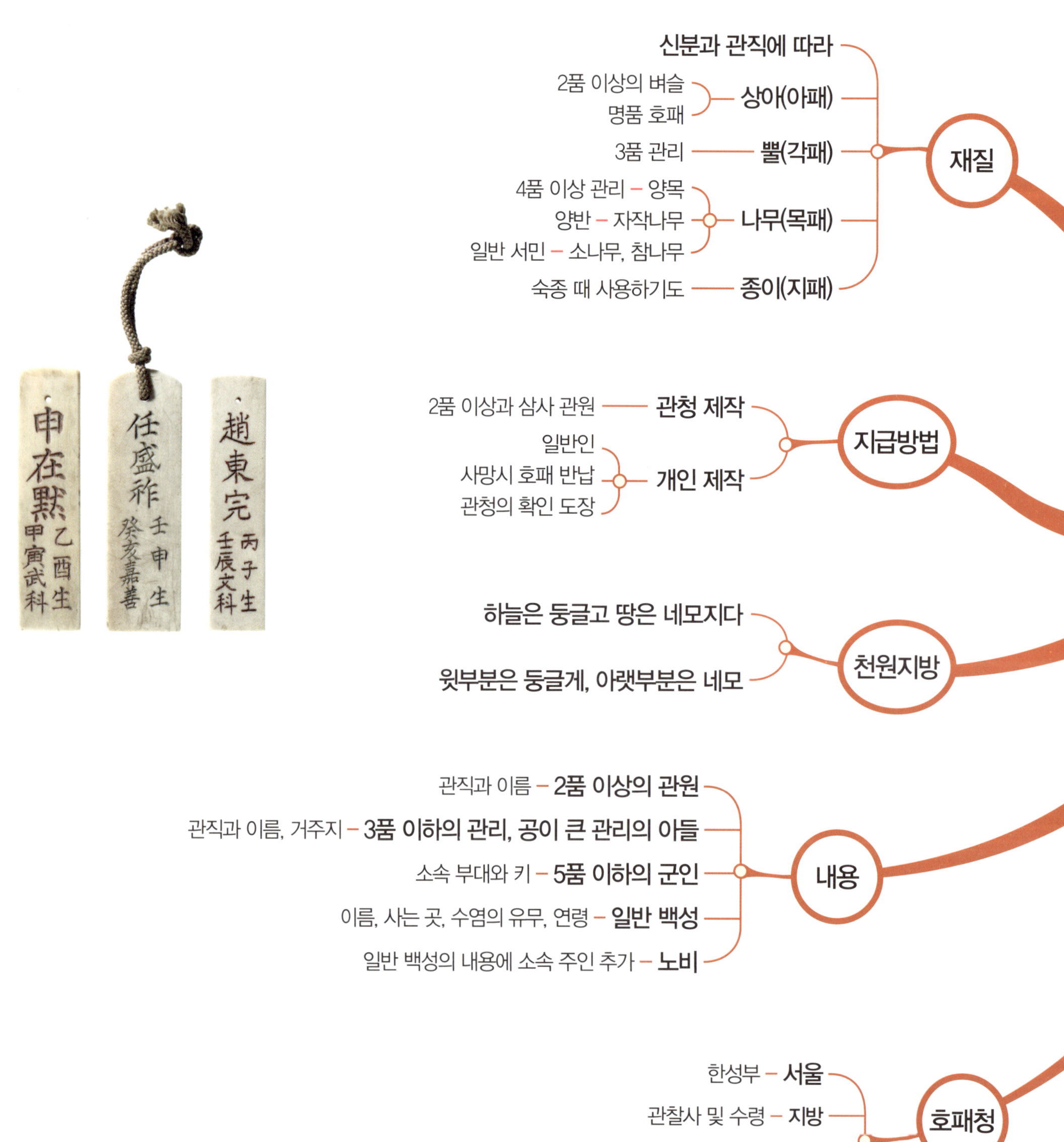

신분과 관직에 따라
2품 이상의 벼슬
명품 호패
상아(아패)
3품 관리 — 뿔(각패)
4품 이상 관리 – 양목
양반 – 자작나무
나무(목패)
일반 서민 – 소나무, 참나무
숙종 때 사용하기도 — 종이(지패)
재질

2품 이상과 삼사 관원 — 관청 제작
일반인
사망시 호패 반납
관청의 확인 도장
개인 제작
지급방법

하늘은 둥글고 땅은 네모지다
윗부분은 둥글게, 아랫부분은 네모
천원지방

관직과 이름 – 2품 이상의 관원
관직과 이름, 거주지 – 3품 이하의 관리, 공이 큰 관리의 아들
소속 부대와 키 – 5품 이하의 군인
이름, 사는 곳, 수염의 유무, 연령 – 일반 백성
일반 백성의 내용에 소속 주인 추가 – 노비
내용

한성부 – 서울
관찰사 및 수령 – 지방
치정, 통수, 관령, 감고 등이 담당 – 실제 사무
호패 관련 사무 전담
호패청

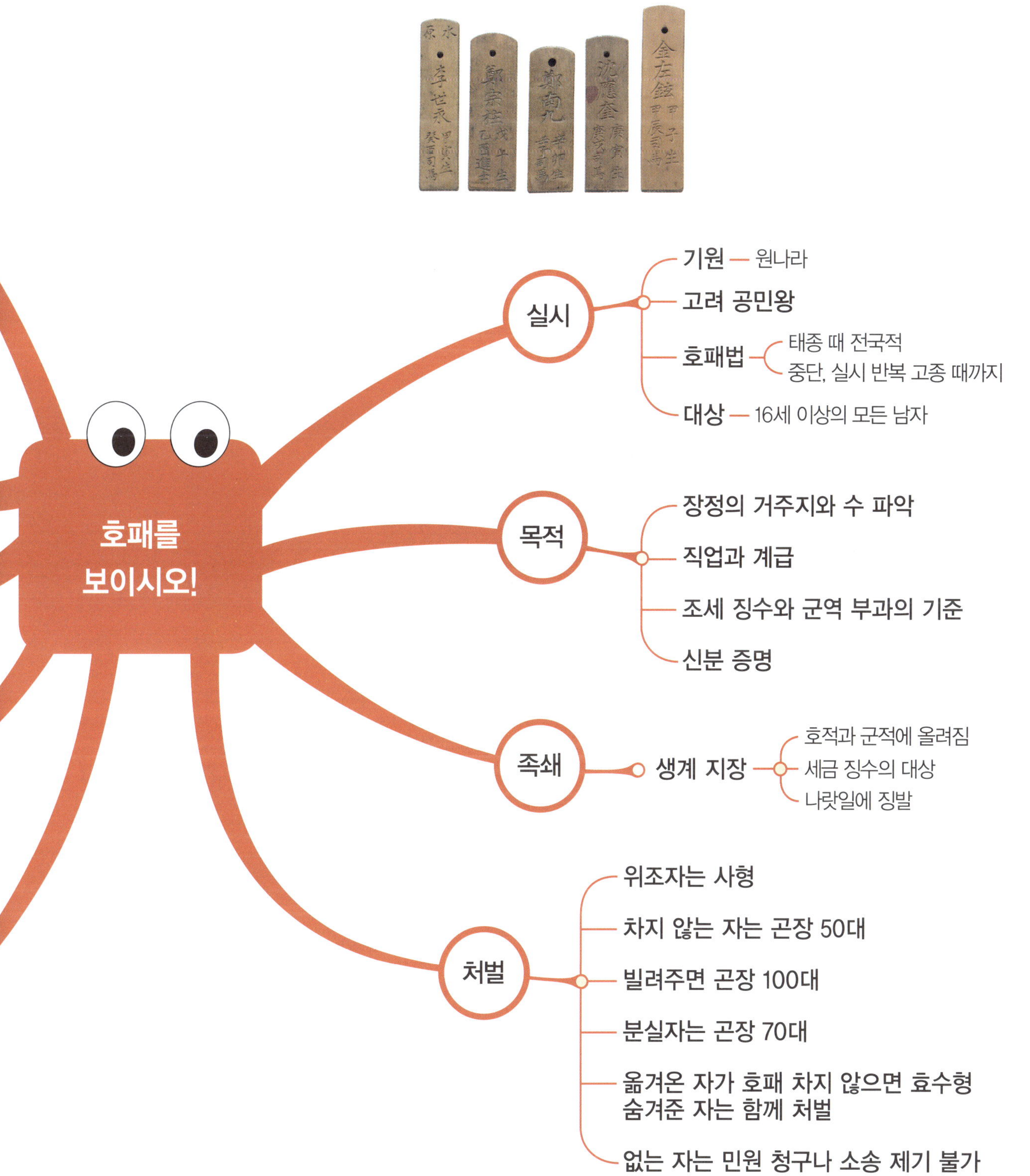

호패를 보이시오!

실시
기원 — 원나라
고려 공민왕
호패법 — 태종 때 전국적 / 중단, 실시 반복 고종 때까지
대상 — 16세 이상의 모든 남자

목적
장정의 거주지와 수 파악
직업과 계급
조세 징수와 군역 부과의 기준
신분 증명

족쇄
생계 지장 — 호적과 군적에 올려짐 / 세금 징수의 대상 / 나랏일에 징발

처벌
위조자는 사형
차지 않는 자는 곤장 50대
빌려주면 곤장 100대
분실자는 곤장 70대
옮겨온 자가 호패 차지 않으면 효수형 / 숨겨준 자는 함께 처벌
없는 자는 민원 청구나 소송 제기 불가

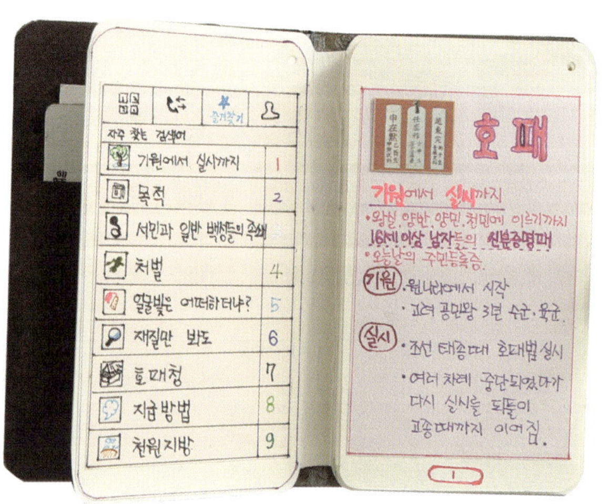

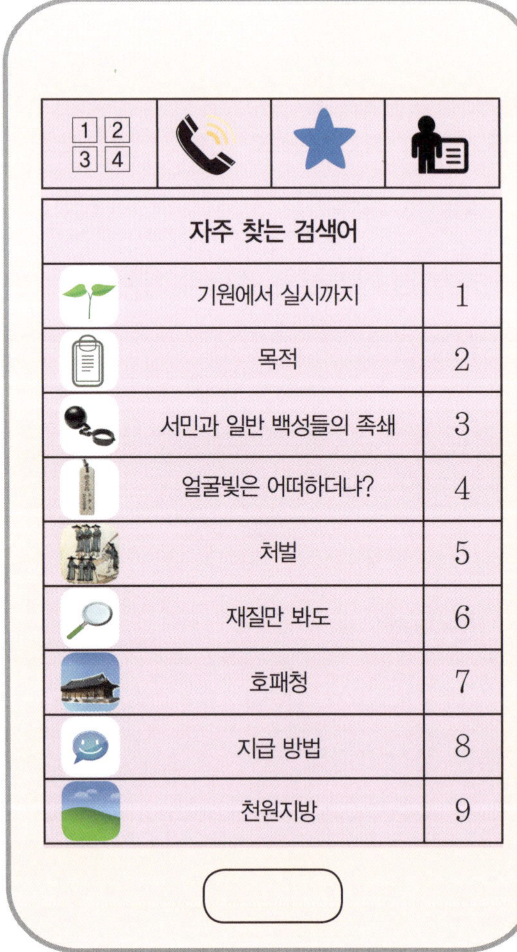

자주 찾는 검색어
기원에서 실시까지	1
목적	2
서민과 일반 백성들의 족쇄	3
얼굴빛은 어떠하더냐?	4
처벌	5
재질만 봐도	6
호패청	7
지급 방법	8
천원지방	9

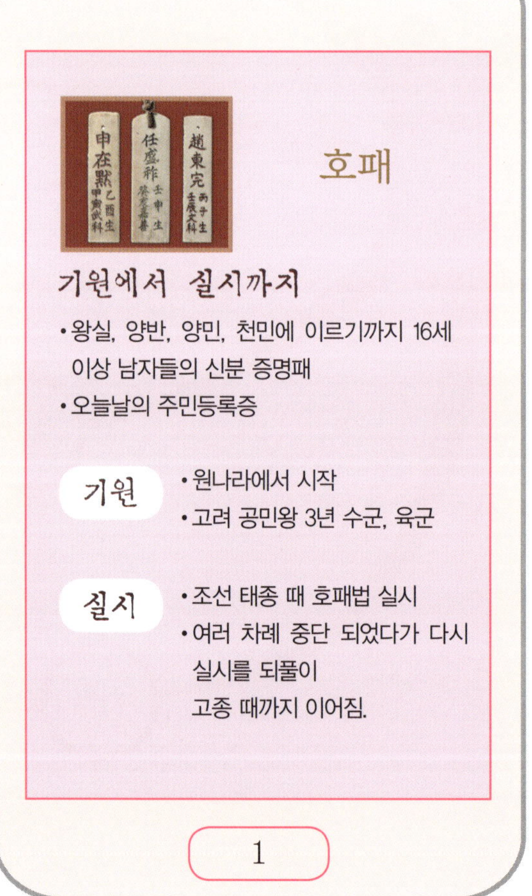

호패

기원에서 실시까지
•왕실, 양반, 양민, 천민에 이르기까지 16세 이상 남자들의 신분 증명패
•오늘날의 주민등록증

기원
•원나라에서 시작
•고려 공민왕 3년 수군, 육군

실시
•조선 태종 때 호패법 실시
•여러 차례 중단 되었다가 다시 실시를 되풀이 고종 때까지 이어짐.

1

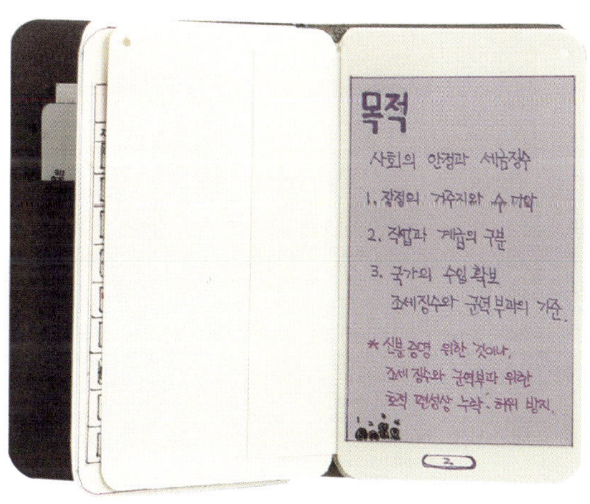

목적

사회의 안정과 세금 징수

1. 장정의 거주지와 수 파악
2. 직업과 계급의 구분
3. 국가의 수입 확보
4. 조세 징수와 군역 부과의 기준

※신분 증명 위한 것이나 조세 징수와 군역부과 위한 호적 편성상 누락·허위 방지

2

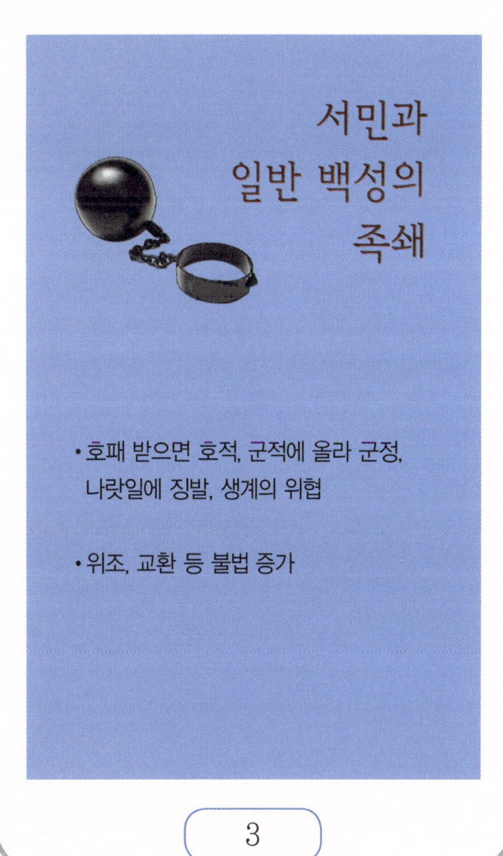

3

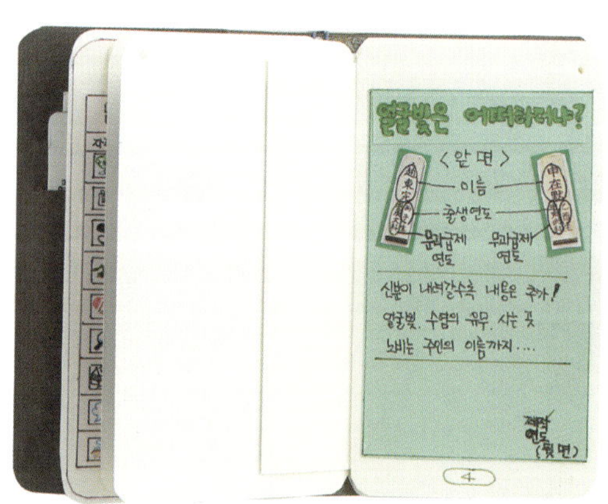

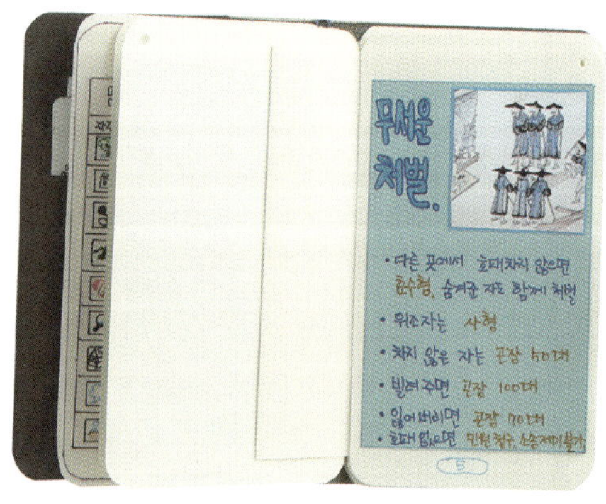

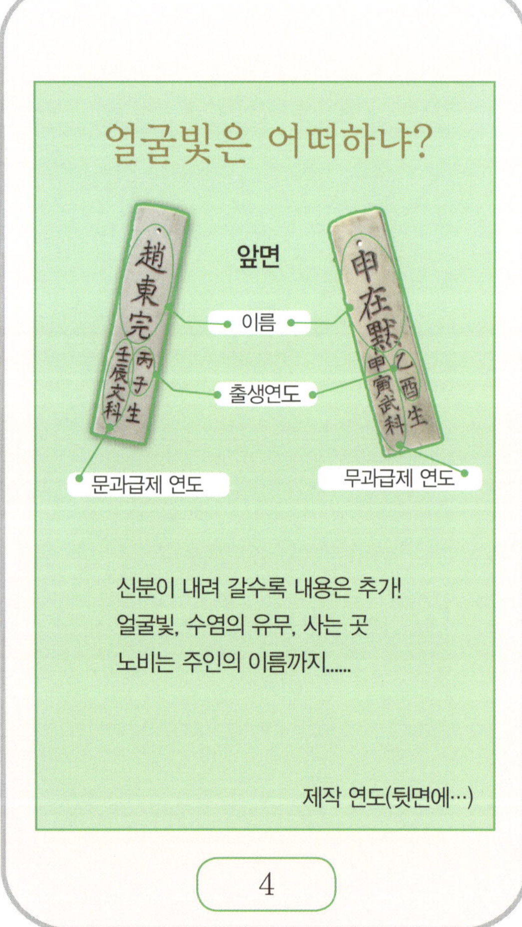

얼굴빛은 어떠하냐?

앞면

신분이 내려 갈수록 내용은 추가!
얼굴빛, 수염의 유무, 사는 곳
노비는 주인의 이름까지……

제작 연도(뒷면에…)

4

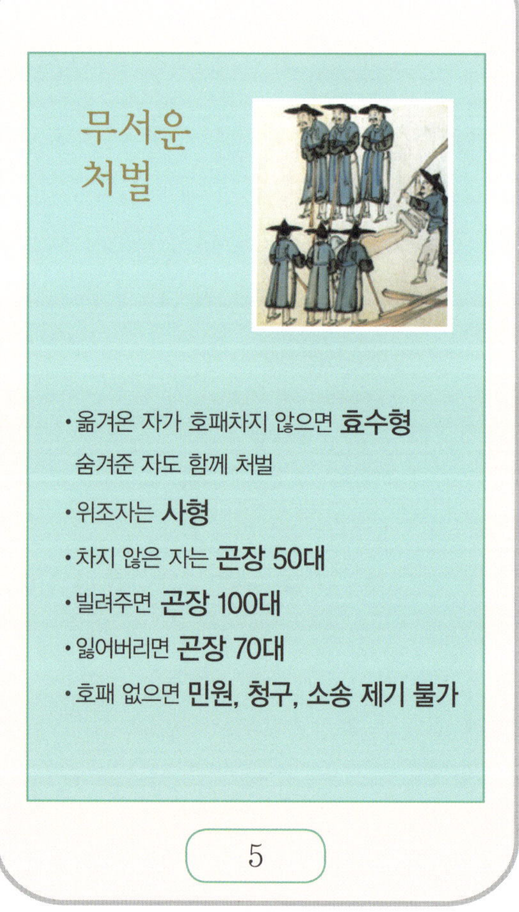

무서운 처벌

- 옮겨온 자가 호패차지 않으면 **효수형**

  숨겨준 자도 함께 처벌

- 위조자는 **사형**

- 차지 않은 자는 **곤장 50대**

- 빌려주면 **곤장 100대**

- 잃어버리면 **곤장 70대**

- 호패 없으면 **민원, 청구, 소송 제기 불가**

5

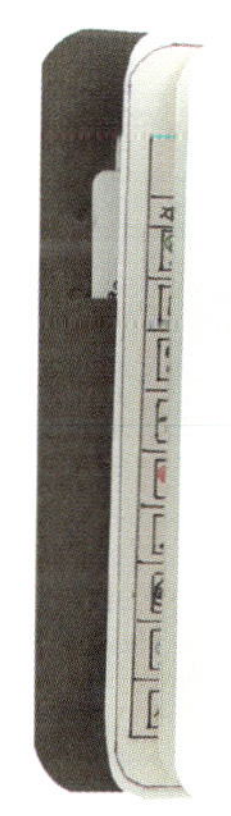

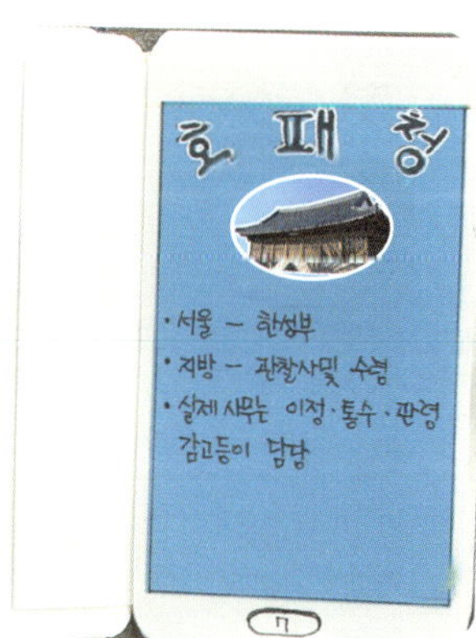

「속대전」 규정

- 2품이상 관원 아패 (상아)
- 3품이하 관원 각패 (뿔)
- 생원, 진사 황양 목패 (나무)
- 잡직, 서인, 서리는 소목 방패 (나무)
- 공노비, 사노비의 경우 대목 방패 (나무)

※ 숙종때는 '지패' (종이) 사용하기도 함.

재질만봐도
신분이
보여요

호패청

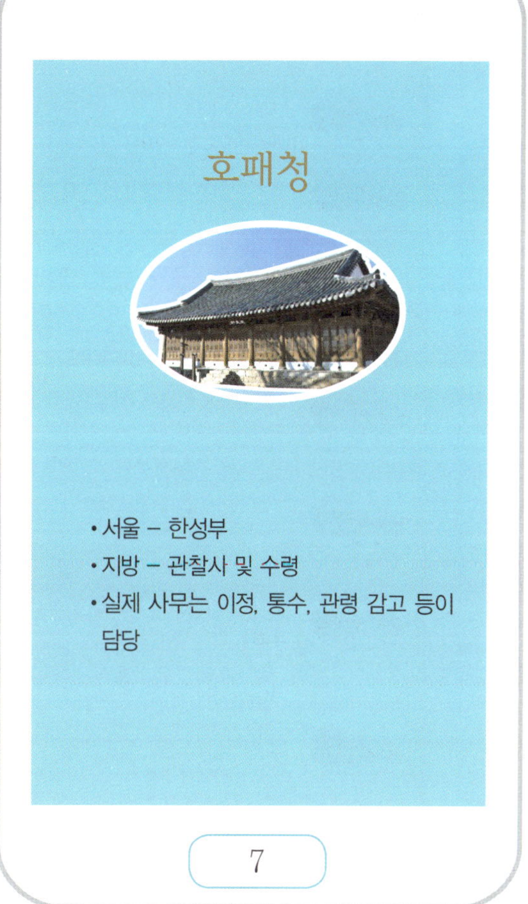

- 서울 – 한성부
- 지방 – 관찰사 및 수령
- 실제 사무는 이정, 통수, 관령 감고 등이 담당

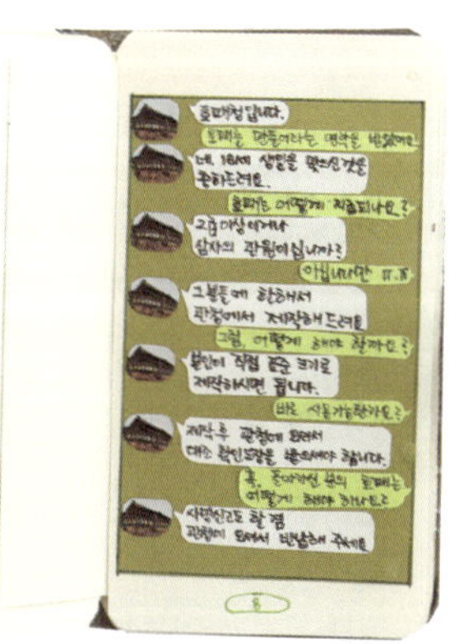
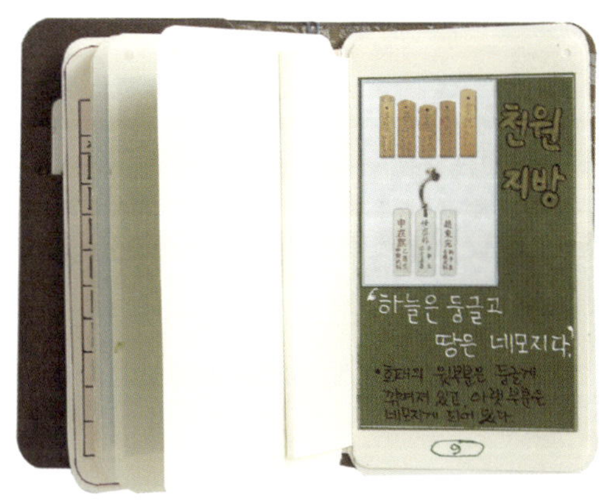

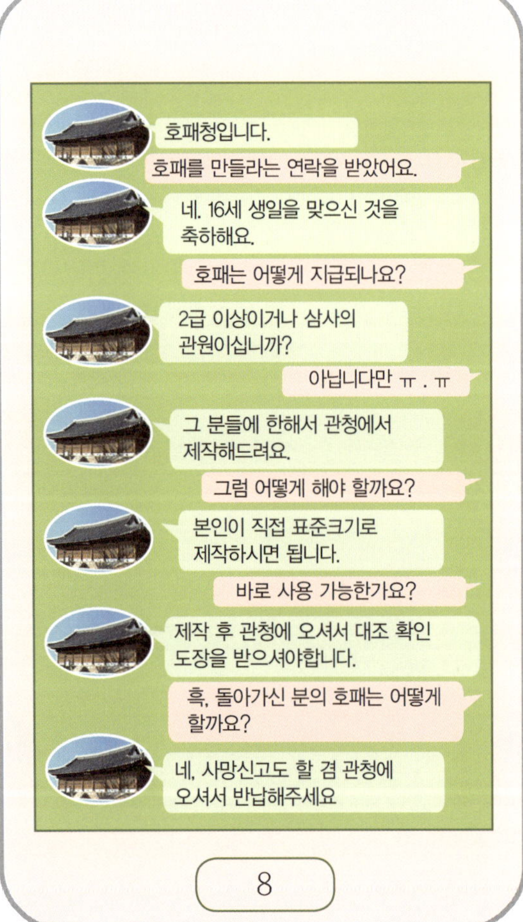

호패청입니다.
호패를 만들라는 연락을 받았어요.
네. 16세 생일을 맞으신 것을 축하해요.
호패는 어떻게 지급되나요?
2급 이상이거나 삼사의 관원이십니까?
아닙니다만 ㅠ.ㅠ
그 분들에 한해서 관청에서 제작해드려요.
그럼 어떻게 해야 할까요?
본인이 직접 표준크기로 제작하시면 됩니다.
바로 사용 가능한가요?
제작 후 관청에 오셔서 대조 확인 도장을 받으셔야합니다.
흑, 돌아가신 분의 호패는 어떻게 할까요?
네, 사망신고도 할 겸 관청에 오셔서 반납해주세요
8

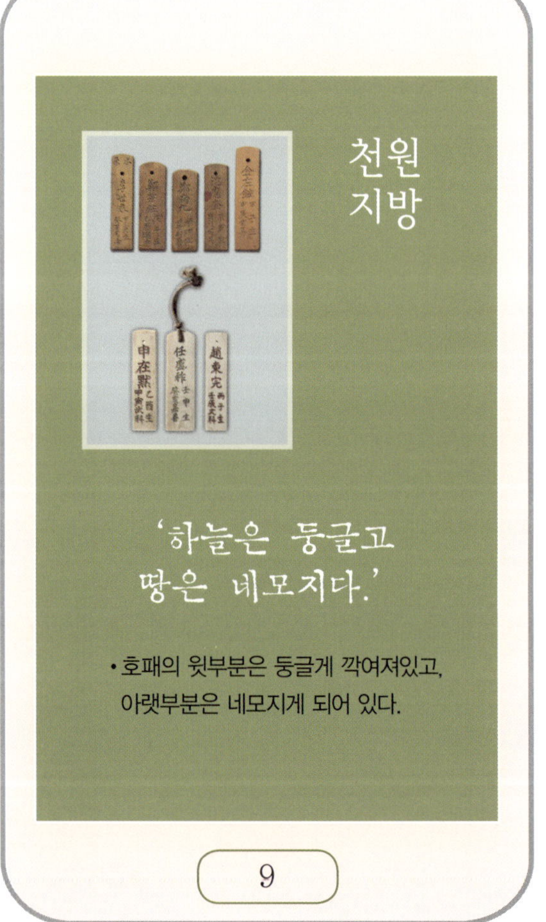

천원
지방
'하늘은 둥글고
땅은 네모지다.'
• 호패의 윗부분은 둥글게 깍여져있고,
아랫부분은 네모지게 되어 있다.
9

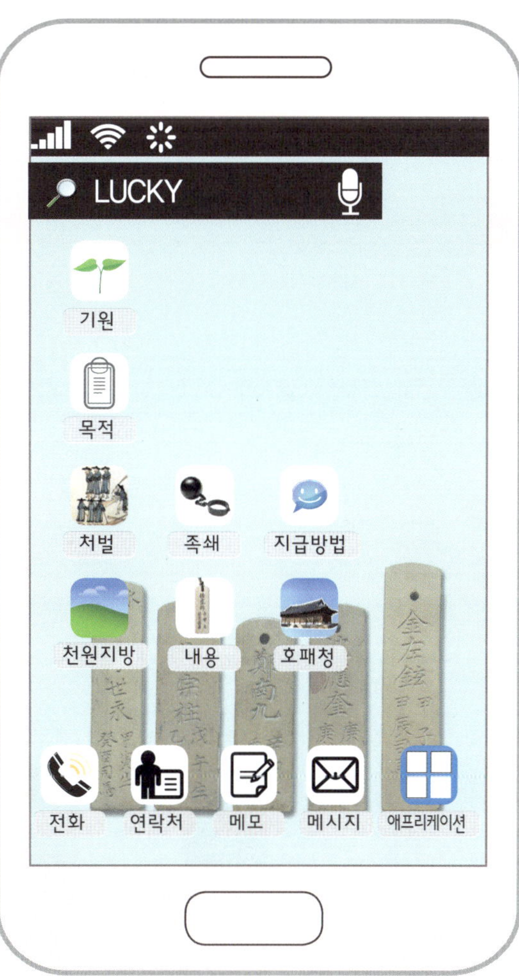
LUCKY
기원
목적
처벌
족쇄
지급방법
천원지방
내용
호패청
전화
연락처
메모
메시지
애프리케이션

표지 A

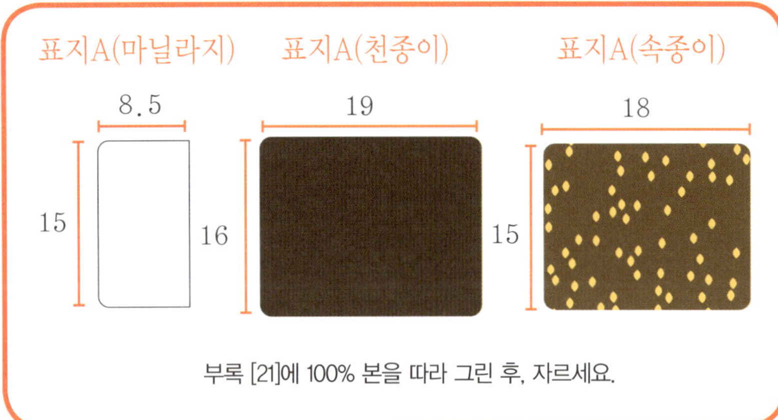

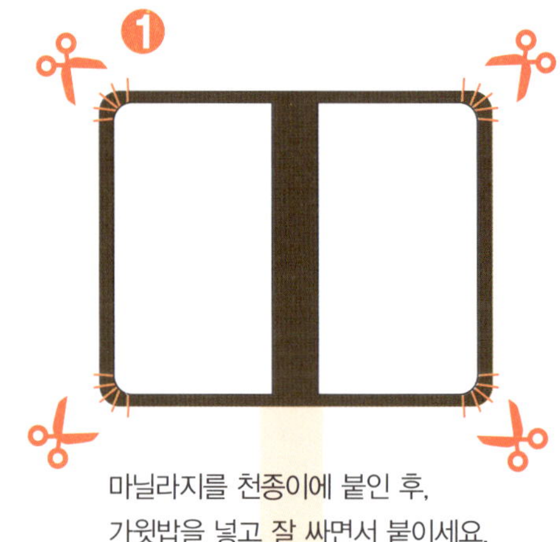

표지A(마닐라지)
8.5
15
표지A(천종이)
19
16
표지A(속종이)
18
15
부록 [21]에 100% 본을 따라 그린 후, 자르세요.

❶
마닐라지를 천종이에 붙인 후,
가윗밥을 넣고 잘 싸면서 붙이세요.

표지B(마닐라지)
7.5
15
표지B(천종이)
8.5
16
표지B(속종이)
7.5
15
표지B(칸종이)
6
33
부록 [23]에 100% 본을 따라 그린 후, 자르세요.

자석 붙이는
자리예요.
❷
고리를 붙인 후, 속종이를 붙이세요.

❸
표지 A 완성

표지 B

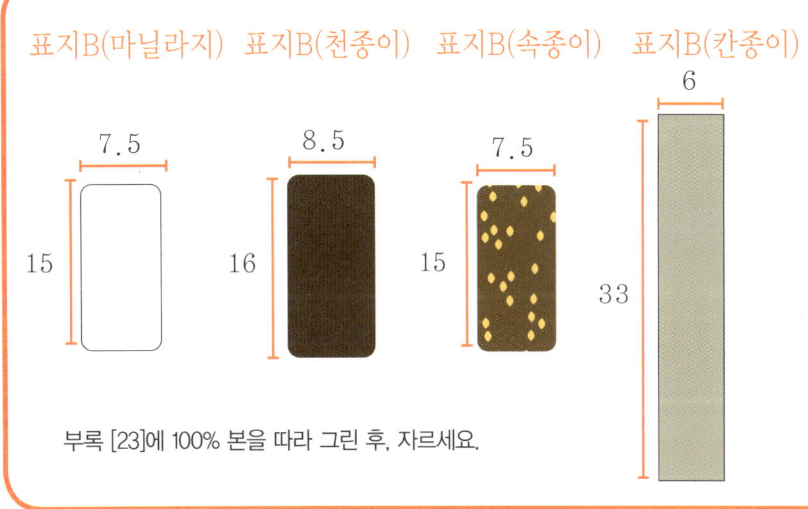

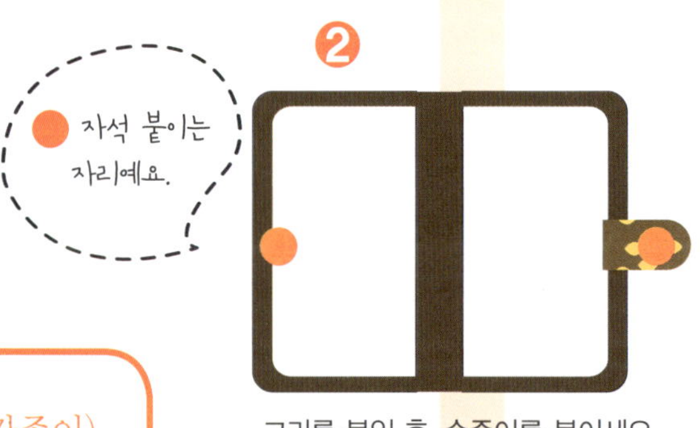

마닐라지를 천종이에 붙인 후,
가윗밥을 넣고 잘 싸면서
붙이세요.

속종이를 붙이세요.

부록 [23]을 참고하여
칼선을 내주세요.

카드를 넣을수 있어요.

표지 B 완성

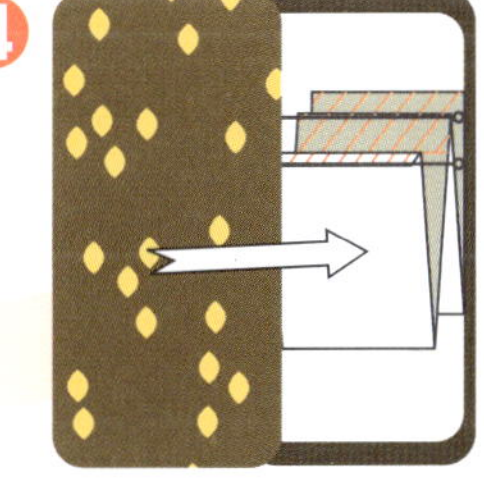

칸종이를 빗금친 부분에
풀칠하여 속종이를 붙이
세요.

표지 B(칸종이)

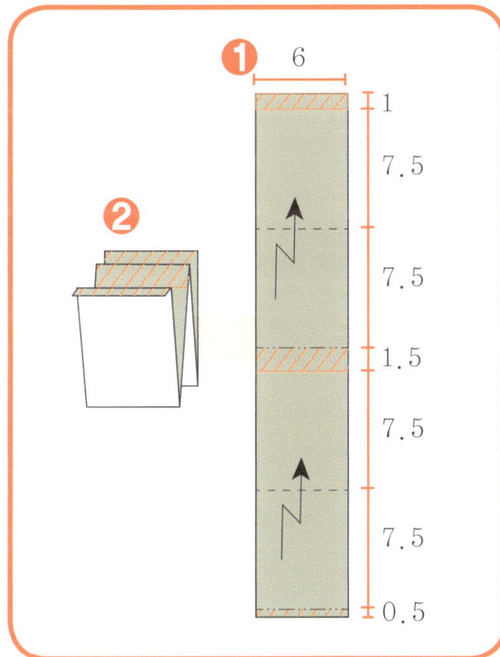

고리

속지 책 만드는 법

속지 연결

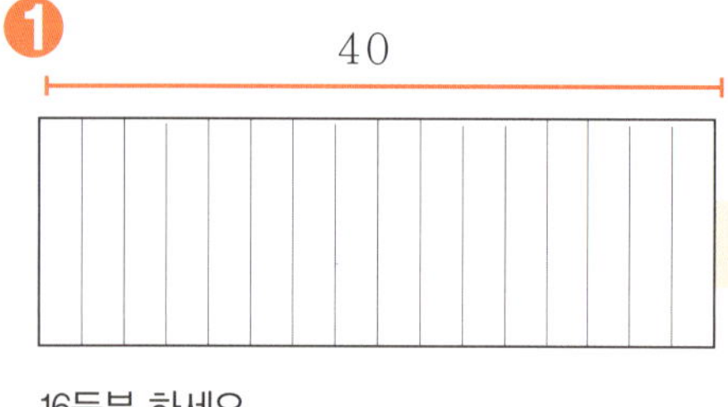

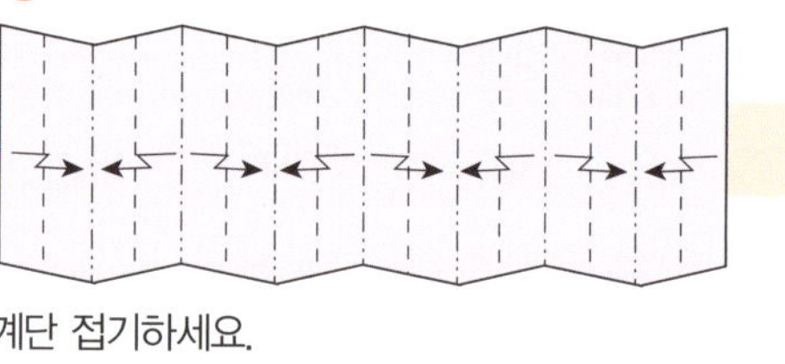

속지 카드

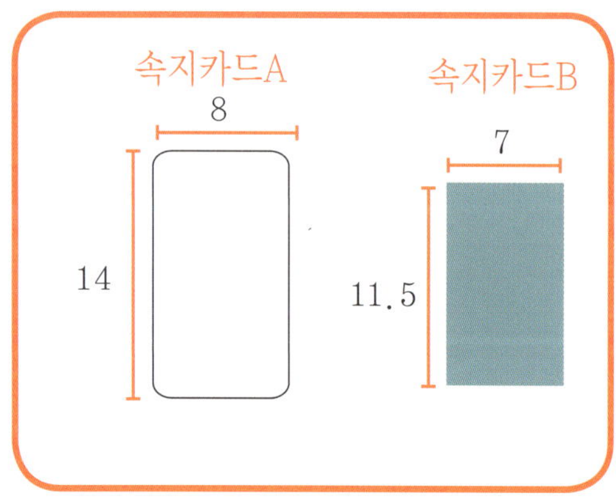

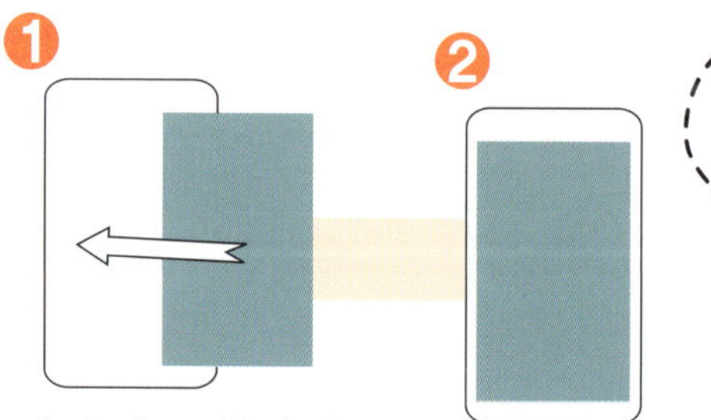

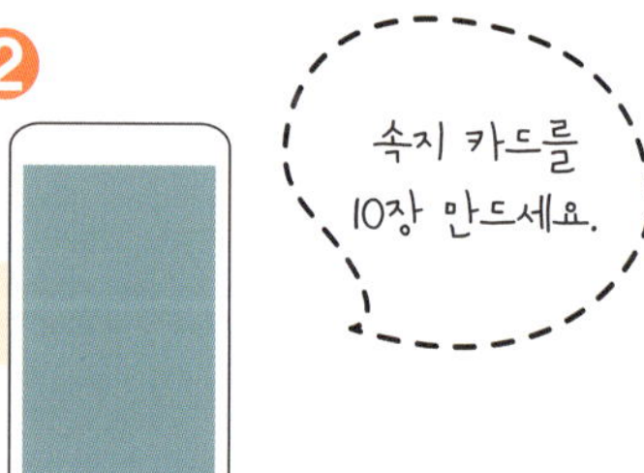

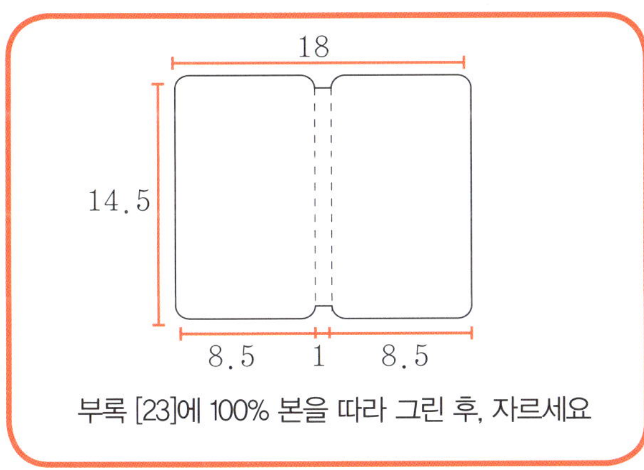

속지 연결하는 방법

신분의 강을 거슬러 오르며 만나는 오늘

신분상 구별은 없지만 차별은 남아있어요.

신분의 굴레 때문에 홍길동이 하지 못한 두 가지! '호부호형' 미천한 출신인 어머니의 신분 때문에 아버지를 아버지라 부르지 못하고, 형을 형이라 부르지 못했지요. 그가 꿈꾸던 이상 국가 '율도국'은 오늘날 우리가 살고 있는 바로 지금 여기가 아닐까요?

현대 사회를 살아가는 우리들이 신분의 굴레로부터 자유로워진 것은 앞서 살아왔던 이들이 엄청난 희생과 노력 덕분에 얻어진 참으로 소중한 혜택이랍니다. 우리들 모두는 자유와 평등을 법으로 보호받고 있지요. 늘 주위를 돌아봐야 한답니다. 나의 자유와 평등이 또 다른 누군가를 억압하거나 차별하고 있지는 않나요? 인류 역사에서 오랫동안 소외되어 왔던 여성의 권리나 지위는 참정권 운동과 여성 권리 찾기 운동 등을 통해 많은 변화와 성장이 있었어요. 또한 인종 차별의 문제도 계속적인 저항과 여러 가지 운동들을 통해 사라지고 있어요.

현대 사회를 구성하는 대다수의 사람들을 대중이라고 해요. 이러한 대중 사회에서 새롭게 대두되고 있는 차별이 있어요. 앞선 시대는 신분에 의한 구별이 존재했었지만 오늘날의 우리들에겐 차별이 있어요. 즉 다시 말해 신분상 구별이 없어졌지만 차별은 남아있다고 볼 수 있어요. 자본주의 사회에서의 경제적 지위나 사회적 지위 또는 권력으로 인한 차별, 정보화 사회에서 눈에 보이지 않지만 중요성이 나날이 강조되고 있는 정보 접근성 등으로 인한 차별이 보이지요. 우리 모두는 오늘날의 자유와 평등에 늘 감사하며, 늘 또 다른 억압과 차별에 대해서 경계해야 해요.

보물창고를 열어보다

뭔가 부족하다고요?
지도도 없고, 사진도 없고, 인물 캐릭터도 없다고요?
염려마세요.
'부록'이라는 보물창고에 꼭 꼭 넣어 뒀어요.

📖 책 만들기 하나 비파형 동검

※ 100% 크기입니다. (본문 28쪽 참고)

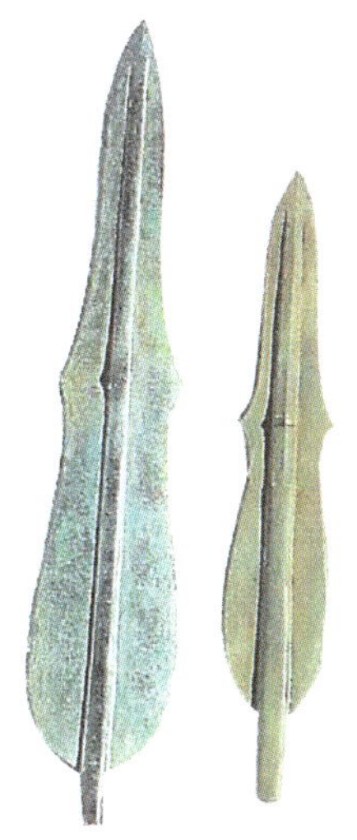

비파형 동검

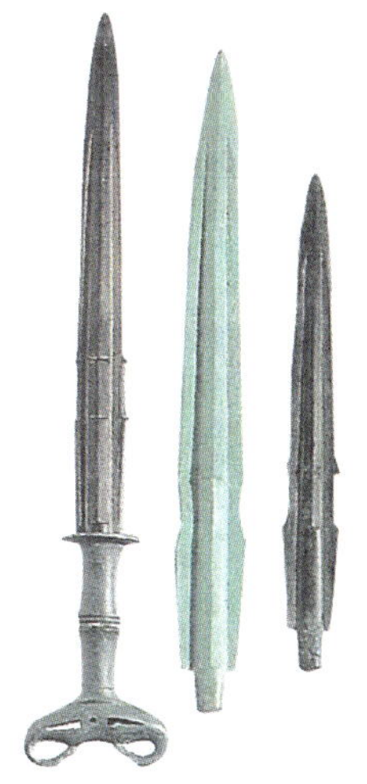

세형동검

단군 왕검

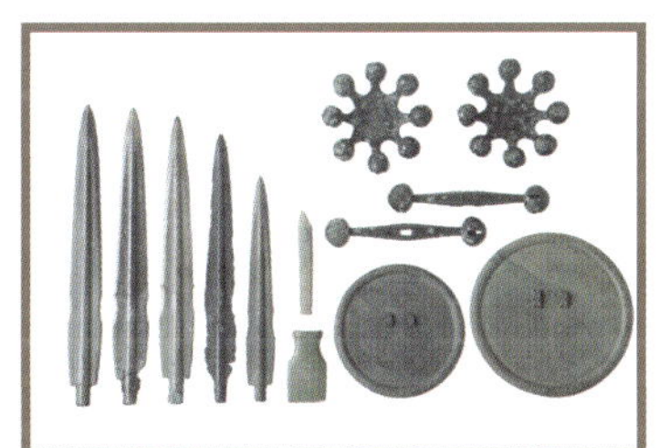

화순·대곡리 유적·유물 (국립 광주 박물관 소장)

탁자식 고인돌

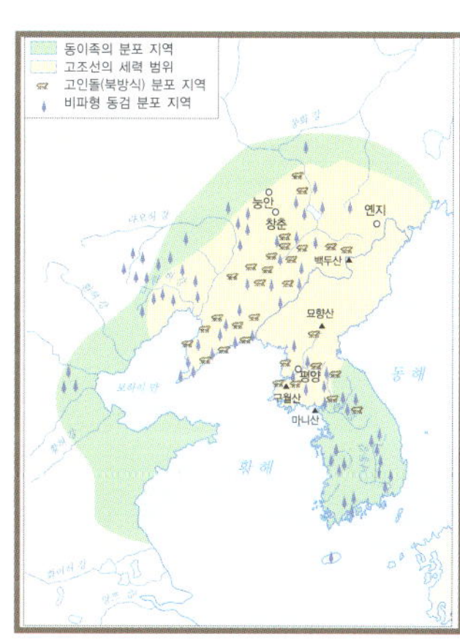

고조선 세력 범위

 책 만들기 둘 멋진 군장 선발 대회

※ 100% 크기입니다. (본문 38쪽 참고)

가지방울

팔주령

청동 거울

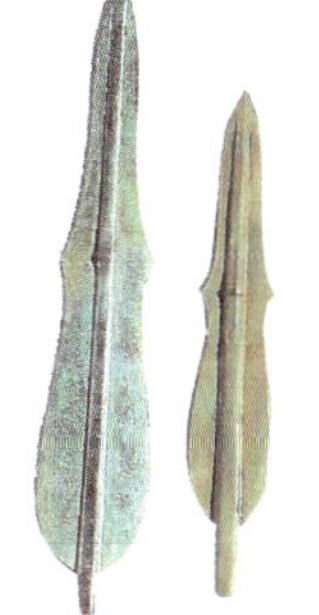

비파형 동검

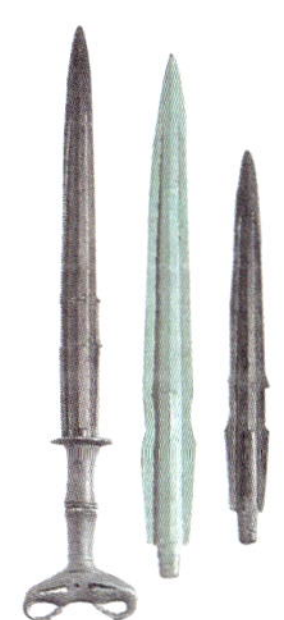

세형 동검

종방울

장대 투겁 방울

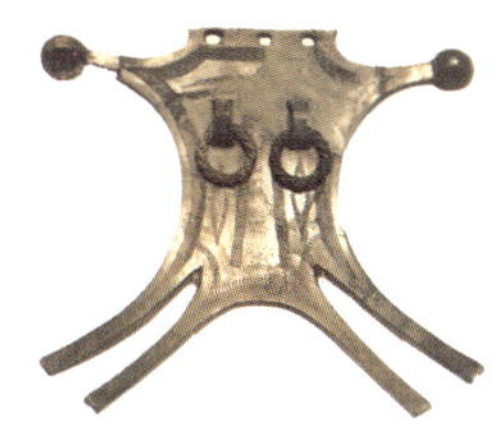

방패형 청동기

📖 책 만들기 셋 돌려라 철기 국가

※ 100% 크기입니다. (본문 58쪽 참고)

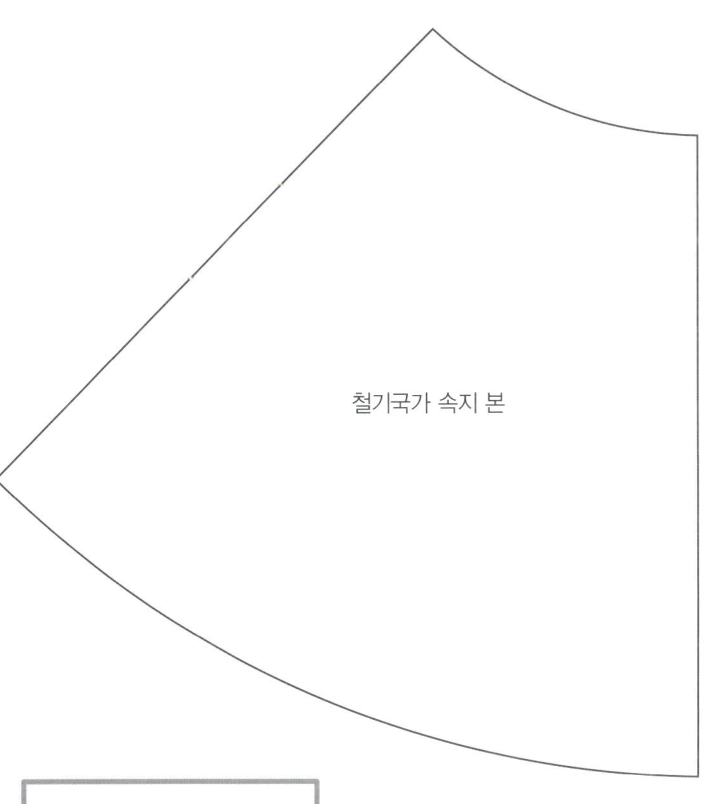

📖 책 만들기 넷 골품제

※ 100% 크기입니다. (본문 102쪽 참고)

등급	관등명	공복	진골	6두품	5두품	4두품
1	이벌찬	자색				
2	이찬	자색				
3	잡찬	자색				
4	파진찬	자색				
5	대아찬	자색				
6	아찬	비색				
7	일길찬	비색				
8	사찬	비색				
9	급벌찬	비색				
10	대나마	청색				
11	나마	청색				
12	대사	황색				
13	사지	황색				
14	길사	황색				
15	대오	황색				
16	소오	황색				
17	조위	황색				
등급	관등명	공복	진골	6두품	5두품	4두품
관등			골품			

  **책 만들기 다섯** 조선의 신분 제도 1

※ 100% 크기입니다. (본문 174쪽 참고)

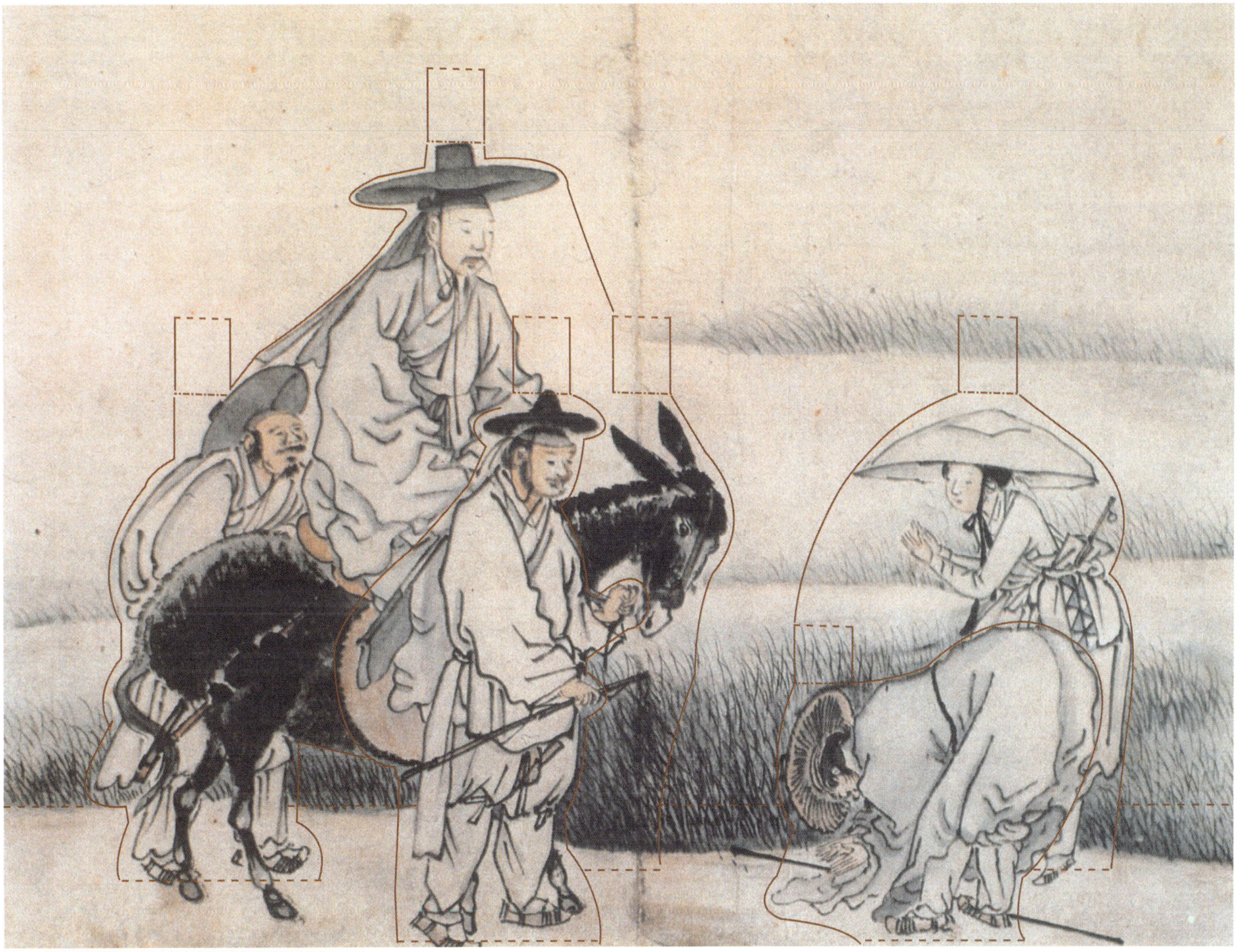

김득신의 노상알현도

※ 100% 크기입니다. (본문 174쪽 참고)

김득신의 〈노상 알현도〉

양반

중인

상민

천민

여성의 삶(후기)

양반

상민

여성의 삶(전기)

 **책 만들기 다섯** 조선의 신분 제도 1

※ 100% 크기입니다. (본문 178쪽 참고)

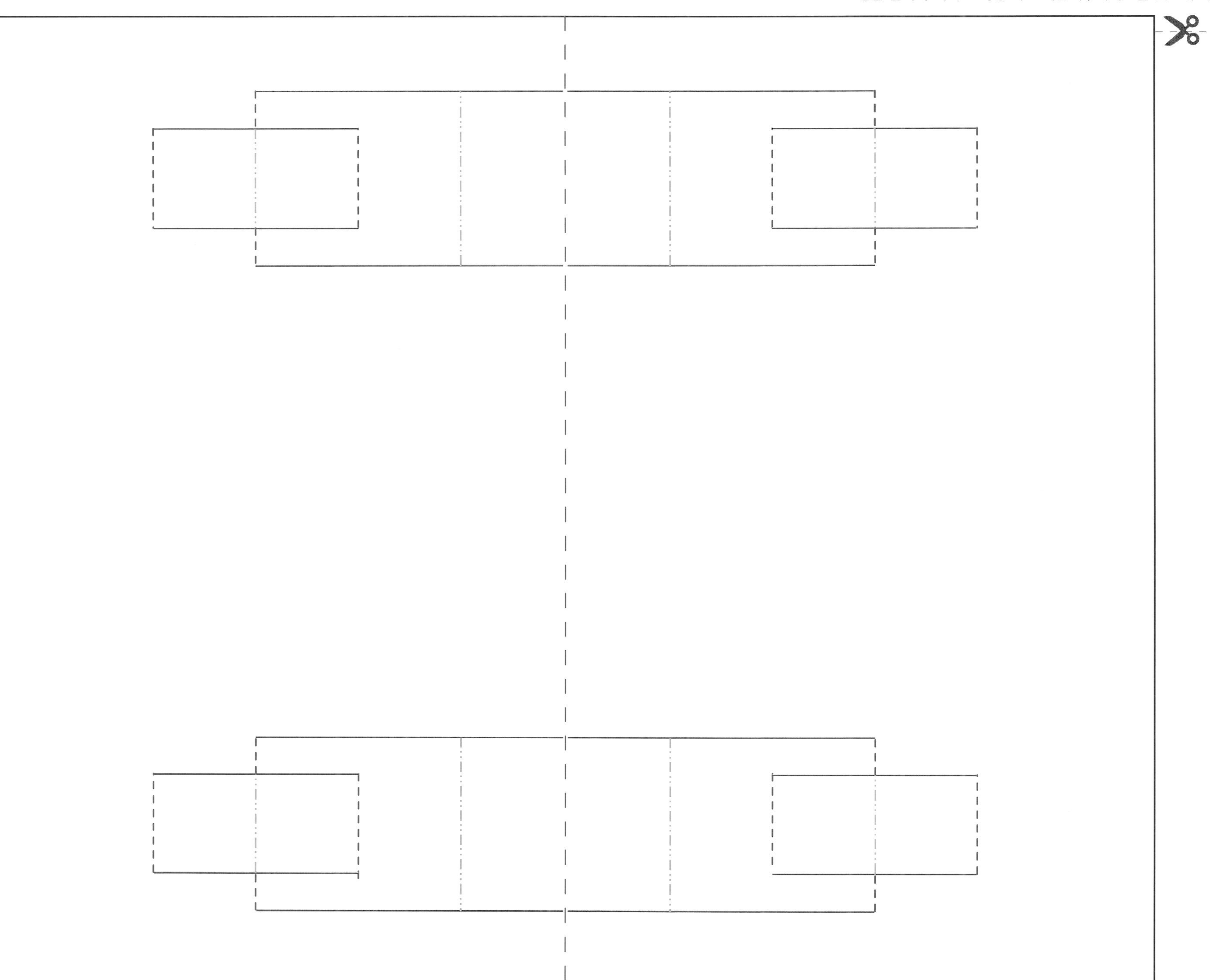
선을 잘라서 색카드 지선 재료 자른 후, 색카드를 만드세요.

 **책 만들기 다섯** 조선의 신분 제도 1

※ 100% 크기입니다. (본문 179쪽 참고)

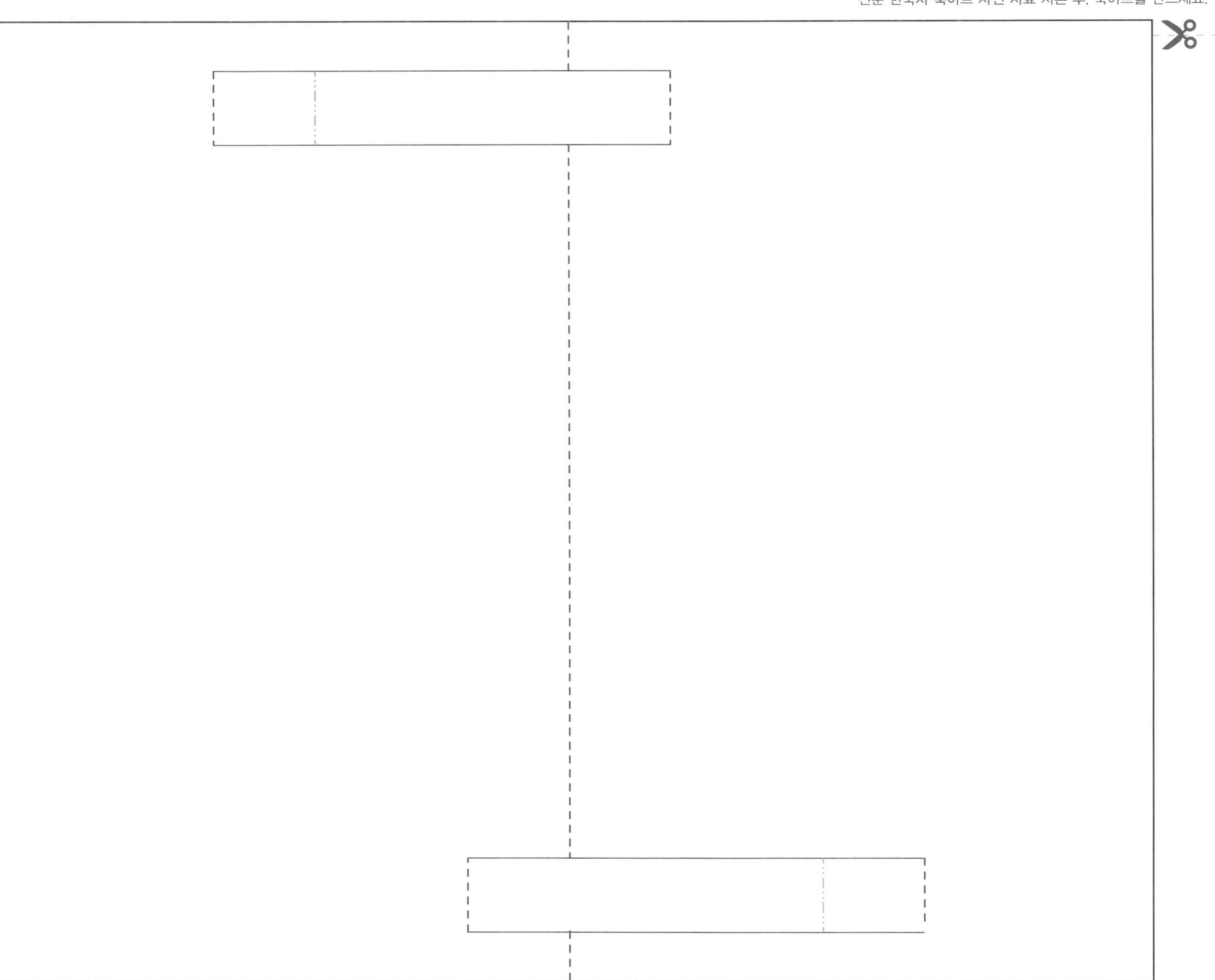

신문 한국사 북카드 사진 자료 자른 후, 북마크를 만드세요.

 **책 만들기 다섯** 조선의 신분 제도 1

※ 100% 크기입니다. (본문 180쪽 참고)

신문 한국사 북아트 사진 자료 자른 후, 북아트를 만드세요.

 **책 만들기 여섯** 조선의 신분 제도 2

※ 100% 크기입니다. (본문 188쪽 참고)

 **책 만들기 일곱** 호패를 보이시오!

※ 100% 크기입니다. (본문 194쪽 참고)

양반

중인

상민

천민

표지A(마닐라지)

고리(마닐라지)

신문 한국사 북아트 사진 자료 자른 후, 북아트를 만드세요.

표지 B(마닐라지)

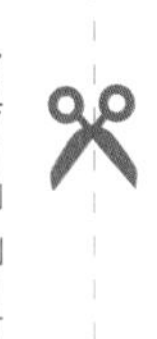

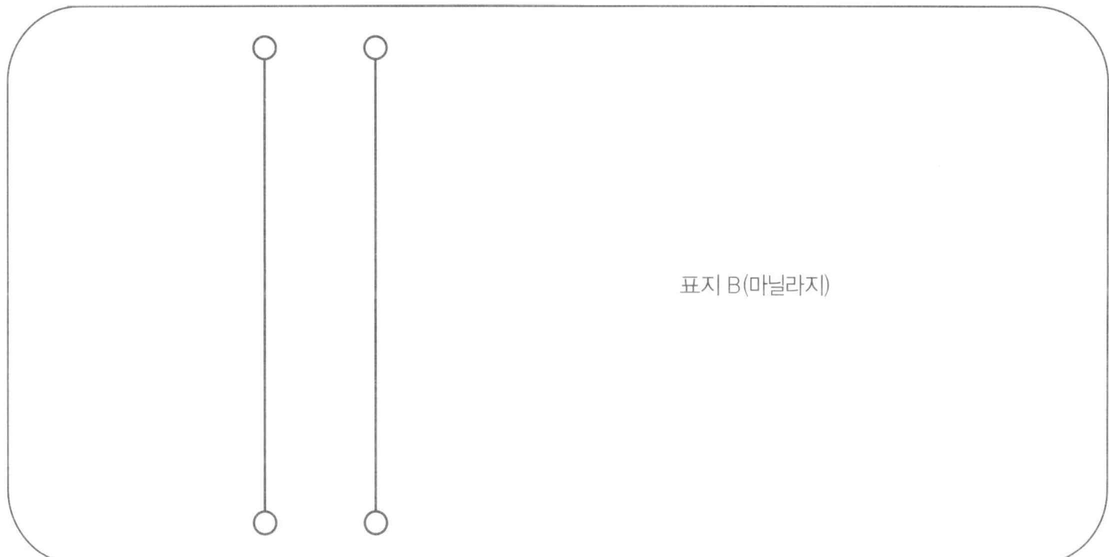

속지 책 표지

 ※ 100% 크기입니다. (본문 194쪽 참고)

호패

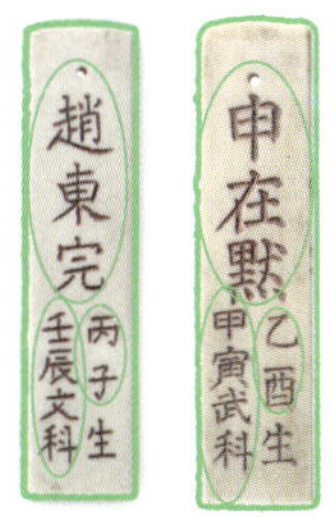

호패 2

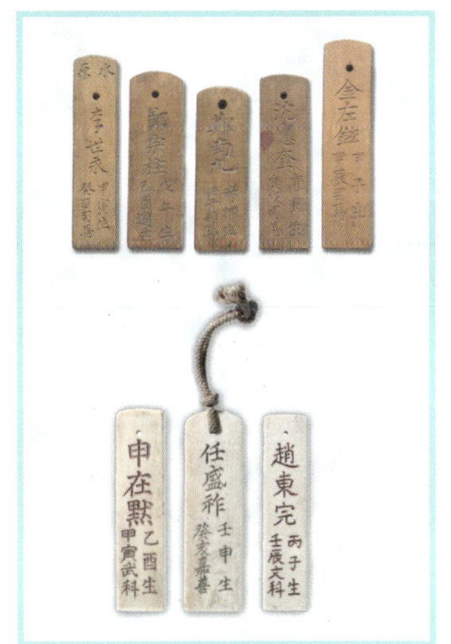

천원지방

재질만 봐도

호패청

무서운 처벌

족쇄

주민등록증과 명함을 만들어 보세요

군장님을 멋지게 색칠하세요.

단군할아버지가
나라 세우니

8세 신혜원이 꾸민 단군 스케치북이죠.

한국사 북아트

한국사 북아트 꾸러미

"인간은 역사를 만들고
역사는 인간을 만든다."

2017년 국사과목 수능필수
우리 아이 한국사! 준비됐나요?
우리 아이 성적 그래프를 들었다 났다, 들었다 났다.
요~물이 될지도 모르는 한국사!!

한국사! 외우지 마세요.
창의적이고 활동적인 역사 수업으로 한국사를 즐기는
아이 만들어 주세요.

「역사로 시작하는 한국사북아트」와
한국사 북아트 꾸러미를 구입하실 수 있어요.

인물 한국사 북아트

가방속에 들어 간 역사 인물

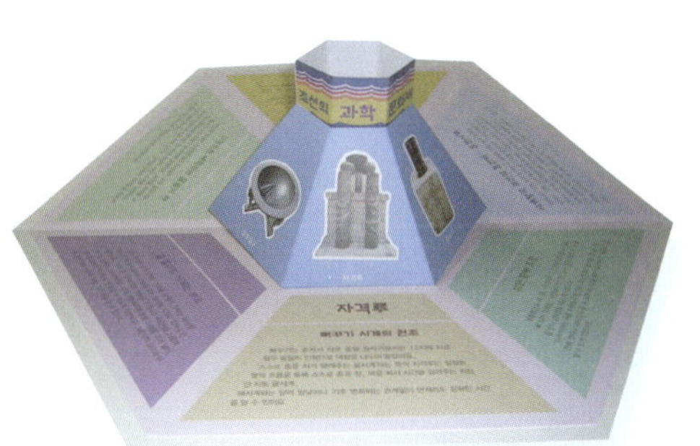

조선의 과학 문화재

웅녀가 환웅을 만날 때

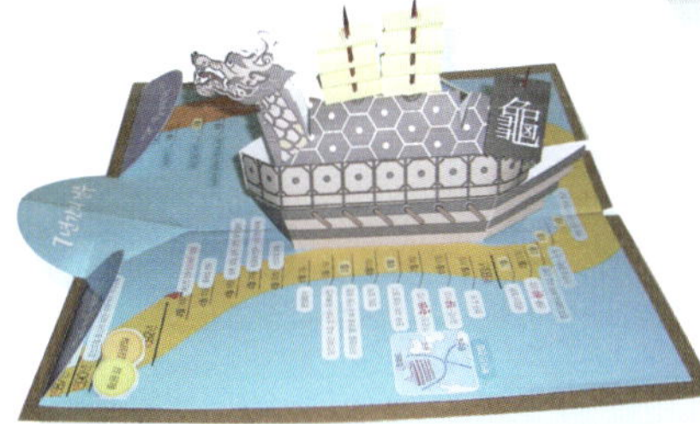

임진왜란 그 7년간의 전투

문화를 사랑한 화폐

광개토대왕릉비

「역사로 시작하는 인물 한국사북아트」와
이 책에 실린 북아트 키트를 구입하실 수 있어요.

종이접기, 북아트 등
아보세만의 다양한
패키지 상품이 준비되어 있어요.
내 마음에 쏙드는
나만의 DIY작품을 만드는
즐거움을 누리세요!!